中國學術思想 研究輯刊

十七編

林慶彰 主編

第4冊

《詩經》音律研究

李荀華 著

花木蘭文化出版社

國家圖書館出版品預行編目資料

《詩經》音律研究／李荀華 著 ─ 初版 ─ 新北市：花木蘭文化
出版社，2013〔民102〕
目 2+224 面；19×26 公分
（中國學術思想研究輯刊 十七編：第4冊）
ISBN：978-986-322-373-3（精裝）
1. 詩經　2. 研究考訂
030.8　　　　　　　　　　　　　　　　102014625

ISBN-978-986-322-373-3

中國學術思想研究輯刊
十七編　第四冊　　　　　　ISBN：978-986-322-373-3

《詩經》音律研究

作　　者　李荀華
主　　編　林慶彰
總 編 輯　杜潔祥
出　　版　花木蘭文化出版社
發 行 所　花木蘭文化出版社
發 行 人　高小娟
聯絡地址　235 新北市中和區中安街七二號十三樓
　　　　　電話：02-2923-1455／傳真：02-2923-1452
網　　址　http://www.huamulan.tw 信箱 sut81518@gmail.com
印　　刷　普羅文化出版廣告事業
封面設計　劉開工作室
初　　版　2013 年 9 月
定　　價　十七編 34 冊（精裝）新台幣 60,000 元

《詩經》音律研究

李荀華　著

作者簡介

李荀華，浣石軒主人，廣東嘉應學院文學院教授。湘籍，不惑有年，肖牛，吃的是草，擠出的是奶，勤勤懇懇，任勞任怨。先後就學於湖南師範大學、武漢大學、中山大學文學院，雖師從名師，但頑石不開，所學不精。教書，三十寒暑，勉強；做詩，新舊兼之，糊塗；寫小說，讓人哭笑，騙人；搞《詩經》音律，二十度春秋，有點興趣、有點感悟、有點心得。靠它站在講臺上眉飛色舞；靠它評職晉升。做成了《詩經音律藝術》、《詩經音律的美學建構》、《詩經音律研究》三個小本本和一些所謂論文，見笑方家。二流大學，三流才識，知足。閑來垂釣碧溪上，愜意。

提　　要

　　全書分本因論、形成論、構成論三大部分．本因論——詩樂舞三位一體的生存模式，探討了詩和樂的關係，從而論證了《詩》律對樂律的依存性。形成論——音律是詩歌本客體因素孕育的產物。包括《詩經》音律形成的本體因素以詩合樂、以樂正詩、辨樂分輯三個方面和四個客體因素周代音樂的繁榮爲《詩經》音律以聲傳情提供了表現依據；賦、比、興等表現手法的利用於詩歌創作爲《詩經》音律的建構提供了表現手段；中和審美原則的確立爲《詩經》音律的審美走向提供了美學標準；《周易》隱詩的音律結構爲《詩經》音律的產生提供了文學基礎。構成論——音律是建構詩歌諸元素整合的產物。從《詩經》言句構建特徵、重言組合特徵、平仄運用特徵、章句複遝特徵、韻式處理特徵等級五個方面分析了《詩經》的音律模式和美學特點。

目

次

敘　言

　　中國是一個詩的國度，詩歌貫穿整個文學發展進化的歷史，它是中國藝術史上極爲寶貴的財富。中華民族始初文學卓有成就的藝術形式就是詩歌，隨後楚國風騷、兩漢樂府、六朝古風、盛唐律體、大宋詩餘、元代散曲相繼相生，成爲中國古代文學的主流，源遠流長、經久不衰，有「詩國」之譽。日本學者眞田但馬認爲：「在世界文學中，中國的詩歌，在品質上居最高地位，在數量上也名列第一。此事已夙爲學者所公認。」〔註1〕

　　《詩經》時代是中國詩歌文學的第一次輝煌。《詩經》是現存最早、最完整的一部詩歌選集，它奠定了中國詩歌的基本格局，是後代詩人進行詩歌創作的藍本，也是後世學者研究的詩歌文學、《詩經》社會最可靠的資料。在先秦它稱之爲《詩》，孔子說：「《詩》三百，一言以蔽之，曰：『思無邪』。」；「《詩》可以興，可以觀，可以群，可以怨。」〔註2〕墨子也說：「誦詩三百，弦詩三百，歌詩三百，舞詩三百。」〔註3〕是其證。最早稱其爲《經》的是荀子，〔註4〕漢時置五經博士，「罷黜百家，獨尊儒術」，經學愈演愈盛，《詩》被尊爲五經之首。其後，歷朝歷代治《詩》之風此起彼伏，《詩》學也成爲顯學。

一

　　《詩經》學始於漢代，先秦時期對《詩經》的重視主要強調《詩》如何服務於社會，如何發揮其社會作用。《詩》學者（以孔子爲首的儒家學者）認

〔註1〕　眞田但馬，《中國詩史·譯序》，1943年，東京大學出版社。
〔註2〕　朱熹，《論語集注》，中華書局，1982年版。
〔註3〕　孫詒讓，《墨子閒詁》，中華書局，2001年版。
〔註4〕　王先謙，《荀子集解》，臺北：華正書局，1982年版。

爲，《詩》爲正始之音王道之基。所以有四大用途，一是作爲國子修身養性的讀本，二是作爲大夫賦詩言志的範本，三是作爲士民興觀群怨的工具，四是作爲祭祀神靈列祖聖典。到了漢代，爲了讓《詩經》更好地服務於儒學，對《詩經》訓詁、校勘、詮釋、疏解工作全面展開，《詩經》學初步確立。

　　縱觀兩千年的《詩經》研究，學者如雲，著作充棟，可謂星光閃爍，燦爛輝煌。但都停留在《詩經》的訓詁、《詩經》的語法、《詩經》的聲韻以及《詩經》的文化價值等方面。歷代學者對其疏了又疏，注了又注，生怕人讀不懂，而忽略了《詩經》在音律上的偉大創舉，長期以來對《詩經》音律格局的生成因素、音律格局的生存狀態及其美學意義缺少全面的研究。不過，自漢以降有關《詩經》章句注疏的著作、《詩經》文化探討的著作、和《詩經》語法研究的著作，以及歷代《詩經》音韻學著作，如明代陳第的《毛詩古音考》、清代顧炎武的《詩本音》、王夫之的《叶音辨》、王筠的《毛詩重言》和《毛詩雙聲疊韻說》、孔廣森的《詩歌類》、苗夔的《毛詩韻訂》、江有誥的《詩經韻讀》、錢坫的《詩音表》、丁以此的《毛詩正韻》、現當代林之棠的《詩經音釋》、姜亮夫的《詩騷聯綿字考》、王力的《詩經韻讀》等，爲《詩經》音律美學的研究提供了豐富的資料，是《詩經》音律美學研究的寶貴財富，本人正是在此基礎上對《詩經》音律藝術進行系統探索的。

二

　　關於「音律」一詞，《詞源》詮釋有三層含義。一是五音六律。《莊子·徐无鬼》：「鼓宮宮動，鼓角角動，音律同矣。」《後漢書·桓譚傳》：「因好音律，善鼓琴。」《注》：「宮、商、角、徵、羽謂之五聲。聲成文謂之音。律謂六律，黃鍾、太族、姑洗、蕤賓、夷則、無射。」二是謂詩文聲韻的規律，同「聲律」。《宋書·謝靈運傳論》：「正以音律調韻，取高前式。」唐封演《封氏聞見記·聲韻》：「永明中沈約文詞精拔，盛解音律，遂撰《四聲譜》。」三是指聲音。元王實甫《西廂記》一本三折：「那語句清，音律輕，小名兒不枉了喚做鶯鶯。」《詩經》音律藝術涉及到詩歌與音樂的關係、詩歌章法的特點、詩歌聲韻的規律，和詩歌聲韻的音質等問題，並且將這些問題與《詩經》時代人們的藝術審美取向、審美意識、審美原則和審美功利性結合起來，系統地分析了《詩經》音律的美學結構和審美效應，在傳統的《詩經》音律學基礎上建立了《詩經》音律美學，填補了《詩經》研究的空白，有助於對《詩

經》藝術價值的重新審定。

詩律源自樂律，這已經是不爭的事實。相傳堯舜時代已有音樂，樂律也初步形成。「我們對於音樂也和對於其他藝術一樣，可以分成材料和形式。音樂的材料就是聲音（tone），這些聲音所附麗的形式都爲兩種不同的原則所規定——就是節奏和調和（rhythm and harmony）。」〔註5〕從藝術發生學上理解格氏理論，就是說自然和人類發出的聲音成爲了音樂材料，這些材料有序的重複推進就產生了節奏和調和，就產生了音樂，然後在流動的聲音間添加一些詞就產生了詩歌。兩者一體共存，相輔相善，延續了漫長的世紀，《尚書·堯典》的記載非常明確地說明了藝術的這種生存狀態。「帝曰：夔！命女典樂，教胄子，直而溫，寬而栗，剛而無虐，簡而無傲。詩言志，聲永言，律和聲，八音克諧，無相奪倫，神人以和。」〔註6〕隨著藝術的個性表現日趨明顯，詩歌和音樂的個性特徵也越來越突出，因此，詩和樂逐漸分流爲兩門獨立的藝術。不過，詩律已深深打上了樂律的烙印，也就是我們常說的詩歌具有音樂性。

《詩經》音律的生成奠定了漢民族詩歌的音律格局，確定了漢民族詩歌音律美學的基本走向，後代詩歌創作以《詩經》音律爲本法而發展創新。以雙音節爲主的語頓組合、平仄推進的句式要求、靈活自由的韻律模式、嚴整有法的章節建構、大量使用的特質語彙（雙聲、疊韻、重言）都對漢唐以來的詩歌創作產生了深遠的影響。如《詩經》中致力使用的重言詞音律美感就得到了歷朝歷代詩人的充分重視，且不說王維「漠漠」「陰陰」點石成金，〔註7〕李易安「冷冷清清凄凄慘慘戚戚」成爲千古絕唱，更妙在喬夢符的《越調·天淨沙·即事》〔註8〕全部以重言組建，卻不露雕琢，渾然天成。徐志摩《再別康橋》「輕輕的我走了，正如我輕輕地來，我輕輕地招手，作別西天的雲彩。」音律的神韻不全在「輕輕」二字嗎！且不說《詩經》音律爲後世詩人所法，其四言句式對整個漢語影響也是極大的。譬如現代漢語中的成語、俗語就是以四言爲主要生存模式。

〔註5〕格羅塞，《藝術的起源》，商務印書館，1984年版，第215頁。

〔註6〕孔穎達，《尚書正義》，上海古籍出版社，1996年版。

〔註7〕翁方綱，《石洲詩話》，人民文學出版社，1981年版載：昔人李嘉祐「水田飛白鷺，夏木囀黃鸝」，右丞加「漠漠」「陰陰」字，精彩數倍。

〔註8〕喬夢符，《越調·天淨沙·即事》：鶯鶯燕燕春春，花花柳柳眞眞。事事風風韻韻，嬌嬌嫩嫩，停停當當人人。

三

　　格羅塞認為：「音樂在文化的最低階段上顯見得跟舞蹈、詩歌結合得非常密切。沒有音樂伴奏的舞蹈，在原始部落間很少見，也和在文明民族中一樣。『他們從來沒有歌而不舞的時候，也可以反轉過來說從來沒有舞而不歌的。』……常常由一種旋律傳出，或者竟可以說常常傳出一種旋律，因為辭句好像比旋律還要重要些，為了旋律的緣故，往往把辭句改變或刪削的失去了原意。最後，敘事詩或至少敘事詩的一部分，也不單單是記述的，是用宣敘調歌唱出來的。舞蹈、詩歌和音樂就這樣形成一個自然的整體，只有人為的方法能夠將它們分析開來。假如我們要確切地瞭解並估計這些原始藝術的各個情狀及其功能，我們必須始終記得，它們並非各自獨立，卻是極密切地有機結合著。」〔註9〕

　　音律是詩歌本客體因素孕育的產物。《詩經》音律生成的本體因素是從《詩經》全集 305 篇的來源、編輯的方式以及詩歌與音樂的關係等方面來討論。周統治者為了觀民風而考得失於民間詔採的風詩和為了滿足宮廷宴享、宗廟祭祀的需要文人詔創的雅詩、頌詩是《詩經》諸詩的兩大來源。其編輯方式和編輯程式是詩歌音律生成的關鍵，輯詩者首先根據語音語律的要求配之以樂，稱為以詩合樂；畢竟曲音和語音、曲律和語律不能天然契合，所以，又根據曲音曲律的要求對詩歌章句結構、音節輕重等不合樂之處進行修正，稱之為以樂正詩；最後，輯詩者又根據詩樂雅俗不同、作用不同、使用對象不同分為風、雅、頌三輯，稱之為辨樂分輯。

　　任何事物的形成除了其本體因素外，還必須具備一定的客觀條件，《詩經》音律的形成亦不例外。作為兩千多年前中國文學史上第一部體系完整、內容豐富、藝術價值相當高的詩集，它的音律格局生成決不是偶然的，探其原因主要有四個方面。周代音樂的繁榮為《詩經》音律以聲傳情提供了表現依據；賦、比、興等表現手法的利用於詩歌創作為《詩經》音律的建構提供了表現手段；「中和」審美原則〔註10〕的確立為《詩經》音律的審美走向提供了美學標準；《周易》隱詩的音律結構為《詩經》音律的產生提供了文學基礎。正因為具備了這樣的文化氛圍和生成土壤，才產生《詩經》這部流芳千古的優秀作品，奠定了中國詩歌音律美學的基本體系。

〔註 9〕 格羅塞，《藝術的起源》，商務印書館，1984 年版。
〔註10〕 袁濟喜，《中國古典審美理想》，人民出版社，1989 年版。

音律是建構詩歌諸元素整合的產物。**首先是言句**。詩歌言句的發展是隨著語言的發展和人類審美認識的提高而發展的。在語言落後、審美水準低下的遠古時期，詩歌多為拙樸的兩言詩，春秋之紀則發展到四言時代，《詩經》是上古最為成熟的四言詩集。西周之世中和的美學思想深入人心，凡事遵循中庸之道，追求一種不偏不倚的中和美。在語言上，一般認為四字言句音律古樸自然、音質舒促相得，與人的生理功能節奏一致，具有不長不短、不驕不怠之美，因此，在《詩經》言句的建構上，戮力以四言作為詩篇的基本單位。常用的方法有三種：添加音節、省略音節、重複音節。〔註 11〕而且，這些特殊方法組合的四言詩句，產生了言句特殊的音律效應和強烈震撼的音律美感。

其次是重言。重言因為由兩個結構相同、讀音相同的單字重疊組合而成，故又稱之為「疊」字或「疊音詞」或「疊詞」。自劉勰《文心雕龍·聲律》開始注意《詩經》中的重言疊字以來，許多學者都對這種特殊的詞類進行了深入的探討，但不外乎重言重疊後的詞義變化和對物象的特殊描寫效果以及重言在《詩經》諸詩中的使用次數、生存狀態、語音譜系等內容。在前人研究的基礎上，作者在本書第三章第二節《重言綿延音律》中對重言產生的語言背景和重言生成後的表現特徵——衍生性、變異性、穩定性，以及重言為什麼具有特殊音律美的音理——母音輔音的對立統一、聲母韻母的迴環統一進行了試探性分析，同時還例釋了杜其容《詩經》重言詞 A 譜，指明了《詩經》中重言詞的生存模式。

其三是平仄。在語音學上，現代漢語有陰平、陽平、上聲、去聲四聲調，中古漢語有平、上、去、入四聲調，上古漢語聲調就更複雜了。因缺乏確鑿可信的論證資料，對上古漢語聲調的擬定一般以中古四聲為基礎，佐以現存地域方言求之，自然帶有很強的假定性。所以本書第三章第三節《輕重抑揚音律》對《詩經》言字平仄聲調的分析，乾脆以現代漢語之讀音確定之。不同聲調有不同的輕重，不同的輕重有不同的音質，不同的音質有不同的表情效果。而輕重區別、表現區別尤為明顯的就是中古詩律學上把平上去入類分的平、仄兩聲。平聲輕、仄聲重，輕重相隨則謂之和，在語音輕重律上，「和」就是一種輕重有機融合之美。《詩經》四言不似後世的律詩，平仄有定格，輕重有定體，而是隨意組合，自由天成的，四言句具有十六種平仄自然融合的

〔註11〕楊合鳴，《詩經句法研究》，武漢大學出版社，2000 年版。

模式，而且每一種模式都具有不同音律效應。

其四是重章複遝。《詩經》305 篇原來都是入樂的歌詞，所以，現傳的詩篇保留了許多歌詞的性質，最為典型的是重章複遝。在重章構成的詩歌中，各章相對應的詩句不僅字數相若，句法相同，而且用字也極少變化。所以，便於記憶、利於傳唱，促使了《詩經》在周代社會的流行普及，這和今天許多先秦古籍中《詩經》保存最為完整不無關係。重章複遝一詠三歎，抒情效果強烈，造成迴環跌宕的音律氣勢，增強了詩歌的藝術感染力。本書第三章第四節《詩章複遝音律》探討了重章複遝產生的文化背景和它的美學意義——章句的複遝美、旋律的主建美、情感的遞增美，以及重章複遝的音律性質——重複性、歌詞性、律效性，最後又討論了重章複遝在《詩經》諸詩中的表現狀態。

其五是韻律。韻，是詩歌區別於其他文學體裁的重要標誌，對始初詩歌的確定和上古文學體裁的歸類都以此作為依據，所以學界論證了人類最早的文學形式是詩歌，漢民族第一部詩歌集是《詩經》。《詩經》韻式靈活自由，不拘一格，陳第說：「毛詩之韻，不可一律齊也。蓋觸物以攄摺，本情以敷辭。從容音節之中，宛轉宮商之外，如清漢浮雲，隨風聚散；蒙山流水，依坎推移。斯其所以妙也。……毛詩之韻，動於天機，不費雕刻，難與後世同日而論矣。」〔註12〕不同的韻式有不同的存在狀態，不同的存在狀態有不同的韻律效應。本書第三章第五節《詩韻迴環音律》從詩歌其所以有韻律迴環的哲學基礎出發，分析了《詩經》五種主要韻式——富韻式、密韻式、中韻式、疏韻式、易韻式的存在狀態和韻律效應所揭示的美學意義。

〔註12〕陳第，《毛詩古音考》，廣文書局，1966 年版。

第一章　本因論：詩、樂、舞三位一體的生存模式

音樂在文化的最低階段上顯見得跟舞蹈、詩歌結合得非常密切。沒有音樂伴奏的舞蹈，在原始部落間很少見，也和在文明民族中一樣。「他們從來沒有歌而不舞的時候，也可以反轉過來說從來沒有舞而不歌的。」……常常由一種旋律傳出，或者竟可以說常常傳出一種旋律，因為辭句好像比旋律還要重要些，為了旋律的緣故，往往把辭句改變或刪削得失去了原意。最後，敘事詩或至少敘事詩的一部分，也不單單是記述的，是用宣敘調歌唱出來的。舞蹈、詩歌和音樂就這樣形成一個自然的整體，只有人為的方法能夠將它們分析開來。假如我們要確切地瞭解並估計這些原始藝術的各個情狀及其功能，我們必須始終記得，它們並非各自獨立，卻是極密切地有機結合著。

——格塞羅

　　詩、樂、舞是三門古老的藝術，在人類的進化過程中，求生的欲望、求生的本能，促進了生產力的發展，也導致了藝術的產生。人們在勞動的過程中，無意識地融合了詩、樂、舞三大藝術，這是人類文明上最早的、自覺的藝術文化的交輸互受；三者相輔相成、相互完善，在共同的生命節奏裏，又完成了各自的美學建構，於是，三者由合而分，產生了人類藝術史上三位連襟而又各自獨立的三大藝術形態。

第一節　由藝術因素發生到藝術形式生成

　　自古以來，關於藝術發生問題，有所謂摹仿說〔註1〕、巫術說〔註2〕、理

〔註1〕亞里士多德，《詩學》，商務印書館，1984年版。

念說〔註3〕、表現說〔註4〕、遊戲說〔註5〕、直覺說〔註6〕、潛意識說〔註7〕等，從不同的視角揭示了藝術發生的某些客觀因素或某些主觀因素。唯物主義認為自然界創造、孕育、啓發的潛能是一切藝術的起點，人類為了生存而圍繞自然界的一切活動是藝術起源的潛動機，藝術的最早形態詩歌、音樂、舞蹈就是在勞動中產生的。

一、歌詠所興　宜自生民

　　人類學的研究證明，人類的祖先是類人猿，這種動物生理機能與結構功能的充分發揮，保證了人類的自我生存、自我進化。於是，有了人、有了人類社會、有了人類的一切社會活動，簡言之即勞動創造了人類。有了脫離了野蠻和動物性的人、有了人的欲望和追求，各種藝術形態也隨之萌發了。正如恩格斯所言「祇是由於勞動，由於和日新月異的動作相適應，由於這樣所引起的肌肉、韌帶以及在更長時間內引起的骨骼的特別發展遺傳下來，而且由於這些遺傳下來的靈巧性以愈來愈新的方式動用新的愈來愈複雜的動作，人的動作才達到這樣高度的完善，在這個基礎上才能彷彿憑著魔力似地產生了拉斐爾的繪畫、托爾瓦德森的雕刻以及帕爾尼尼的音樂。」〔註8〕其次，從藝術表現的內容來看，原始的勞動生活是原始藝術表現的主要對象。如西班牙阿爾泰咪拉的史前藝術洞穴、法國維拉爾史前岩洞藝術〔註9〕、我國新疆霍城額敏的史前石壁藝術〔註10〕等，大都是記錄史前初民的狩獵生活。至於世界各民族的詩歌，在它的發生階段表現的唯一內容就是勞動，始初詩歌的最早形式「勞動號子」足以說明這一點，較為成熟的原始詩歌就是在「勞動號子」的基礎上形成的。〔註11〕古希臘有首原始勞動詩歌就只用五個字來反映

〔註2〕愛德華・泰勒，《原始文化》，上海文藝出版社，1992年版。

〔註3〕黑格爾，《美學》《詩學》，商務印書館，1984年版。

〔註4〕維隆，《美學》，〔法〕Eugene Vervon 出版社，1879年版。

〔註5〕康得，《純粹理性批判》，鄧曉芒譯，人民出版社，2004年版。

〔註6〕克羅齊，《美學論稿》，中國社科出版社，2002年版。

〔註7〕弗羅依德，《精神分析引論》，商務印書館，1997年版。

〔註8〕恩格斯，《勞動在從猿到人轉變過程中的作用》，《馬克斯恩格斯選集》，第三卷，人民出版社，1994年版，第509〜510頁。

〔註9〕參見格塞羅，《藝術的起源》，商務印書館，1984年版。

〔註10〕參見中央美術學院美術系，《中國美術簡史》，高等教育出版社，1990年版。

〔註11〕參見後文詳細引述。

整個勞動過程的，「轉、磨子、轉！」〔註12〕又如《吳越春秋》所載的《彈歌》「斷竹，續竹，飛土，逐宍」，相傳是黃帝時代的歌謠，固然沒有根據，但從它的內容和形式上看，無疑的這是一首比較原始的獵歌。它樸素地記載了初民狩獵的全部過程，反映了漁獵時代的社會生活。其三，勞動創造了藝術表現形式。始初的詩歌、音樂、舞蹈就是在人類勞動實踐中無意識的呼（舉重勸力，有辭）、唱（統一協調，有曲）、動（完成勞動，有形）過程中不自覺發生的，也就是說生民的勞動提供了藝術表現形式。如下所列舉的材料足以說明之。

> 歌詠之所興，宜自生民始也。〔註13〕

> 在原始部落裏，每種勞動都有自己的歌，歌的拍子總是十分精確地適應與各種勞動所特有的生產動作的節奏。……划槳人配合著槳的運動歌唱，挑夫一面走，一面唱，主婦一面春米一面唱。〔註14〕

> 勞動中身體動作如果做得有節奏，就會有效而且最不宜發生疲勞，……並且，人們在集體用手勞動時，須有節奏地配合他們的動作，以便發出哼哈哎喲的聲音，原始人在這些聲音上附上一些別的字，結果就有了詩歌。〔註15〕

這些詩歌，尤其是這些歌的助音（accmpanimet）所代表者非它，乃是與工作不可解地聯繫著的那些天然聲音的混合。所以，野蠻人在工作是強調第一次嘗試，並不是他根據了做詩的一定規律而把他們想到的句子集合起來，以便把他們的思想表現得更爲美麗，最爲顯而易見，而是把半野蠻的聲音排列爲一定次序，一工作進程完成之，以期得到一種愉快感，他利用構成語言的天賦的單純聲音作爲勞動的原始資料，歌曲就產生了。〔註16〕

二、存在決定藝術的表現模式

　　勞動中生成的詩、樂、舞藝術基因，在功利上具有實用性。它表現爲對一定生產勞動具有某種實際的價值，它能夠提高大腦皮質的興奮機能，鼓舞

〔註12〕湯姆森，《論詩歌源流》，作家出版社，1995年版，第24頁。
〔註13〕沈約，《宋書·謝靈運傳》。
〔註14〕普列漢諾夫，《論藝術》，三聯書店，1973年版，第36頁。
〔註15〕哈拉普，《藝術的社會根源》，商務印書館，1984年版，第108頁。
〔註16〕畢海爾，《詩歌及音樂的起源》，《小說月報》，第二十二卷，第八期。

勞動的目的。至今流傳在江南的打夯歌、拉纖歌、擡轎歌、拉網歌等就是這種始初藝術的延續和承繼，祇是藝術性、藝術感染力、藝術表現力可能相對強一些而已。

勞動中生成的詩、樂、舞藝術基因在表現上具有直接性，也可以說即興性。它緣事而發，即景生成，直截了當，明確易懂，既不隱晦曲折，也不含蓄深邃，渾然天成，樸素純眞。勞動中半野蠻聲音的組合，以及在這種聲音統一下的勞動動作，雖然節奏整齊，但始終無變化，還沒有構成一定的藝術形式，沒有表現出一定的思想內容，沒有產生完整的審美實體，充其量不過是藝術的胚芽罷了。勞動中生成的詩、樂、舞藝術基因節奏上具有規律性，勞動節奏賦予「藝術」節奏的顯著特點就是律動性。所謂「律動性」就是節奏有規則、有節律的運動特徵，它是由人的體能和勞動的實際需求決定其速度的，表現爲節進律和寬長律兩大類型。〔註 17〕前者效果強烈，節奏鮮明，規則整齊，由重音、重複音構成的律動單位長度適中，表現出強健有力、激昂奮發的勞動氣氛。後者律動單位比較寬長，節奏比較緩慢、自由，旋律起伏較大，大都萌生於比較穩重、強度雖大但間歇較長的勞動過程。勞動中生成的詩、樂、舞藝術基因在材料上具有重複性。由於受到勞動內容、勞動條件、勞動形式的制約，藝術材料有規則的重複使用，成爲詩、樂、舞生成因素的突出特徵。因爲在生產力水準低下的始初社會，人類的肢體活動是以勞動的結果爲目的，伐樹以把樹放倒爲目的，打獵以獲得獵物爲目的。號子簡單重複，明白直接，能夠迅速傳遞資訊、溝通情感、快捷領悟勞動含意，以鼓舞人心，振作士氣，共同勞動。整個號子實施過程，它以達到勞動目的爲旨歸，不以藝術生成爲目的（藝術生成的無目的性到符合目的性，是在人類逐漸進化的過程中認識的）。在勞動中生成的詩、樂、舞藝術基因在內容上具有可生性，勞動號子簡單直接、實用性強，加上缺少程式性，穩定性較差，所以吸收能力相當強，這就是再生的優越條件。對原始的勞動號子添聲加字，對原始的勞動動作誇張變形，才使藝術在實用性的基礎上具有了表現性。當然這二者是相互依存的，表現性如果脫離了實用性就無法形成直接強烈的表現特徵和勞動氣質，而實用性脫離了表現性，呼聲就不可能上升爲一種藝術形式。在勞動中生成的詩、樂、舞藝術基因在形式上具有同體性，普列漢諾夫在《沒有地址的信》中說「在其（詩、樂、舞）發展的最初階段，勞動、

〔註17〕江明惇，《漢族民歌概論》，上海文藝出版社，1982 年版。

音樂和詩歌是極其緊密地互相聯繫著的。」〔註18〕詩歌、音樂、舞蹈一體同生，是因為勞動與生成詩、樂、舞的藝術基因密不可分。其基因體由呼語（詩歌基因）、呼聲（音樂基因）、動作（舞蹈基因）融合而成，共同的生命就是節奏。《淮南子‧道應訓》云：「前呼邪許，後亦隨之，此舉重勸力之歌也。」其「邪許」之語，具有了詩歌音律最突出的特點——前呼後應，雖不似後世詩作在呼應上平仄聲韻諸般講究，但已經不自覺地衍生了這一音律現象；其「邪許」之聲，已有高低強弱之分，迴環往復之別，它離開了單純技術性聯合體而進入了藝術領域，奠定了音樂音程模進的基礎；其「邪許」之作，應節而生，整齊劃一，體現了勞動者的本質力量和勞動態度，確定了和樂、舞的連體關係。

隨著社會的進化，人類通過勞動使自己從大自然中分化出來，人們的生活不再是以溫飽（生存）為目標，而且開始追求精神上的滿足，使本質力量對象化。因此，勞動之間的聚會、部族的祭祀活動、節日的慶祝活動為了重新領略勞動的自豪感、或豐收的快樂感、或天神地社賜予一切的崇高感，勞動者們把勞動情景搬上「藝術舞臺」，「施行一種模擬的行動，務使這種行動和所欲產生的一種效果相類似，為了繁殖一種動物，就在舞蹈或歌唱時模倣它。」〔註19〕這樣，由原始人勞作時無意識地將詩、樂、舞融為一體而進入了有意識的再現過程，人類開始打開文明創造社會、完善自我的視窗。普列漢諾夫說：「人類最初是從功利觀點來看待事物和現象，只有後來才站到審美的觀點來看待他們。」〔註20〕隨著勞動者社會條件、勞動條件、思想情感的發展變化，勞動經驗、藝術材料的積累，對藝術的自覺加工、提煉、處理有了一定的審美標準，使藝術開始由純粹生活的真實昇華為藝術的真實，逐步走向成熟，走向完善，音律節奏已具有了相當水準的美學價值。勞動者用藝術摹仿生活時無意識地感到了自我力量、勞動態度和情緒，生活態度和情趣被表現的愉悅，更加自覺地、理想化地、情感化地處理藝術材料，儘管這種創造性工程原始而樸素，但它畢竟標誌著一個藝術的發展過程，標誌著藝術的創造進入了一個自覺的階段。據《呂氏春秋‧古樂篇》記載，我國上古比較成熟的詩、樂、舞作品有葛天氏時代的《葛天氏之樂》，黃帝時代的《雲門》、

〔註18〕普列漢諾夫，《論藝術》，三聯書店，1973年版。
〔註19〕羅伯遜，《基督教的起源》，三聯書店，1984年版，第2頁。
〔註20〕普列漢諾夫，《論藝術》，三聯書店，1992年版，第93頁。

《咸池》、《清角》，顓頊時代的《承雲》，帝嚳時代的《九招》、《六列》、《六英》，唐堯時代的《大章》，虞舜時代的《大韶》，大禹時代的《大夏》，夏啓時代的《九歌》、《九辯》、《萬舞》，商湯時代的《大濩》、《桑林》等。又據史料考證以上古樂並非單純的歌，單純的曲，單純的舞，而是詩、樂、舞三位一體的。歌則有詞，詞即爲詩，以詞配曲，曲即爲樂，伴之以舞。《呂氏春秋‧古樂篇‧葛天氏之樂》：

> 昔葛天氏之樂，三人操牛尾，投足以歌八闋：一曰《載民》；二曰《玄鳥》；三曰《遂草木》；四曰《奮五穀》；五曰《敬天常》；六曰《建帝功》；七曰《依地德》；八曰《總禽獸之極》。〔註21〕

葛天氏之樂是在三人操牛尾、投足以歌八闋的表現形式中完成的，歌則有詞（佚不可考），歌則有曲（後世不傳），只存三人舉手投足、引吭而歌的描述。如果參照仰韶彩陶舞蹈圖形來考察，這種情景就會更生動逼眞、具體形象了，遺憾的是聽不到樂歌之聲罷了。

詩、樂、舞作爲一種意識形態和生產形態，作爲一種富有社會意義的固定形式生成了，儘管它非常原始、古樸、粗糙、畢竟是始初人類審美感知的產物，它紮根在生活的土壤裏，日趨成熟。

第二節　詩、樂、舞關係發展的三個階段

從中國上古詩歌、音樂、舞蹈三者的關係發展演變來看，在漫長的歷史進程中可分爲三個階段。即樂、舞爲主，歌詞（詩）爲輔之時期；詩、樂、舞並重時期；詩、樂、舞分化時期。

一、樂、舞爲主，歌詞爲輔時期

樂、舞爲主歌詞（詩）爲輔時期，這是藝術的始初階段。這個時期的所謂「樂」，是在勞動功利、勞動形式約束下的反覆詠唱表現出來的樸素而

〔註21〕 關於八闋題解，衆說不一，本注用楊蔭瀏，《中國古代音樂史稿》（人民音樂出版社 1981 年版）釋義。載民是歌頌負載人民的土地；玄鳥讚美氏族的圖騰；遂草木祝五穀繁茂生長；敬天常述說尊重自然規律的心願；建帝功述說發揮天帝功德的願望；依地德尊重四時令序；總禽獸之極言再現狩獵時的情景。（另參見趙沛霖的考證，《興的起源——歷史積澱與詩歌藝術》，中國社會科學出版社，1987 年第一版。）

粗糙的旋律，舞則純粹是某種生活動作的功利性實施，尚未轉變爲藝術表現形式，但它（舞）是詩、樂、舞的主要內容，其他藝術要素是附庸從屬品，它制約著語詞、號子的節奏，語詞號子都是爲它服務的，以期達到勞動的目的。然而，保存下來的不是樂舞卻是「詩歌」，大概是文字賦予了它的生命。「詩」是在有節奏的勞動呼聲中加一些簡單的辭彙構成，一般只有簡單的幾個字，順口詠唱，即興性強，起組織和指揮、鼓舞勞動的作用。一般由勞動的指揮者領唱，用力時則由大家發出有節奏的呼聲，指揮者領唱的詞就是詩歌，律動單位以重複的呼聲爲界。句幅長，節奏就慢，句幅短，節奏就快。呼語在我國古代詩文中大都保存下來了，如「兮」、「猗」、「吁」、「哦」、「嘻」、「唉」、「嗚」、「呼」、「噫嘻」、「哎喲」、「嗨喲」等等。在一定的情緒下、一定的勞動中初民不自覺地呼喊出來，宣洩自己的喜怒哀樂、憂愁苦悶。這些呼語擇其當者入詩，便產生了始初詩歌。所謂當者是呼語的長短輕重與詩歌表達的情緒吻合，這說明初民對音律美開始感知了，不過這種感知尚建立在實用的基礎上，缺少創造性。當然，「只有帶有這類感歎虛詞的句子，以及由同樣句子組成的篇章，才合乎最原始的歌的性質。因爲按句法發展的程式說，帶有感歎字的句子應當是由那些感歎字滋長而來的，……最初是一個『兮』字，然後才在前面加上實字。」〔註22〕魯迅先生在《門外文談》中對始初文學的發生說得更爲通俗。「我們祖先的原始人，原是連話也不會說的，爲了共同勞作，必須發表意見，才漸漸的練出複雜的聲音來，假如那時大家擡木頭，都覺得吃力了，卻想不到發表，其中有一個叫道『杭育杭育』，那麼，這就是創作，大家也要佩服、應用的，這就等於出版，倘若用什麼記號保存下，這就是文學，他當然就是作家，也是文學家，是『杭育杭育』派。」〔註23〕這個時期的勞動歌謠都比較集中地收集在明代楊愼的《風雅逸篇》、《古今風謠》、《古今諺》中。「這些歌詞常常僅僅是同一呼聲或同一言辭的重複」，〔註24〕表音性、動作性特別強烈，處於單純技術性聯合體而尚未進行藝術的加工創造。相傳作於伏羲時代的《網罟歌》和前文提到的黃帝時代的《彈歌》即爲是證，可惜前者不傳於後世。其實，在藝術的始初階段，各民族藝術有著共同的表現形態，

〔註22〕聞一多，《神話與詩》，人民出版社，1980年版，第128頁。
〔註23〕《魯迅全集》，人民文學出版社，1981年版，第六卷，第75頁。
〔註24〕柯文斯，《原始文化史》，人民出版社，1955年版，第191頁。

如多摩爾人用一句詩來歌頌他們的酋長,「酋長是什麼也不怕的!」〔註25〕

原始社會末期,在生產力不斷發展的基礎上,社會財富開始集中在少數人手中,特別是第一次、第二次社會大分工以後,物物交換,剩餘財富不斷集中,私有制的胚胎成熟了,由各取所需的原始社會步入剝削和被剝削的奴隸社會,詩歌、音樂、舞蹈也有了很大的發展,開始悄悄擺脫原始勞動的束縛,面對現實,為自己增添新的內容,最為明顯的是脫離了與生產實踐聯繫的直抒胸臆的情歌的出現,它是中國始初詩歌發展的里程碑。《呂氏春秋·音初》記載:

> 禹行功,見塗山之女,禹未之遇而巡省南土。塗山氏之女乃令其妾候禹于塗山之陽,女乃作歌曰:「候人兮猗。」

> 有娀氏有二佚女,為之九成之臺,飲食必以鼓,帝令燕往視之,鳴若謚隘。二女愛而爭搏之,覆以玉筐,少選,發而視之,燕遺二卵,北飛,遂不反,二女作歌一終曰:「燕燕往飛。」

《吳越春秋·越王無余外傳》記載:「禹三十未娶,行到塗山,恐時之暮,失其度制,乃辭云:『吾娶也,必有應矣。』乃有白狐九尾,造於禹。……禹因娶塗山,謂之女嬌。」由群婚制發展到家庭夫妻制是人類文明的標誌,自此夫妻之間就有了愛情,有了離愁別恨。《候人歌》是塗山氏內心情感的直接噴發,反覆詠唱表現出嬌妻思夫的焦灼情懷。四言之中用兩個音節襯字來延長其律動單位,顯得餘音嫋嫋,使人盪氣迴腸。這種旋律變化的產生,在詩歌音律的發展史上是一次大的飛躍,對促使詩歌脫離直接實踐和走上表情道路具有特殊重大意義。〔註26〕《燕燕歌》四言中用「燕燕」不用「燕」或「玄鳥」,以重言詞來加強詩句音律的情感效果,把有娀氏二女因燕子飛去的傷心失望之情表現得非常自然真實。值得注意的是,雖然詩句是抒情寫意,袒露情懷,但舉首翹望——舞蹈造型、表情等藝術語言仍是三位一體的核心;其次說明人類對漢語音律的審美效果已有深刻的認識,詩歌音律美學萌芽了。

始初藝術的簡樸性、即興性大概是由兩個方面的原因導致的。首先是這種不自覺的藝術創作與改造自然、改造社會聯繫在一起,詩、樂僅僅是勞作(舞)的附庸品,低劣的生產力,簡單的求生方式,舉重勸力而發出簡單的喚聲;其次是人類尚處於低智慧進化時期,複雜的歌詞、複雜的音樂模進是他們不可企及的。但是,社會實踐不但形成了審美主體對美的需求,而且為

〔註25〕格塞羅,《藝術的起源》,三聯書店,1995年版,第322頁。
〔註26〕參見于民,《春秋前審美觀念的發展》。

這種需求直接提供了表現內容及表現形式，從而促進了旋律藝術的發展成熟。

《詩經》中《風》詩的生成年代業不可考，但仍處在樂、舞重於詩歌時期。《風》詩輯於民間，它們的章法、結構、語態多保持著始初藝術古樸的風格。如：

周南‧桃夭

　桃之夭夭，灼灼其華，之子于歸，宜其室家。

　桃之夭夭，有蕡其實，之子于歸，宜其家室。

　桃之夭夭，其葉蓁蓁，之子于歸，宜其家人。

周南‧苯苢

　采采苯苢，薄言采之。采采苯苢，薄言有之。

　采采苯苢，薄言掇之。采采苯苢，薄言捋之。

　采采苯苢，薄言袺之。采采苯苢，薄言襭之。

陳風‧月出

　月出皎兮，佼人僚兮，舒窈糾兮，勞心悄兮。

　月出皓兮，佼人懰兮，舒憂受兮，勞心慅兮。

　月出照兮，佼人燎兮，舒夭紹兮，勞心慘兮。

《桃夭》囑咐女子出嫁，和夫家和睦相處；《苯苢》描寫採摘苯苢的勞動者採摘苯苢的過程；《月出》歌唱美貌少女淒淒切切的閨閣相思。三首民歌均為三個章節，首章賦事，二、三章內容重複。詩歌重章抒詠，隨曲婉轉，與心徘徊，注重結構的整齊，音律的複遝，至於表意的重複、內容的單調就沒有顧及了，《詩經》民風計 160 篇，大都表現為這種生存狀態。

二、詩、樂、舞並重時期

《詩經》雅、頌的產生是進入詩、樂、舞並重時期的標誌。主要有兩個方面的依據：其一是作詩配樂。《詩經》中的《雅》、《頌》諸詩，多為宮廷樂師、祭祀樂師，以及通曉音律的貴族模倣民歌活潑的形式創作而後配以樂、舞，先詩後樂當然提高了詩在共生體中的地位。並且，從現傳的《詩經》作品來考察，西周時期的文學藝術家確實在力求詩、樂、舞三者一體同善，以期達到詩教、樂教的目的。

作詩配樂的依據有兩個材料可以證明。一是詩本身。《詩經》305 篇中有

五篇題名詩，自然史料無可質疑。

> 《小雅‧節南山》：「家父作誦，以究王訩。」

> 《大雅‧崧高》：「吉甫作誦，其詩孔碩。」

> 《魯頌‧閟宮》：「新廟奕奕，奚斯所作。」

> 《小雅‧巷伯》：「寺人孟子，作爲此詩。」

> 《大雅‧烝民》：「吉甫作誦，穆如清風。」

詩中自名的「家父」、「孟子」、「吉甫」、「奚斯」就是各篇的作者。但史書不傳，無從考證，這倒無關緊要，重要的是我們瞭解到《雅》詩時代「文人詩」已經誕生了，詩在共同體中的位置日趨顯要。其次是詩傳。詩傳始於漢代，「獨尊儒術」尊《詩經》爲五經之首。所以詩三百都成了「聖賢發憤之作」（司馬遷《報任安書》），硬將許多詩的著作權歸到王公貴族名下。比如，詩傳認爲《關雎》、《葛覃》、《卷耳》等詩是周文王后妃所作；《七月》、《鴟鴞》、《東山》等詩是周公旦所作，以「名人」來增強詩歌的權威性，以突出《詩經》的社會地位。儘管牽強附會，但有依據的並非一首也沒有，如穆夫人賦《載馳》，則史據確鑿。《傳》云；「《載馳》許穆夫人作也，閔其宗國顛覆，自傷不能救也。衛懿公爲狄人所滅，國人分散，露於漕邑。許穆夫人閔衛之亡，傷許之小，力不能救，思歸唁其兄，又義不得，故賦是詩也。」此序與《左傳‧閔公三年》所載史實相同，故《載馳》爲許穆夫人所做基本上眞實可信。當然本論點的目的不是考證《詩經》作者，旨在說明「文人」對詩的革新創造，擺脫了長期以來詩在詩、樂、舞共生體中的附庸地位。「文人詩」既打上了民歌體的烙印，又在內容和形式（主要是音律）上均有了新的突破。如《大雅‧江漢》：

> 江漢浮浮，武夫滔滔。匪安匪遊，淮夷來求。

> 既出我車，既設我旟，匪安匪舒，淮夷來鋪。

> 江漢湯湯，武夫洸洸。經營四方，告成于王。

> 四方既平，王國庶定。時靡有爭，王心載寧。

> 江漢之滸，王命召虎：式辟四方，徹我疆土。

> 匪疚匪棘，王國來極。于疆于理，至于南海。

> 王命召虎，來旬來宣：文武受命，召公維翰。

> 無曰予小子，召公是似。肇敏戎公，用錫爾祉。

> 釐爾圭瓚，秬鬯一卣，告于文人。錫山土田，
> 于周受命，自召祖命。虎拜稽首：天子萬年。
> 虎拜稽首：對揚王休。作召公考，天子萬壽。
> 明明天子，令聞不已；矢其文德，洽此四國。

從篇幅比較來看，《風》詩多爲三章、四章，五章、六章極少見，像許穆夫人作的《載馳》五章，就章句數而言，六、八、六、四、四就不應在《風》詩之列，何以歸於《鄘》，不得而知。而《雅》由《小雅》向《大雅》的發展過程中詩歌篇幅逐漸增長，章數大都較多，如《大雅·桑柔》、《大雅·卷阿》等竟然長達十六章。如《國風·周南》十篇共三十四章一百五十九句，《大雅·蕩之什》十一篇共九十二章七百六十九句，可見在章句數的優勢《雅》詩是非常明顯的。從表現內容的涵量來看，《風》詩篇幅短小，涵量較小，甚至是最簡單的一個生活細節、生活畫面的反覆詠唱，如上文提到的《芣苢》、《桃夭》等。而《雅》、《頌》之詩，篇幅較長，涵量較大，內容廣博。如上《大雅·江漢》前四章盛讚武夫威風凜凜，征討四方的赫赫戰功，後兩章則專寫召虎平定淮夷後受到周王賞賜，於是作器銘記周王恩寵並稱頌天子的文德，《詩序》云：「尹吉甫美宣王也，能興衰撥亂，命召公平淮夷。」場面恢宏壯闊，情節生動曲折。從題材上看，《風》詩多以離愁別恨、愛戀相思、生活情趣爲主，而《雅》《頌》之詩多以重大歷史事件爲題材，是周部落的興衰史，注定其多章多節，涉獵深廣。如《大雅·公劉》，敘述他率領周部族人扛槍背糧從邰遷於涇水中游的豳地，當時豳地周圍都是游牧部落戎狄，公劉率領部族征服戎狄，在豳地墾植發展農業生產，並第一次營建了城邑定居，結束了長期以來逐水而居的游牧生活，使周部落進一步由野蠻走向文明。從章句建構方式來看，《雅》詩中雖有部分作品亦採取民歌重章疊句的音律體式，但亦非通篇一律，近其形似而非神似，即結構似是重章，內容上迥然有別。不似《風》詩，重章的內容大都相同，或極小變化，如《鄘風·相鼠》：

> 相鼠有皮，人而無儀，人而無儀，不死何爲。
> 相鼠有齒，人而無止，人而無止，不死何俟。
> 相鼠有體，人而無禮，人而無禮，胡不遄死。

相鼠有皮、齒、體，人無儀、止（恥）、禮，不如死，小題大做，章句複遝。而《雅》詩的重章則極少內容重複。如《小雅·采薇》前三章：

> 采薇采薇！薇亦作止。曰歸曰歸！歲亦莫止。

> 靡室靡家，玁狁之故；不遑啓居，玁狁之故。
> 采薇采薇！薇亦柔止。曰歸曰歸！心亦憂止。
> 憂心烈烈，載飢載渴；我戍未定，靡使歸聘。
> 采薇采薇！薇亦剛止。曰歸曰歸！歲亦陽止。
> 王事靡盬，不遑啓處；憂心孔疚，我行不來。

首章寫歲暮不能歸家之故；次章則寫征戰沙場不能給家人音信；第三章寫征
戰勞苦恐無生還之望，重章而不重意。四、五、六則不復重章。並且大部分
《雅》詩，如《大明》、《大田》、《縣》、《桑柔》等已經完全脫離了《風》詩
四言的章法結構，以全新的四言章法（不用重章、不用疊句）入樂，特別是
《頌》詩，大部分已不著民歌痕跡。由此可知，歌詞已在詩、樂、舞共同體
中佔有重要的位置，不似《樂記》所云「文采節奏，聲之飾業」，詩不再是樂、
舞裝飾品和附庸品，而是和樂舞一樣相提並重，共同承擔藝術的使命。

　　詩、樂、舞並重第二個證明是詩為樂心。隨著西周文化藝術的發展繁榮，
逐漸改變了始初以來樂、舞偏重於詩的狀態，有明確表意功能、有深刻思想
內容、有明顯情感傾向的詩歌上升為音樂、舞蹈的中心，三者交互為用，詩
為樂的內涵，樂是詩的形式，舞則是詩樂的形象寫意。劉勰《文心雕龍‧樂
府》云：「詩為樂心，聲為樂體。樂體在聲，古瞽師務調其器；樂心在詩，君
子宜正其文。」基於此，曉樂必須明詩，明詩為了曉樂。所以《詩經》成為
當時詩教、樂教的唯一範本，誦詩、歌詩、舞詩成為西周時期重要的文化風
尚。朝廷上下、城郊里巷；達官貴人、文人仕子都力求通曉《詩經》，而明儀
禮。《墨子‧公孫篇》云：「誦詩三百，絃詩三百，歌詩三百，舞詩三百。」
又《毛詩傳‧〈鄭風‧子衿〉》曰：「古者教以詩樂，誦之、絃之、歌之、舞之。」
《史記‧孔子世家》載：「三百五篇，孔子皆絃歌之，以合韶武雅頌之音。」
（關於「歌詩」與「誦詩」，究竟何謂歌何謂誦，《詩經》以來尚有爭議，但
傾向於劉熙載《藝概‧詩概》者較眾。劉氏云：「詩，一種是歌，『君子作歌』
是也，一種是誦，『吉甫作誦』是也。……誦顯而歌微，故長篇誦，短篇歌；
敘事誦，抒情歌。詩以意法勝者宜誦，以聲情勝者宜歌。」由此可知，誦詩
與歌詩的區別在於表意抑或表情。）

　　周初農業發達，經濟繁榮，政治穩定，禮法善備，等級森嚴，諸侯各安
於邦業，朝廷以《詩》樂為核心的禮樂十分講究。禮樂者，以樂化天下之民
循禮守道者也，它由詩歌、音樂、舞蹈三者一體生成，也就是說以三種藝術

語言來表現《詩經》中的詩歌。所以，西周時期的《詩經》每一首詩都具有三重性，即歌詞性、音樂性、舞蹈性，它是將聽覺思維和視覺思維、時間藝術和空間藝術統一爲一體來完成整個禮樂的演奏過程的。我們從周王朝演奏詩樂的陣容、程式可以全面、系統地瞭解到《詩經》諸詩的三重性。

　　周王朝宮廷禮樂的演奏非常隆重典雅，陣容龐大、氣勢磅礴，美倫美奐，不失大國王朝的升平氣象，以立威於諸侯，修文德使遠者來之。禮樂陣列之制最早見於《周官》，謂之「樂縣」。樂隊用何種樂器，如何排列，舞者在何位置都有嚴格的規定。參見柳詒徵《中國文化史》（上冊第 178 頁）《宮縣圖》：

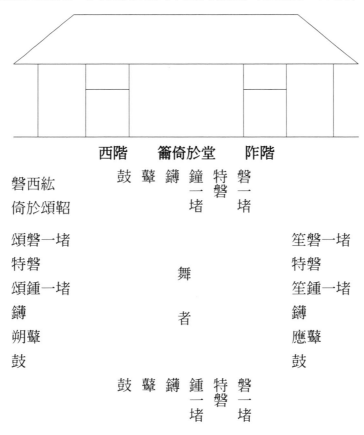

　　奏樂之次序以樂器之上下爲先後，奏堂上之歌曰「登歌」，奏堂下之歌曰「下管」。《禮記》詳細地記載了《詩》樂的演奏陣營和演奏過程。

　　　大祭禮，帥瞽登歌，令奏擊拊。下管，播樂器，令奏鼓㮚（《周禮‧
　　大師》）

接下來是演奏笙詩入間歌：

工入，升自西階，北面坐，……工歌《鹿鳴》、《四牡》、《皇皇者華》、……笙入堂下，磬南北面立，樂《南陔》、《白華》、《華黍》、……乃間，歌《魚麗》，笙《由庚》；歌《南有嘉魚》，笙《崇丘》；歌《南山有臺》，笙《由儀》。(《儀禮・鄉飲酒禮》)

按：笙詩在今本《詩經》中共有六首，即《南陔》、《白華》、《華黍》、《由庚》、《崇丘》、《由儀》，但有目無詞，毛詩認為亡佚了，但朱熹認為原詩只有曲，本無詞。

一歌一唱之後是大合樂：

乃合樂。《周南》：《關雎》、《葛覃》、《卷耳》；《召南》：《鵲巢》、《采蘩》、《采蘋》。(《儀禮・鄉飲酒禮第四》)

眾聲俱作之後是興舞。孫詒讓認為「凡舞在合樂之後。《燕禮》記云『逐合鄉樂，若舞則勺』。注云：『勺，頌篇也，既合鄉樂，萬舞而奏之，是也。』」勺者，《酌》也，為《周頌》詩篇，它是《大舞》樂章（含《大武舞》）的第一篇。這就是說合樂之後禮樂的表演進入高潮，興《大武舞》，這是周王朝國樂之舞，共分六成，《禮記・樂記》載云：

且夫《武》始而北出；再成而滅商；三成而南；四成而南國是疆；五成而分，周公左，召公右；六成復綴以崇，天子夾振之而駟伐，盛盛於中國也。(孔穎達疏曰：「《武》始而北出」者，謂初舞位最在於南頭，從第一位而北出者，次及第二位稍北出者。熊氏云：「則前云『三步以見方』是一成也。作樂一成而舞，象武王北出觀兵也。「再成而滅商」者，謂作樂再成，舞者從第二位至第三位，象武王滅商。……「三成而南」者，謂舞者從第三位至第四位，極北而南反，象武王克商而南還也。「四成而南國是疆」者，謂《武》曲四成，舞者從北頭第一位卻至第二位，象武王伐紂之後，南方之國於是疆理也。「五成而分，周公左，召公右」者，從第二位至第三位，分為左右，象周公居左，召公居右也。「六成復綴以崇」者，綴，謂南頭初位，舞者從第三位南至本位，故言「復綴」。「以崇」，崇，充也。……「駟伐」者，「駟」當為四，四伐，謂擊刺作《武》樂之時，每一奏之中而四度擊刺，象舞王伐紂四伐也。

據孫作雲先生考證，《大武》六成，均有詩篇。第一成即《周頌・酌》，第二成即《周頌・武》，第三成即《周頌・般》，第四成即《周頌・賚》，第五成歌

詞不傳，第六成即《周頌‧桓》。舞六成之後，禮樂結束。

　　持《大武》六成有詩說者，除孫作雲先生外，還有魏源、龔橙、王國維、高亨等。不過，對六成《大武舞》的詩篇名稍有出入。孫作雲先生在《詩經與周代社會研究》〔註27〕一書的第258頁《周初樂章考實》一文中，列表介紹了各家所持的不同看法，是頗有價值的研究。該表如次：

《禮記‧樂記》所記《大武》六成	舞　　容	《大武》諸家說				
		魏源	龔橙	王國維	高亨	孫作雲
1. 武始而向北	舞者「總干獨立」象武王率兵北伐。	武	武	昊天有命	我將	酌
2. 再成而滅商	舞者「發揚蹈厲」象牧野大戰之狀	酌	酌	武	武	武
3. 三成而南	舞者自北而南，象武王自殷還鎬	賚	賚	酌	賚	般
4. 四成而南國是疆	舞隊再向南，象武王經營南國	般	象維清	桓	般	賚
5. 五成而分公左召公右	舞者分成兩隊，一向東，一向西，象周召分陝而治	佚	般	賚	酌	原無
6. 復綴以崇天子	舞者退回原位，作半跪姿勢象崇拜武王	桓	桓	般	桓	桓

三、詩、樂、舞分化時期

　　春秋戰國之際，中國社會由封建領主制走向封建地主制，井田制被廢除，農村公社結構已經瓦解，隨之而來的是工商業的高速發展，大都市不斷出現。「千丈之城，萬家之邑」〔註28〕、「三里之城，七里之廓」〔註29〕到處湧現，如趙之邯鄲、魏之大梁、宋之定陶、楚之郢、秦之咸陽等都是當時有名的大城市。由於經濟基礎的變化，社會矛盾日漸加劇，王室與諸侯列國、新興地主與貴族、統治者與被統治者的矛盾不斷激化。「爭地以戰，殺人盈野；爭城以戰，殺人盈城。」〔註30〕諸侯僭越，大夫橫恣，周室衰微，禮崩

〔註27〕孫作雲，《詩經與周代社會研究》，中華書局，1966年版。
〔註28〕《戰國策‧趙策》。
〔註29〕《墨子‧非攻中》。
〔註30〕《孟子‧離婁上》。

樂壞。隨著領主經濟的崩潰，貴族領主壟斷文化的局面已經結束，士階層的崛起導致了理性的覺醒，思想領域空前活躍，出現了「百家爭鳴，處士橫議」的可喜局面，揭開了中國文化史的新篇章。藝術源於生活，社會大變革導致了詩、樂、舞生存狀態的變化。

長期以來，詩、樂、舞一體共榮，成為奴隸主統治人民的工具，理性的覺醒，導致了傳統的危機。即將窒息的詩壇又有了一片生機。詩、樂、舞這一凝固的整體，受到了與周朝雅樂分庭抗禮的南方民歌、具有鮮明個性獨立意識的文士詩歌的嚴重衝擊，這些詩歌「與《詩經》相比較含有更多的個性自覺，自我得到了明顯加強，這正是詩歌由群眾創作向文人個體獨立創作的必然反映。」〔註31〕

春秋中葉，封建禮樂制度逐漸崩潰，以民間歌謠和民間音樂高度發展起來的「新聲」產生，隨著封建領主勢力的擴大而成為封建領主的樂舞。新聲在內容上大抵以戀歌為主；形式上音調優美，突破了五聲音階的範圍；表演上「士女雜坐，不歌而誦」，因此，遭到維護傳統禮樂制度者的強烈反對而誣之為「淫樂」、「奸聲」，因源起鄭、衛民間，故稱「鄭衛新聲」。新聲的顯著特點是「不歌而誦」，基本上脫離了樂舞而作為一種純粹的文學式樣獨立存在。其次就是民歌。當時的民歌創作極為活躍，即興發揮、順口吟誦，句法靈活，格調清新。如《晏子春秋・外篇・歲暮歌》（又名《齊役者歌》）：

歲已莫矣，而禾不獲。忽忽兮若之何。歲已寒矣，而役不罷。惙惙
兮若之何。

又如《說苑・正諫篇・楚人為諸御己歌》：

薪乎菜乎，無諸御己，訖無子乎。
菜乎薪乎，無諸御己，訖無人乎。

可惜大部分民歌因歲月流逝而亡佚，只有極少數，如《凍之歌》、《穗歌》、《侏儒誦》等散見於先秦經傳。這些民歌大都不再是樂、舞相隨，而是以自身特有的表現形態在民間傳誦。其三是文士詩歌。文士詩歌偏重於情志抒發，追求意象優美，文辭華麗，音調鏗鏘，激情洋溢，它們不再依靠樂、舞增強詩歌的表現力，而以詩本身獨有的表現技巧、藝術能量、藝術魅力、音律效果吸引讀者。如《吳越春秋・窮劫曲》：

王耶王耶何乖劣，不顧宗廟聽讒孽。

〔註31〕張松如，《中國詩史・先秦兩漢》，吉林大學出版社，1989年版，第164頁。

> 任用無忌多所殺，誅夷白氏族幾滅。
>
> 二子東奔適吳越，吳王哀痛助忉怛。
>
> 垂涕舉兵將西伐，伍胥白喜孫武決。
>
> 三戰破郢王奔發，留兵縱騎虜京闕。
>
> 楚荊骸骨遭掘發，鞭辱腐屍恥難雪。
>
> 幾危宗廟社稷滅，莊王何罪國幾絕。
>
> 卿士悽愴民惻悷，吳軍雖去怖不歇。
>
> 願王更隱撫忠節，勿為讒口能謗褻。

《吳越春秋‧闔閭內傳》載：「楚樂師扈子非荊王信讒佞而殺伍奢、白州犁而寇不絕於境，至乃掘平王墓，戮屍姦喜以辱楚君臣。又傷昭王困迫，幾為天下大鄙，然己愧矣。乃授琴為楚作《窮劫之曲》。」史說確確，為楚樂師扈子所作，如非偽託，戰國七言歌謠為後世七言體詩歌的源頭的說法應當成立。很顯然，從節奏、音律上看，雖名之曰曲，實際上已成為一種地地道道的說頌型詩歌。又如荀子的《成相辭》〔註32〕、師曠對太子晉歌《無射》、太子晉之《嶠歌》〔註33〕、越王夫人之《烏鵲歌》〔註34〕、齊景公之《齊侯投壺歌》〔註35〕、孔子之《狄水歌》、《龜山操》、《獲麟歌》〔註36〕、莊子《子桑琴歌》、《相秋歌》〔註37〕等等。特別是在這時期類似今天民間的「蓮花落」或「數來寶」產生了，這完全是一種以誦讀為表現形式的詩歌體裁。如《周祝》：

> 角之美，殺其牛，榮華之方後有芒。
>
> 天為蓋，地為珍，善用道者終無窮。
>
> 地為軫，天為蓋，善用道者終為害。
>
> ……

總之，新聲的出現、文士詩的產生、民歌的興盛使詩歌脫離了長期以來對樂、舞的附庸地位，成為一門獨立的藝術；其次是音律上突破了《詩經》傳統的音律結構，突出特點是句法靈活、結構自由，長句短句相隨，三、四、五、六、七言相雜，本體意識鮮明強烈，比《詩經》呆板的四言、複遝的章式更

〔註32〕參見《荀子‧卷十八》。
〔註33〕參見《逸周書‧太子晉篇》。
〔註34〕參見《吳越春秋‧七》。
〔註35〕參見《左傳‧昭公二十年》。
〔註36〕參見《琴操逸文》。
〔註37〕參見《莊子‧大宗師》。

具有藝術的感染力，更利於社會生活、心靈情感的再現和表現，把中國古典詩歌推向了一個新的發展階段。

第三節　詩、樂、舞合分的主要原因

　　詩、樂、舞三位同源而共體，歷經了一個漫長的發展時期又逐漸分化，這種分化主要是表現為詩歌從共同體中分離出來，以獨立的藝術形式生存發展。由合到分的原因除前面討論的客體因素外，還有三個方面的本體因素。

一、詩歌、音樂、舞蹈內容表現的互補性

　　詩歌、音樂、舞蹈的構成因素是產生於同一勞作的內容。勸力而歌產生了詩歌形成的因素；重複而歌產生了音樂誕生的因素；應歌而動產生了舞蹈構成的因素，三者在其社會實踐中、在其功利性上具有了互力的作用。同聲而呼，同時使力，聚眾人之力而為一股；反覆而呼，則在輕鬆愉快的氣氛中實現勞作目的；隨呼而舉，則統一了每一個人的動作，舉手投足，撐腰擡肩整齊而有力，最終達到勞作的目的。而在勞動中有意識形成的互力現象無意識中導致了藝術的互相作用。隨著人類審美意識的產生、理性的覺醒，在再現這一勞動情景時，由於同一勞作內容的互力作用對勞動者產生了情感效應，勞作中誕生的藝術胚芽形式上達到了更多的錘煉和提高，逐步趨向成熟，然後，「人民按照美的規律去創造」，〔註38〕在藝術上互相補充完善。詩借助於樂舞的表現力、樂舞借助於詩的表現力、樂借助於詩舞的表現力、詩舞借助於樂的表現力、舞借助於詩樂的表現力、詩樂借助於舞的表現力來達到傳遞藝術資訊、傳輸審美對象的目的，而且三種藝術語言各擅所長、交輸互受，多維切換以揭示生活的真實，抒發作者的情感。

> 詩者，志之所之也，在心為志，發言為詩。情動於中而行於言，言之不足，故嗟歎之，嗟歎之不足，故詠歌之，詠歌之不足，不知手之舞之足之蹈之。〔註39〕

> 發以聲音而文以琴瑟，動以干戚，飾以羽旄。（案：「動干戈，飾羽旄」即興舞）從以簫管，奮至德之光，動四方之和，以著萬物之理。

〔註38〕馬克思，《1844年經濟學——哲學手稿》。
〔註39〕參見《毛詩序》。

〔註40〕

《詩序》、《樂記》都科學地說明了「奮至德之光，動四方之和，著萬物之理」用詩不足以表達，則用歌（樂），用歌不足以表達則用舞蹈。趙沛霖先生說：「只用舞蹈一種不足以盡興，不足以表達他們的狂熱和虔誠，也不足以取悅於圖騰神，於是，審美主體那種詩歌舞結合的內在潛能便得以發揮，使詩、樂、舞三位一體為之實現。」〔註41〕趙沛霖先生的說法雖然是說舞不足以表達則詩樂同興與《樂記》所言詩樂不足以表達則興舞的說法有差異，但實質一樣，都是在說明詩、樂、舞三者互補互善，而達到藝術表現的目的，完成藝術使命。社會生活的多維性，人類情緒的複雜性，往往因藝術類型的侷限性（如時間藝術缺少空間的視覺性，空間藝術缺少時間的延續性）表現不充分，所以，將時間藝術與空間藝術有機結合起來，多層、多面、多角度地透視社會生活和情感變化，使藝術表現效果淋漓盡致。

二、詩歌、音樂、舞蹈音律表現的同一性

　　詩歌、音樂、舞蹈音律表現的同一性，亦即形式表現的互補性。萊辛在論及詩、樂、舞的結合時說：「訴諸聽覺的先後承續的人為符號和訴諸聽覺的先後承續的自然符號的結合，在一切可能的結合之中，無疑是最完美的，特別是在這兩種符號不僅涉及同一感覺，而且可以同時用同一感覺器官去接受和復現。詩與音樂的結合就屬於這一種。……隨著詩與音樂的最完美結合之後，就是訴諸聽覺的先後承續的人為的符號與訴諸視覺的先後承續的人為的符號二者的結合，就是音樂與舞蹈的結合，詩與舞蹈的結合以及原已結合的音樂和詩再與舞蹈的結合。」〔註42〕詩、樂、舞這種最完美的結合共同的生命就是節奏，三大藝術表現的同一性就是節奏。任何事物的結合都必須具有共同性質，也只有共同性質才能結合任何事物。詩、樂、舞三位一體也毫不例外，只有共同的節奏才能把詩歌藝術、音樂藝術、舞蹈藝術統一在同一意境之中。詩者，依節而誦，樂者，應節而歌，舞者，因節而動，或各自施行而以節奏相互制約，或同興並舉而以節奏相互統一，本乎心而形乎節，詩因樂生，反過來詩又生樂，詩、樂則生舞矣。詩無節奏非詩，樂無節奏非樂，

〔註40〕　參見《禮記‧樂記》。
〔註41〕　趙沛霖，《興的起源》，中國社會科學出版社，1987 年版，第 134 頁。
〔註42〕　萊辛，《拉奧孔》，朱光潛譯，人民文學出版社，1979 年版。

舞無節奏非舞，語言的節奏、音響的節奏、動作的節奏構成同一旋律，進退相隨，通達互感。「懷感者聞之，則莫不憯懍慘悽，愀愴傷心，含哀懊咿，不能自禁；其康樂者聞之，則欨愉歡釋，抃舞踊溢，留連瀾漫，嗢噱終日；若和平者聽之，則怡養悅愈，淑穆玄真，恬虛樂古，棄事遺身。」〔註43〕

　　詩歌的節奏表現為音節的平仄輕重、音節的組合、韻式的安排、句幅（律動單位）的長短、章節的結構等方面；音樂的節奏表現為樂音的高低強弱、樂匯的色彩、樂句的風格、樂勢的創意等方面。先詩後樂，則樂的節奏以服從詩中的字調、頓逗、輕重音等為原則，如一個樂節必須完整地包含一個或幾個詞拍，不可拆開分置。先樂後詩，則詩的節奏以服從樂音的強弱、樂拍的進退、樂句的長短、樂章的轉換為原則。〔註44〕至於舞的節奏則是詩樂節奏的具象化。用視覺形象、體態語言來反映、表現詩、樂節奏的本質內容，所以說音樂是舞蹈的靈魂，它決定了舞蹈的結構、特徵、氣質。舞蹈是在一定的時間過程中，以體態動作的力度、間歇、旋律、張弛、快慢、強弱、剛柔對比中體現詩樂的節奏。詩歌、音樂由於塑造形象的間接性，最容易同其他藝術結合起來，它們和舞蹈的結合是最原始、最優秀的結合（前文已論及）。由於舞蹈與詩樂合拍而加強了聲音媒介中的節奏經驗，並且由於詩、樂幫助加強了情緒色調和暗示性，進而縮短了舞蹈者和觀賞者之間的距離而達到藝術感知、藝術淨化、藝術共鳴目的。詩、樂通過舞蹈而得到具體、形象的詮釋，舞蹈則通過詩、樂增強了情緒的內在張力，所以說詩、樂、舞三位一體在表現形式上具有互補性。

　　朱光潛先生認為，詩、樂、舞最早分立的大概是舞蹈。〔註45〕他認為《詩經》諸詩大都有樂，但有舞的除《頌》之外似不多見，而且《頌》舞也已經過朝廷樂官的形式化，不復是原始歌舞的面目，故有是說。此處提及，供讀者參考。

三、詩歌、音樂、舞蹈形態表現的特殊性

　　詩、樂、舞表現形式的特殊性，指詩歌語言、音樂語言、舞蹈語言各具

〔註43〕嵇康，《琴賦》，《文選》第十八卷，日本足利學校藏宋刊明州本六臣注，北京：
　　　　人民文學出版社，2008年3月版。
〔註44〕樂句與詞拍問題後文還要詳論。
〔註45〕參見朱光潛，《朱光潛文集·詩論》。

有鮮明的特點。詩言其志，歌詠其言，舞動其容，三者雖一體共生，但在藝術表現形態上明顯具有自身的獨特性，各有表現之長，各有表現之短，在原始藝術生態的背景下藝術家們努力取長而補短，正是因爲各自發揮了自己的長處，才在詩、樂、舞共同體發展過程中個性越來越鮮明強烈，最終走向分化。

> 詩，言其志也。歌，咏其聲也。舞，動其容也。三者本於心，然後樂氣從之。……樂者，心之動也。聲者，樂之象也。文采節奏，聲之飾也。〔註46〕

> 故歌以敍志，舞以宣情，然後聞之以采章，昭之以風雅，播之以八音，咸之以太和。〔註47〕

如上先賢所論，意在說明詩表達思想情感，歌（樂）詠唱表達思想情感的詩，舞把詩歌的思想情感具象化或視覺化，其實，這些論述分析已經較爲準確地說明了詩、樂、舞三種藝術形態在藝術表現上的特殊性。

詩是語言藝術，以語言爲媒介塑造藝術形象。充分利用語言的各種表現手法，或賦、或比、或興，把物象、意象、境界邏輯地、有機地整合起來構成意境以反映社會生活，表達思想感情，是謂語意形象；同時又充分利用音律的各種表現手法，或平仄律（平仄輕重的組合）、或長短律（語句長短的安排）、或韻律（各種韻質、韻式的處理）、或特質詞類（雙聲、疊韻、重言）來表現情感衝力，是謂音律形象。所以，詩歌是語意、音律形象的統一體，二者相生相讓，相輔相成。音樂是以音響塑造藝術形象，音樂語言包括音色、音量、節奏、節拍、旋法、調式、發展手法、潤腔裝飾等內容，利用音響的變化、起伏、震盪、反覆等程式性的物化結構，表達勞動者對生活的情感體驗和審美體驗，音樂的內容就是樂音的運動形式，音樂的形象就是樂音運動生成的旋律表現的情緒結構。舞蹈則是以姿勢（形象的情感）、結構（作爲與空間相關聯的形象）、動作（在空間中形象從一種姿勢轉變到另一種姿勢所體現的節奏和能量的審美特質）三要素融合成一個整體，利用其特殊韻致（造型、表情）和節律塑造藝術形象。《樂書》云：「舞也者，蹈屬有切而容成爲者也，故舞之所動，非志也，非聲也，一於容而已矣。」舞蹈是整個身體形態的語言，只有把韻律的、情感的、戲劇的、視覺的、觀念的因素有機地組

〔註46〕參見《禮記・樂記》。
〔註47〕參見《阮籍集・樂論》。

合在一起，才能取得統一的效果，強化舞蹈的表現力。

概而言之，詩、樂、舞表現形態的特殊性表現在三個方面，即塑造形象的材料不同、藝術語言的表達不同、藝術效果的產生不同。隨著人類審美意識的增強，始初詩、樂、舞三位一體的生存狀態，因詩、樂、舞表現個性的日漸突出而最終解體，分化為三門獨立的藝術。

第二章 形成論：音律是詩歌本客體因素孕育的產物

第一節 《詩經》音律形成的本體因素

　　《詩經》音律生成的本體因素是從《詩經》全集 305 篇的來源、編輯的方式以及詩歌與音樂的關係等方面來討論。周統治者為了觀民風而考得失於民間詔採的風詩和為了滿足宮廷宴享、宗廟祭祀的需要文人詔創的雅詩、頌詩是《詩經》諸詩的兩大來源。其編輯方式和編輯程式是詩歌音律生成的關鍵，輯詩者首先根據語音語律的要求配之以樂，稱之為以詩合樂；畢竟曲音和語音、曲律和語律不能天然契合，所以，又根據曲音曲律的要求對詩歌章句結構、音節輕重等不合樂之處進行修正，稱之為以樂正詩；最後，輯詩者又根據詩樂雅俗不同、作用不同、使用對象不同分為風、雅、頌三輯，稱之為辨樂分輯。

　　如引論所言，《詩經》時代中國尚處在詩樂舞並重時期，不過詩歌已具有相當高的藝術水準，不再像始初詩歌那樣簡單、粗糙、即興性強，《詩經》諸詩已具備了完整的篇章結構、音律模式。特別是比、興表現手法的充分應用、社會生活的日趨豐富，詩歌的形式由簡單變得複雜，題材越來越廣泛，涵量越來越大，主題越來越深刻，音律越來越優美，一般規範化的詩歌藝術初步形成。「由於社會生產實踐的限制，人民對於美的認識和感受能力到一定水準之前，根本不可能去追求和欣賞藝術形成的美。只有在人們的審美能力發展到一定階段，對於興的藝術形式才能夠欣賞，同時對於興的出現給詩歌形式方面（如詩歌的音律、節奏）、形象性（詩歌形象、情感方面）和內部結構（詩

歌各部分之間及整體的關係）所帶來的重大變化，才能予以肯定。」〔註1〕在比、興產生以前的原始詩歌、音節簡單、內容單調，缺乏創造性的音律美。隨著人類的進化，人們的審美意識加強了，對音律有了特殊的認識。如均衡、對稱、照應、反覆、重疊、高低、輕重等音律效果的美學特徵有了比較系統的瞭解。所以，於民歌的加工、提煉，於雅詩的創作、處理，無不以詩人對音律的審美認識來指導之，特別是比、興應用於詩歌的創作，使中國原始詩歌產生了第二次（第一次飛躍是原始情歌的出現）大的飛躍。因此，《詩經》揭過人類文學藝術史上最初的一頁——神話和原始詩歌，建築了詩歌藝術史上的第一座高峰，奠定了中國詩歌音律美學的基本體系。

當然，其音律體系的形成，依然是和音樂休戚相關的，「樂以詩爲本，詩以聲爲用」，正是因爲它必須合舞入樂，才完成了自身的音律建構，才成爲後世詩歌創作的音律典範。

一、以詩合樂

《詩經》三百零五篇，除《商頌》是殷商時期留下的作品以外，大都爲西周初年至春秋中葉的詩歌，前後綿延五、六百年之久。一般認爲最早的作品是《豳風》中的《破斧》，因詩中提到「周公東征」，故是詩不出西元前 1114 年前後，而《陳風》中的《株林》一詩，陳人譏陳靈公同夏姬淫亂之事，此事見《左傳》宣公九年、十年，大概在西元前 600 年前後，故這首詩爲最晚的作品，由此可知《詩經》的時間跨度是相當大的；〔註2〕就作品產生空間而言，《詩經》涉及的地域也非常遼闊，這些作品大都出於今陝西、甘肅、山西、山東、河北、河南等中原之地，少數作品如《周南》、《召南》中的部分詩作來自長江流域，可見其覆蓋面之廣；就作品的作者而言，從民間到宮廷、從南方到北方的文人士子、達官顯貴、黎民百姓各色人等無所不包；就詩歌的體裁而言，有祭歌、樂歌、民歌、雅歌等一應俱全。其時間之長、地域之廣、作者之雜、題材之豐、體例之嚴均爲古今詩集所罕見，在交通落後、資訊閉塞的上古時代它是怎樣結集編定的呢？它又是以何標準選詩入集的呢？

從《詩經》體系的完整性以及它在周代的重要影響、重要作用來分析，

〔註1〕 趙沛霖，《興的起源——歷史積澱和詩歌藝術》，中國社會科學出版社，1987年版，第 75 頁。

〔註2〕 參見盛廣智，《詩三百精義述要》，東北師範大學出版社，1988 年版。

毫無疑問它是由周統治集團專門機構編纂而成的。輯詩，當然離不開詩作，這就涉及到《詩經》作品的來源問題。關於它的來源自古有采詩、獻詩之說。

　　持采詩說的學者認為，從上古社會開始就有了采詩的制度，可謂源遠流長。它盛於西周，延及兩漢。王灼《碧雞漫志》認為「（采詩）餘波至西漢末始絕」，又《樂府詩集》卷九十《新樂府辭序》記載「至（漢）武帝，乃立樂府，采詩夜誦，有趙、代、秦、楚之謳。則採歌謠、被樂聲，其來蓋亦遠矣。」

　　詩歌和其他文學作品一樣，都是源於客觀的社會生活，是一定社會生活內容的形象反映。儘管形象千姿百態，敘事的、抒情的、哲理的、寫實的、誇張的、象徵的，但都直接或間接地揭示了社會生活的某些本質意義，反映了社會生活的某些共性。因此，它能使人瞭解並認識社會生活的面貌，它的「目的就是幫助人瞭解人自己；就是提高人的信心，激發他追求真理的要求；就是和人們之間的鄙俗作鬥爭，並善於在人們中間找到好的東西；就是在人們心靈中喚起羞恥、憤怒和英勇，並想盡辦法使人變得高尚有力，使他們能夠以神聖的美的精神鼓舞自己的生活。」〔註3〕所以，采詩是統治者瞭解民俗民情，即「觀風俗，知得失，自考正」（《漢書‧藝文志》）的重要手段。《禮記‧王制》「天子五年一巡狩，命太師陳詩以觀民風。」因此，《詩經》《周南》11篇、《召南》14篇、《邶風》19篇、《鄘風》10篇、《衛風》10篇、《王風》10篇、《鄭風》21篇、《齊風》11篇、《魏風》7篇、《唐風》12篇、《秦風》10篇、《陳風》10篇、《檜風》4篇、《曹風》4篇、《豳風》7篇共計160篇均為民間採集的詩歌，是西周王朝民風民俗、政風政紀、功德功勳、時利時弊的真實寫照，以期達到下以風刺上、上以風化下、經人倫、成孝敬、美教化、移風俗的目的，致使政通人和，長治久安。采詩之說，古籍記載甚為詳確，似無庸置疑。

　　《左傳‧襄公十四年》引《夏書》：道人以木鐸徇於路，官師相規，工執藝事以諫。〔註4〕

　　劉歆《與揚雄書》：三代周秦軒車使者，以歲八月巡路，求代語、童謠、歌戲。

　　《漢書‧食貨志》：孟春三月，群居者散，行人振木鐸，徇於路以求詩，獻之太師，比其音律，以聞於天子，故王不出牖戶而知天下。

〔註3〕高爾基，《高爾基選集》，人民文學出版社，1984年版，第二卷，第195頁。
〔註4〕杜預注，道人，行令之官也。木鐸，木舌金鈴。徇于路，求歌謠之言。

　　《說文解字·丌部》：古之道人，以木鐸記詩言。

　　《公羊傳·宣公十五年》何休注：男女有所怨恨，相從而歌，飢者歌其食，勞者歌其事。男年六十、女五十無子者，官衣食之，使之民間求詩。鄉移於邑，邑移於國，國以聞於天子，故王者不出牖户盡知天下所苦，不下堂而知四方。

另外，《鄭志·答張逸問》、左思《三都賦·序》等也有關於采詩的記載，眾說大同，證據鑿鑿，無可非議。但因典籍記載中采詩官的稱謂不盡一致，或稱「遒人」、或稱「軒車使者」、或稱「行人」、或稱「年老而無自食其力之男女」；或因諸典相互抄錄，難正於史，則有的學者認為采詩之說出自漢人的臆度，這種說法似乎與《詩經》生成的實際情況相去甚遠。《詩經》作品來自黃河南北，歷自殷周兩代，在上古交通不便、資訊難通的情況下，如此浩大的工程，非專人收集整理難以精選成書，更不能成為傳世之作。「在社會物質條件尚差的歷史時期，如果沒有人對詩歌比較集中的採集和編訂，一部井然有序的詩集怎麼能夠成書呢？」〔註5〕所以，采詩之說並非無稽之談。

　　獻詩是《詩三百》得以成集的另一重要途徑。周代有公卿列士向天子獻詩的制度，所獻的詩歌，有的是祭祀先祖、誇耀勳業、諫刺王惡或自己製作的雅詩，或為統治者「觀察民隱」而「補察時政」留心採集的民間歌謠。《國語·周語》載曰：「古之王者，使工誦諫於朝，在列者獻詩。」《周語》又云：「故天子聽政，使公卿列士獻詩，瞽獻曲，史獻書，師箴，瞍賦，蒙誦。」《毛詩·卷阿傳》亦云：「獻詩以陳其志，遂為工試之歌焉。」獻詩之制究其源始，可追溯到原始社會晚期，「堯立敢諫之鼓，舜立誹謗之木」，〔註6〕民書其政失於「誹謗之木」。所以，古之賢主「達聰明、開不諱、博采負薪，盡極下情也。」〔註7〕儘管書於謗木者不一定都是詩歌的形式，但就謗木的書寫條件和書者的書寫環境推測，決非長篇大論，至少也是「準詩」之類；其次，從上古社會「詩諫王惡」的文化氛圍來分析，謗木獻詩的可能性還是很大的。進入奴隸社會，獻詩之制尚存，目的未變，祇是獻詩文化有了新的內容，所獻之詩不一定寫在謗木之上，公卿列士可以面君獻詩，直言上諫，《春秋》三傳中記載

〔註5〕　盛廣志，《詩三百精義述要》，東北師範大學出版社，1988年12月，第一版，第32頁。
〔註6〕　《淮南子·主術訓》。
〔註7〕　《後漢書·楊震傳》。

了許多面君獻詩、以諫王非的故事。如《左傳・昭公十二年》載：

> 昔穆王欲肆其心，周行天下，將皆必有車轍馬跡焉。祭公謀父作《祈
> 招》之詩以止王心，王是以獲沒於祇宮。……其詩曰：「祈招之愔愔，
> 式昭德音。思我王度，式如玉，式如金。形民之力，而無醉飽之心。」

該詩是祭公謀父規勸周穆王要以個人安危和國家利益為重，不要貪圖一時快意
而周遊天下之所獻，雖為「逸詩」未錄於《詩經》，但獻詩之實是不可否認的。

自古賢明君主從諫如流，周天下群雄並起，諸侯力政，不統於王，且養
士之風日盛，謀臣諫士「誦詩以見君過」（鄭玄《周禮注》），對緩和階級矛盾，
調整統治階級內部的關係起了重要作用。《正月》刺幽王荒淫誤國而諫統治者
戒淫亂；《十月之交》以「朔日辛卯」、「日有食之」來諫勸統治者遠小人；《何
草不黃》諫統治者不可無休止地征役，要留給勞苦大眾生息之機。又如：

> 家父作誦，以究王訩。式訛爾心，以畜萬邦。（《小雅・節南山》）
>
> 有靦面目，視人罔極。作此好歌，以極反側。（《小雅・何人斯》）
>
> 式遏寇虐，無俾正反。王欲玉女，是用大諫。（《大雅・民勞》）
>
> 靡聖管管，不實於亶，猶之未遠，是用大諫。（《大雅・板》）
>
> 涼曰不可，覆背善詈。雖曰匪予，既作爾歌。（《大雅・桑柔》）

《詩經》中收錄的諫詩很多，且集中在多為公卿列士所作的《雅》之中，不
再一一列舉。諸詩是否均為獻詩已難以考證，但從當時天子王侯廣開言路和
文武賢臣戮力王事的實際情況，以及有關典籍的記載來看，《雅》詩中保存部
分獻詩是無可爭議的，所以說它是《詩經》作品的一個重要來源。

朝廷掌管音樂的樂師收集到大量的「詩歌」以後，接下來的工作就是對
已有「詩歌」進行加工潤色、整理配樂、選擇編輯，使其內容合旨、體例一
致、音律整飭。如將先秦一些典籍中保存下來的部分「逸詩」與現存《詩經》
詩歌相比較就充分說明輯詩工作的嚴肅性。這些「逸詩」絕大多數是形式自
由，句字數參差不整，章法上也難於入樂，當然在輯詩者看來內容上也難符
合王者之音的標準，起不到以風化下的作用，故只好放任自流，也有可能所
謂「逸詩」生成於編《詩》之後。如：

穗歌

> 穗乎不得穫，秋風至兮殫零落。風雨之弗殺也，太上之靡弊也。〔註8〕

〔註8〕《晏子春秋・內篇諫下》。

朱儒誦

臧之狐裘，敗我於狐駘。我君小子，朱儒是使。朱儒朱儒，使我敗
於邾。〔註9〕

子產誦

取我衣冠而褚之，取我田疇而伍之，孰殺子產，吾其與之。〔註10〕

萊人歌

景公死乎不與埋，三軍之事乎不與謀。師乎師乎，何黨之乎。〔註11〕

南鄉蒯人歌

恤恤乎，湫乎攸乎！深思而淺謀，邇身而遠志。家臣而君圖，有人
矣哉！

我有圃，生之杞乎！從我者子乎，去我者鄙乎，倍其鄰者恥乎！已
乎已乎，非吾黨之士乎！〔註12〕

所以，郭沫若先生在《奴隸制時代——簡單地談談詩經》一文中說：「表現在
詩裏的變異性卻很少，形式主要是四言，而尤其值得注意的是，音韻上差不
多一律。音韻的一律就在今天都很難辦到，南北東西有各地的方言，音韻上
有時相差甚遠，但在《詩經》裏卻呈現著一個統一性，這正說明《詩經》是
經過一道加工的。」在文字異形，言語異聲，車塗異軌的時代，要完成浩大
的工程幾乎是不可想像的。

　　《詩經》輯詩在內容上以符合周統治者的教化要求為標準，這是無庸置
疑的，稱之合禮。那麼，對形式的加工處理以什麼為標準？以什麼為尺度？
這就是《詩經》輯詩的關鍵問題——以詩合樂，即詩歌的音律以符合音樂的
音律為入集詩歌選擇加工的原則，也就是詩句的長短、詞拍的輕重、章句的
結構、韻腳的安排等方面如何適應音樂樂節的長短、樂拍的輕重、樂章的結
構、樂勢的安排等，稱之合樂，這就是中國詩歌史上先詩後樂、以詩合樂的
發展時期，同時也是中國詩歌音律格局的形成和成熟階段。

　　詩與樂以「音」為媒介融為一體，上古以詩合樂，這就涉及到人類始初
語音和樂音的生成確定問題。薩波奇·本采說：「音調和音樂出自同一起點，

〔註 9〕　《左傳·襄公四年》。
〔註 10〕　《左傳·襄公三十年》。
〔註 11〕　《左傳·哀公五年》。
〔註 12〕　《左傳·昭公十二年》。

在一個時期內，它們可能是相合的。最早的旋律形式跟說話沒有什麼區別，當人們用他們的嗓音來模倣自然聲音與世界交往時，音樂的歷史就開始了，它開始的地方，自然的口語音樂——聲調也就開始存在。」〔註13〕這就說明在人類混沌初開時，語音與樂音是沒有什麼區別的，它們以相同的發聲方式發出的聲音，不似後世有四聲五音之別。

縱觀藝術發展的歷史，音樂的產生比文學的產生更悠久，成熟更早。據《呂氏春秋・古樂篇》載「昔黃帝令伶倫作為律，……次制十二筒，以之阮隃之下，聽鳳皇之鳴，以別十二律。其雄鳴為六，雌鳴亦六。以比黃鍾之宮適合。黃鍾之宮皆可以生之，故曰『黃鍾之宮，律呂之本』。」就是說黃帝時代律呂業已產生，而後上古音樂相繼成熟，表現在樂舞的產生和樂器的製造兩方面。有史可查的有六代大樂，即黃帝《雲門》、堯時《大咸》、舜時《大韶》、夏時《大夏》、商時《大濩》、周時《大武》；民間散樂，即紱舞之樂、羽舞之樂、皇舞之樂、旄舞之樂、干舞之樂；其次是四夷之樂。樂器以八音為代表，已經十分齊全，金之屬有鍾、鐃等，石之屬有磬，土之屬有塤、缶等，革之屬有鼓、鞀等，絲之屬有琴、瑟等，木之屬有柷、敔等，匏之屬有笙、竽等，竹之屬有管、簫等，不過此時的詩歌尚處於音樂的附庸地位。

伶倫既作律呂，對「音」的固定則成為音律產生的前提。「音」因為只有具有了節奏，或輕重、或長短；具有了旋律，或輕重延續、或長短延續才會真正具有情感意義和審美價值。要讓「音」具有節奏、旋律，最起碼得將「音」的高低固定下來。上古先民在長期的社會實踐中，以人的氣聲為前提，用管口校正之法（中國古代以管定律，管上算音以管氣柱的程度為標準，但氣柱的長度實際上卻較管的長度略長。假定林鍾律管長六寸而氣柱則長於六寸，故發出的聲音略低。欲求得正確的音律，須根據聲學原則，通過計算出管的長度與氣柱之間的差數。這種校正方法稱「管口校正」。）〔註14〕求得了音的高低、長短、強弱，所以有了五音宮、商、角、徵、羽，十二律呂黃鍾、太姑、蕤賓、無射、夷則、大呂、林鍾、南呂、應鍾、中呂、夾鍾等音質的區別，音才具有了真正審美意義上的情感效應。參證《管子・地員篇》以及《呂氏春秋・音律》關於五音音質和用三分損益法、隔八相生法確定五音十二律

〔註13〕薩波奇・本采，《旋律史》，司徒幼譯，人民音樂出版社，1983年7月，第一版，第221～222頁。
〔註14〕《辭海・藝術分冊》，上海辭書出版社，1980年版，第137頁。

的記載：

> 凡聽徵，如負猪豕，覺而駭。凡聽羽，如鳴馬在野。凡聽宮，如牛鳴
> 窌中。凡聽商，如離群牛。凡聽角，如雉登木以鳴，音疾以清。凡將
> 起五音，凡首先主一而三之，四開以合九九，以是生黃鐘小素之首，
> 以成宮。三分而益之以一，為百有八，為徵。不無有，三分而去其乘，
> 適足以是生商。有三分而復於其所，以是生羽。有三分去其乘，適足
> 以是成角。（《管子·地員》）

> 黃鐘生林鐘，林鐘生太簇，太簇生南呂，南呂生姑洗，姑洗生應鐘，
> 應鐘生蕤賓，蕤賓生大呂，大呂生夷則，夷則聲夾鐘，夾鐘生無射，
> 無射生仲呂，三分所生，益之一分以上生。三分所生，去其一分以
> 下生。黃鐘、大呂、太簇、夾鐘、姑洗、仲呂、蕤賓為上，林鐘、
> 夷則、南呂、無射、應鐘為下。（《呂氏春秋·音律》）

五音六律既生，音就有了一個律定的統一的標準，那麼對自然界中各種聲音加以辨別是夠成音律、製作樂器的重要途徑。《周禮·典同》詳細記載了先民辨聲和樂之法：

> 典同，掌六律、六同之和，以辨天地四方陰陽之聲，以為樂器。凡
> 聲，高聲硍，正聲緩，下聲肆，陂聲散，險聲斂，達聲贏，微聲韽，
> 回聲衍，侈聲筰，弇聲鬱，薄聲甄，厚聲石。凡為樂器，以十有二
> 律為之數度，以十有二聲為之齊量，凡和樂亦如此。

樂律既生，語律當定。在語調四聲產生之前，語言音律中音高音低則由樂律的高低來確定，這業已無可非議。波薩爾·本采在研究中國上古五音時說：「作為中國音樂體系的基礎音『黃鐘』（一個音高標準，『王者之音』或『黃色的鐘』。）是一個固定不變的基礎音，……通過調音來固定音高和把人聲的發音固定起來的做法首先出現在這一文化區域。」〔註15〕魏有李登撰《聲類》十卷把 12520 字分隸在宮、商、角、徵、羽五音之下。唐封演《封氏聞見記》云「魏有李登者，撰《聲類》十卷，凡一萬二千五百二十字，以五聲命字。」清代學者江永說得更加明確「前人以宮商角徵羽五字狀五音之高下大小，後人以平上去入四字狀四聲之陰陽流轉」。〔註16〕由此而知，在《詩經》時代詩律就是樂律，詩歌音律的特徵是由音樂音律的特質所決定的。因此，以詩合

〔註15〕薩波奇·本采，《旋律史》，司徒幼譯，人民音樂出版社，1983 年版。
〔註16〕江永，《音學辨微》。

樂就是以樂律模式為依據，諸如欄位的結構、旋律的快慢、節奏的高低、音勢的強弱等方面擇聲命字、依調填辭、循章著韻、品音附言。詩律必須嚴格遵守樂律，所謂「詩言志、歌詠言、聲依永、律和聲」〔註17〕就是說的這種情況，這也是後世詩歌具有音樂美的根本原因所在。以詩合樂之制自古有之，《周禮·大師》記載說主管詩樂的大師將民間採集的詩歌和公卿列士獻的詩歌「合陰陽之聲。陽聲：黃鍾、大蔟、姑洗、蕤賓、夷則、無射。陰聲：大呂、黃鍾、南呂、函鍾、小呂、夾鍾。皆文之以五聲：宮、商、角、徵、羽。皆播之以八音：金、石、土、革、絲、木、匏、竹。」然而，以詩合樂究竟起於何時，已無從考實，但歷代典籍中以詩合樂的記載卻並不少見。如：

> 《尚書·皋陶謨》：帝曰：「……予欲聞六律、五聲、八音在治忽，
> 以出納五言，汝聽。」〔註18〕

> 陸賈《新語·道基》：纂脩篇章，垂諸來世，被諸鳥獸，以匡衰亂。
> 天人合策，原道悉備。智者達其心，百工窮其巧，乃調之以管弦絲
> 竹之音，設鍾鼓歌舞之樂，以節奢侈，正風俗，通文雅。

到了漢代，中央設有樂府機構，以詩合樂之餘風尚盛。《漢書·禮樂志》載：「以李延年為協律都尉，多舉司馬相如等數十人，造為詩賦，略論律呂，以合八音之調，作《十九章》之歌。」

　　採集的詩歌和進獻的詩歌集中於王朝樂官太師，要編輯一部通行各諸侯國的詩樂教典，要作為宮廷君臣宴享言志的範本，要作為統治者宗廟祭祀先祖的樂歌，要作為統治者瞭解民俗風情的工具，除在詩、詞、句、章三方面作合樂處理之處，還需在內容上進行嚴格審查，因為「姦聲感人而逆氣應之，逆氣成象而亂生焉；正聲感人而順氣應之，順氣成象而治生焉；唱和有應，善惡相象，故君子慎其所去就也。」〔註19〕「慎其去就」，就是說樂官太師在選詩入集時首先要選擇內容和形式上均合乎周禮王道，能夠淨化人的靈魂使之趨而之善的詩歌，其次要選擇符合周代先民審美取向具有審美價值的詩歌。「審一以定和，比舞以飾節，節奏合以成文，所以合和父子君臣，附親萬

〔註17〕《尚書·堯典》。
〔註18〕《尚書詳注》云：「所謂以樂出五言者，謂受君之言於上，乃播之於樂，使其言合於宮商角徵羽之音，民聞之，皆洞曉上意，故謂之出五言。所謂以樂納五言者，謂采民間之言於下，亦播之於樂，使其合乎五音，君聞之，足以為戒，故謂之納五言。」
〔註19〕《荀子·樂論》。

民也。」〔註20〕

經精選合樂之後，輯成了一部通行諸侯列國聖典，也是漢語詩歌史上體例最完整的、形式最優美、內容最合禮的第一部詩歌選集。「故聽雅、頌之聲，志意得廣焉；執其干、戚，習其俯、仰、詘、伸，容貌得莊焉；行基綴兆，要其節奏，行列得正焉；進退得齊焉。」〔註21〕

二、以樂正詩

《詩經》是一次性完成的系統工程，還是經多次修訂而成的，這一直是《詩經》學上懸而未決的難題，其中，孔子刪詩成爲問題的焦點。孔子刪詩的詳細記載見於《史記·孔子世家》：

> 古者詩三千餘篇，及至孔子去其重，取可施於禮義，上采契、后稷，中述殷、周之盛，至幽、厲之缺，始於衽席，故曰《關雎》之亂以爲《風》始，《鹿鳴》爲《小雅》之始，文王爲《大雅》之始，《清廟》爲《頌》之始。三百五篇，孔子皆弦歌之，以合《韶》《武》《雅》《頌》之音，禮樂自此可得而述，以備王道，成六藝。

其後，班固亦揚此說，意思是說《詩經》一書最早有三千首詩，被孔子刪成了三百零五首，下手不可謂不狠。既然漢代史家言之鑿鑿，後世從其說者甚眾。漢有趙岐、唐有陸德明、清有顧炎武等，對孔子刪詩信而不疑。第一個對刪詩說提出疑問的是唐代孔穎達，他在《毛詩正義·詩譜序疏》中指出「詩傳所引之詩，見在者多，亡逸者少，則孔子所錄，不容十分去九。司馬遷言古詩三千餘篇，未可信也。」自此以後，鄭樵、葉適、蘇天爵、黃淳耀、朱尊等學者從之而揚是說，他們提出了充足的理由來反對刪詩說，歸納起來有如下五點。

第一，據《史記》記載，孔子自衛返魯時已經 69 歲，刪詩當在此時，可是在此以前，孔子多次談到《詩經》。如《論語·巷伯》：「子曰：興於《詩》，立於禮，成於樂。」又《論語·陽貨》：「《詩》可以興，可以觀，可以群，可以怨。」《論語·爲政》：「《詩》三百一言以蔽之，思無邪。」等。《論語》中所言之「詩」，自然是指《詩經》，並且還有三百之定數，而孔子從未談過刪詩之事，僅「正樂」而已。「此蓋史遷誤讀正樂爲刪詩云耳。」〔註22〕方玉潤

〔註20〕劉德《樂記·樂化篇》。
〔註21〕劉德《樂記·樂化篇》。
〔註22〕方玉潤《詩經原始·詩旨》。

認為是司馬遷搞錯了，誤將「正樂」記成「刪詩」。

第二，如果古時眞有詩三千餘篇而被孔子刪去十分之八、九，那麼，就會有大量「逸詩」出現在古代文獻之中。而事實上，書傳所引之詩多見於《詩經》，而「逸詩」並不多見，據王大楨《古詩選》、沈德潛《古詩源》整理，逸詩不過五十首而已。

第三，《詩經》中《鄭》、《衛》風詩多為情歌，成為鄭、衛之音。孔子多次表示很討厭這些詩，說「鄭風淫」、「遠鄭聲」（《論語·衛靈公》）、「惡鄭聲之亂雅樂也。」〔註23〕如果眞的刪過詩，他怎麼會把自己憎惡的詩保留下來呢？

第四，《左傳·襄公29年》記載吳季札在魯觀樂，魯國樂師為他演奏了《周南》、《召南》、《邶》、《鄘》、《衛》、《王》、《鄭》、《齊》、《豳》、《秦》、《魏》、《唐》、《陳》、《檜》，以及《小雅》、《大雅》、《頌》，這個演奏順序與今天《詩經》大體一致，這說明《詩經》在當時已固定成冊，襄公29年為西元前544年，是時孔子才8歲，顯然不可能刪詩。

第五，春秋時期，諸侯卿士外交聚會、討論國事常需賦詩言志（案：無樂而誦曰賦），從典籍記載的大型賦詩內容來看，都是今本《詩經》中的詩歌，這說明在當時《詩經》已是一個通行各諸侯國的賦詩模本。

孔子刪詩之說不可信，但孔子對《詩經》音律的最後確定是有重要貢獻的，這就是孔子以樂正詩。《論語·子罕》孔子說：「吾自衛返魯，然後樂正，《雅》《頌》各得其所。」作為周禮的捍衛者、雅樂的維護者，孔子在「禮崩樂壞」的情況下，對《詩經》中不純正的音調、音節，以及混入雅樂中的「淫聲」、「姦聲」重新刊正是完全可能的。以求在內容和形式（主要是音律上）上還原詩歌、詩樂的本色，符合王朝禮法，體現儒家的審美理想，達到興、觀、群、怨的目的。方玉潤《詩經原始·詩旨》云：

> 夫曰「正樂」，必雅、頌之樂各有所在，不辜歲久年湮，殘缺失次，
> 夫子從而正之，俾復舊觀，故曰「各得其所」，非有增減於其際也。

孔子「正樂」究其原因大概有兩個方面。首先是因禮崩樂壞而正之。自春秋中葉以來，伴隨著領主經濟、政治的衰落和地主經濟、政治的興起，庶民的地位有所提高，農民、商人、個體手工業者的力量開始擡頭，因為經濟基礎決定和制約著上層建築中的文化藝術，維繫領主宗法制的禮樂制度大有全面

〔註23〕《論語·陽貨》。

崩潰之勢,所以藝術的內容與形式都在力求適應新的社會要求,各地新生的民間歌謠與音樂受到統治者的青睞,並開始在上層社會流傳和發展,至孔子時期已勢不可擋,而古老的宮廷樂歌日趨僵化,其典型標誌是「新聲」的出現與活躍。新聲最早起源於鄭國和衛國,故稱之爲「鄭聲」或「鄭衛之音」、「桑間濮上之音」、「女樂」。他們可以用兩種風格概括之,一是壯美,情調怨以怒;一種婉麗,情調哀以思。在社會大變革時期,炎黃子民的理性覺醒,擺脫了原始巫術宗教觀念的束縛,開始奠定漢民族的心理結構文化,在詩歌的內容上不再受傳統的倫理觀念所約束,音律上打破了《詩經》傳統的音律格局,開始了與樂而不淫、哀而不傷的雅樂(古樂)尖銳而持久的互爭。《禮記‧樂記》誹謗新聲說:

> 今夫新樂:進俯退俯,姦聲以濫,溺而不止;及優侏儒,獶雜子女,不知父子。樂終,不可以語,不可以道古。此新聲之發也。……鄭音好濫淫志,宋音燕女溺志,衛音趨數煩志,齊音敖辟喬志,此四者,皆淫於色而害於德,是以祭祀弗用也。

所以,定公十年齊國宮中發生了這樣一件不幸的事情,優倡在宮中演奏「四方之樂」而橫遭「身首異處」之慘禍。

> 定公十年,及齊,……獻酬之禮畢,齊有司趨而進曰:「請奏四方之樂。」景公曰「諾!」於是旍旄、羽、祓、矛、戟、劍、撥鼓噪而至。孔子趨而進,歷階而登,不盡一等,舉袂而言曰:「吾兩君爲好會,夷狄之樂何爲於此?請命有司!」有司卻之。……有頃,齊有司趨而進曰:「請奏宮中之樂。」景公曰:「諾!」優倡侏儒爲戲而前。孔子趨而進,歷階而登,不盡一等。曰:「匹夫而營惑諸侯者,罪當誅!請命有司!」有司加法焉,手足異處。(《史記‧孔子世家》)

新聲的風雲迭起,不僅侵蝕了主宰幾百年的古樂,而且逐漸取代了雅樂的統治地位,這就是所謂的「樂壞」,也就是古樂的內容與形式在新聲的衝擊下已不合儒家宗教禮法,聲變調,音走味,淫邪非古,聞則不雅,聽之不樂矣,故孔子正之,以恢復它的本來面目。

其次是《詩經》社會地位顯要故正之。《禮記‧樂記》載子夏語云:「君子於是語,於是道古,修身及家,平均天下……此所以祭先王之廟也,所以獻酬酢也,所以官序貴賤各得其宜也,所以示後世尊卑長幼之序也。」如子夏所言,《詩經》的地位在當時是沒有任何經典可與之相比的,概而言之有四個方面。

（一）《詩經》是一部教典

周代教育事業十分繁榮，周統治者非常重視對貴冑的培養、對百姓的教化，無論貴賤親疏都有學習的機會。學制分小學和太學兩種。掌管小學教育的是師氏、保氏、樂師；掌管太學教育的是大司樂、大胥、小胥、諸子。學校分鄉、遂和王朝兩種，猶今天的地方教育和國家教育。鄉、遂多貧民，國學多貴冑，雖其時之社會地位有區別，但學習的範圍一致。有三德、三行；〔註24〕有六藝、六儀；〔註25〕有樂德、樂語、樂舞。

> 《周禮·大司樂》：以樂德教國子：中、和、祗、庸、孝、友；以樂語教國子：興、道、諷、誦、言、語；以樂舞教國子舞《雲門》、《大卷》、《大咸》、《大磬》、《大夏》、《大濩》、《大武》。

其中「樂語」即歌詞，也就是詩歌。那麼當時的詩歌是哪些呢？毫無疑問是當時統治者官修的、被統治者奉爲經典的《詩經》。《國語·周語》記載，楚莊王向申叔時詢問太子的有關教育問題，申叔時引舉的教育科目中就有《詩經》，將其與《春秋》、《禮》、《樂》等並列而言。關於《詩》他說：「教之以《詩》，而爲之導廣顯德，以耀明其志。」韋昭注曰：「導，開也，顯德謂著，成湯、文武、周、邵、僖公之屬，諸詩所美者也。」可見申叔時認爲學《詩》的主要目的是教導太子以前代聖賢爲榜樣，重點是勸善。當然筆者的意圖並非在探求太子學詩的目的，而在說明《詩經》是一部教典。其實，《禮記·經解》說得十分明確了。

> 溫柔敦厚，《詩》教也。疏通知達，《書》教也。廣博易良，《樂》教也。絜靜精微，《易》教也。恭儉莊敬，《禮》教也。屬辭比事，《春秋》教也。故《詩》之失愚，《書》之失誣，《樂》之失奢，《易》之失賊，《禮》之失煩，《春秋》之失亂。

從《禮記》中我們清楚地瞭解到上古六經《詩經》、《尚書》、《樂經》、《易經》、《禮記》、《春秋》都是當時學子修身治國平天下的必修內容，而且，《詩經》爲六經之首。因爲《詩經》「樂而不淫，哀而不傷」，所以它具有溫柔敦厚的詩歌品格，而通過學習可以培養學子溫柔敦厚的人格，所以「春秋教以《禮》、

〔註24〕 《周禮·師樂》：一曰至德以爲道本，二曰敏德以爲行本，三曰孝德以知善惡。一曰孝行以親父母，二曰友行以尊賢良，三曰順行以事師長。

〔註25〕 《周禮·保氏》：六藝一曰五禮、二曰六樂、三曰五射、四曰五馭、五曰六書、六曰九數。六儀一曰祭禮之容，二曰賓客之容，三曰朝廷之容，四曰喪禮之容，五曰軍禮之容，六曰車馬之容。

《樂》，冬夏教以《詩》、《書》。」〔註26〕

其次，我們以孔子的教育箚記《論語》也可以證明《詩經》是一部教典。孔子是春秋時期偉大的教育家，一生從事教育事業，以《六經》教弟子，並且將《詩經》列之為學習的首要內容。他說「興於《詩》，立於《禮》，成於《樂》」、還說「不學《詩》，無以言」，而最終以《詩》作為標準來衡量弟子學業的成就。

> 子貢曰：《詩》云：「如切如磋，如琢如磨」，其斯之謂與？子曰：賜也，始可與言《詩》已矣，告諸往而知來者。〔註27〕

> 子夏問曰：「巧笑倩兮，美目盼兮，素以為絢兮。」何謂也？子曰：繪事後素。曰：禮後乎？子曰：起予者商也！始可以與言《詩》已矣。〔註28〕

> 子曰：小子何莫學夫《詩》？《詩》可以興，可以觀，可以群，可以怨。邇之事父，遠之事君，多識於鳥獸草木之名。〔註29〕

(二)《詩經》是一部樂典

前面我們已經討論到周代《詩經》是配樂的歌詞，也就是說《詩經》的每首詩都是帶有樂譜的，只因秦漢以次，世亂不傳。在當時《詩經》音樂是所謂宮廷正樂，即雅樂，是宮廷樂師上承天子的旨意精心製作而成的，既是貴族學生音樂學習的教科書，也是天子閒時賞樂、接見諸侯和諸侯貴族、士大夫聚會時樂師演奏的主要音樂。

《詩經》音樂是以中和作為審美原則，以合禮作為語言標準，以興觀群怨作為內容要求製作的。所以，《荀子‧樂論》云「樂者，審一以定和者也，比物以飾節者也，合奏以成文者也，足以率一道，足以治萬變。」因此貴族子弟一經入學，《詩經》音樂就是主修課程，他們不但要學習實際操作技術，即怎樣演奏，而且必須重點掌握《詩經》音樂的內在含意，以示自己的修養，為將來治國齊家打下思想基礎。《左傳‧襄公二十九年》吳公子札觀樂就充分說明了這一點。

> 吳公子札來聘，……請觀於周樂。使工為之歌《周南》、《召南》，曰：

〔註26〕《禮記‧王制》。
〔註27〕《論語‧學而》。
〔註28〕《論語‧八佾》。
〔註29〕《論語‧陽貨》。

「美哉！始基之矣，猶未也，然勤而不怨矣！」爲之歌《邶》、《鄘》、《衛》，曰：「美哉淵乎！憂而不困者也。吾聞衛康叔、武公之德如是，是其《衛風》乎？」爲之歌《王》，曰：「美哉，思而不懼，其周之東乎？」爲之歌《鄭》，曰：「美哉，其細已甚，民弗堪也，是其先亡乎？」爲之歌《齊》，曰：「美哉，泱泱乎，大風也哉，表東海者，其大公乎！國未可量也。」爲之歌《豳》，曰：「美哉，蕩乎！樂而不淫，其周公之東乎？」爲之歌《秦》，曰：「此之謂夏聲。夫能夏則大，大之至也，其周之舊乎？」爲之歌《魏》，曰：「美哉，渢渢乎！大而婉，險而易行，以德輔此，則明主也。」爲之歌《唐》，曰：「思深矣，其有陶唐氏之遺民乎？不然，何憂之遠也。非令德之後，誰能若是？」爲之歌《陳》，曰：「國無主，其能久乎？」自《鄶》以下無譏焉。爲之歌《小雅》，曰：「美哉，思而不貳，怨而不言，其周德之衰乎？猶有先王之遺民焉。」爲之歌《大雅》，曰：「廣哉，熙熙乎！曲而有直體，其文王之德乎？」爲之歌《頌》，曰：「至矣哉！直而不倨，曲而不屈，邇而不逼，遠而不攜，遷而不淫，復而不厭，哀而不愁，樂而不荒，用而不匱，廣而不宣，施而不費，取而不貪，處而不底，行而不流，五聲和，八風平，節有度，守有序，盛德之所同也。」

其次《詩經》音樂有嚴格的等級制度。西周初期，爲鞏固王室的統治，加強對諸侯各國的控制，政治上周公提出了「制禮作樂」的主張，禮就是宗法制和等級制相結合的禮儀制度；樂則是配合禮，並爲禮所用的。不同的場合用不同的樂舞，如果不該用的人、不該用的場合用了，就是以下犯上，冒天下之大不韙，嚴格反映了奴隸社會君臣上下、父子兄弟、尊卑貴賤的等級關係。王國維《樂詩考略·釋樂次》認爲「大夫、士用《小雅》，諸侯讌其臣及他國之臣，亦用《小雅》，兩君相見，則用《大雅》，或用《頌》，天子則用《頌》焉。」

（三）《詩經》是一部賦典

周代「賦詩言志」是文人士子、公卿大夫中比較流行的一種文化風尚，會盟宴聚、商討國事、外交談判等場合都以賦《詩》寄寓自己的胸志，順口拈來，即興而發。《左傳》中記載竟有 224 次之多，具體記載的賦詩經過凡 28 見。其中最晚一次較大規模的賦詩活動是西元前 506 年。《左傳·襄公二十七年》載：

鄭伯享趙孟于垂隴，子展、伯有、子西、子產、子大叔、二子石從。趙孟曰：「七子從君，以寵武也，請皆賦，以卒君貺，武亦以觀七子之志。」子展賦《草蟲》，〔註30〕趙孟曰：「善哉，民之主也。抑武也，不足以當之。」伯有賦《鶉之賁賁》，〔註31〕趙孟曰：「牀第之言不逾閾，況在野乎？非使人所得聞也。」子西賦《黍苗》〔註32〕之四章，趙孟曰：「寡君在，武何能焉！」子產賦《隰桑》，〔註33〕趙孟曰：「武請受其卒章。」子大叔賦《野有蔓草》，〔註34〕趙孟曰：「吾子之惠也。」印段賦《蟋蟀》，〔註35〕趙孟曰：「善哉，保家之主也，吾有望矣。」公孫段賦《桑扈》，〔註36〕趙孟曰：「『匪交匪敖』，福將焉往？若保是言也，欲辭福祿，得乎？」卒享。文子告叔向曰：「伯有將爲戮矣，詩以言志，志誣其上而公怨之，以爲賓榮，其能久乎？幸而後亡。」叔向曰：「然，已侈，所謂不及五稔者，夫子之謂矣。」文子曰：「其餘皆數世之主也，子展其後亡者也，在上不忘降。印氏其次也，樂而不荒。樂以安民，不淫以使之，後亡，不亦可乎？」

晉國執政上卿趙孟（子文）在鄭伯享禮招待他時，提議讓鄭國的子展等七子賦詩，欲觀「七子之志」。趙孟對七子所賦之詩，一一作了評論。子展賦《草蟲》藉以表達爲君子之意，因此趙孟謙虛地說「武（趙孟名）不足以當之」。伯有賦《鶉之賁賁》，本是衛人刺其君淫亂之作，用於外交場合有失禮儀，似有譭謗國君之嫌，故趙孟說：「牀第之言不出門檻，何況在野外呢？這不是使人應該聽到的。」當享禮結束時趙孟向叔向預言伯有將被誅戮，即使倖免，也一定會逃亡。因此觀之，知詩不透則賦詩不當的後果是相當嚴重的。最有意思的是《左傳‧魯文公十三年》以詩爲媒介，魯、鄭、晉三家通好的故事。魯文公從晉國回魯時中途遇鄭伯，原鄭與晉皆盛國，因楚之興而背盟。誰知城濮之戰楚國大敗，晉伯中原，鄭欲與晉重新修好，於是請求文公出面而調解之，鄭設宴享樂。鄭

〔註30〕即《詩經‧召南‧草蟲》。
〔註31〕即《詩經‧鄘風‧鶉之賁賁》。
〔註32〕即《詩經‧小雅‧黍苗》。
〔註33〕即《詩經‧小雅‧隰桑》。
〔註34〕即《詩經‧鄭風‧野有蔓草》。
〔註35〕即《詩經‧唐風‧蟋蟀》。
〔註36〕即《詩經‧小雅‧桑扈》。

大夫命樂工唱《小雅・鴻雁》，以「爰及矜人，哀此鰥寡」兩句來祈求魯文公的憐恤，去晉國說情。魯大夫季文子賦《小雅・四月》作答，以「四月維夏，六月徂暑，先祖匪人，胡寧忍予」言我們路途勞頓艱苦，想回國祭祀，不想去晉國。鄭大夫子家不得不再賦《鄘風・載馳》，以「我行其野，芃芃其麥，控於大邦，誰因誰極？」說明小國有難要請求大國的幫助。到底感動了魯國君臣，以《小雅・采薇》作答，「豈敢定居，一日三捷。」，既然這樣，我們哪能坐視不管呢？後鄭晉果盟。由上可知，春秋賦詩，實際上是借詩代替自己的語言，既含蓄委婉，又能借助詩歌的感染力加強表達效果。所以，對於《詩》的靈活運用，特別是對《詩》中各章句的靈活運用，與前途命運攸關，不可等閒視之，這就說明了《詩》作為一部典籍的嚴肅性。

（四）《詩經》是一部祀典

西周時期生產力水準相當落後，對大自然的崇拜、對動植物的崇拜、對鬼魂神靈的崇拜、對列祖列宗的崇拜等，形成了濃郁的祭祀文化。在強大的神介面前，人顯得過於渺小，過於無能為力，只能夠借助神靈的護祐。所以，祭祀意味著人類在生存、生活中始終不渝的功利追求，還意味著人類在自然力面前的屈服和恭順。《國語・魯語》云：

> 加之以社稷山川之神，皆有功烈於民者也；及前哲令德之人，所以
> 為明質也；及天之三辰，民所以瞻仰也；及地之五行，所以生殖也；
> 及九州名山川澤，所以出財用也。非是不在祀典。

意思是說祭祀社稷之神，是因為它對人民有功，生息將養全賴於此；祭祀聖賢先哲，是因為他們對人民昭著的信譽；祭祀日月星辰，是為了瞻仰；祭祀陰陽五行，是為了增加財富；祭祀九州名山大川，是因為它們為人民提供了生活之源，非此五者，不被祭祀。正因為如此，《詩經》三頌中的許多詩篇是周統治者祭祀神靈所用的祝辭。如《詩序》云：

> 《周頌・清廟》：祭文王也。周公既成雒邑，朝諸侯，率以祭文王也。
>
> 《周頌・烈文》：成王即政，諸侯助祭也。
>
> 《周頌・昊天有成命》：郊祭天地也。
>
> 《周頌・我將》：祭文王於明堂也。
>
> 《周頌・時邁》：巡守告祭柴望也。
>
> 《周頌・執競》：祀武王也。

《周頌·噫嘻》：春夏祈穀於上帝也。

《周頌·載芟》：春籍田而祈社稷也。

《商頌·那》：祀成湯也。

《商頌·烈祖》祀中宗也。

《商頌·玄鳥》祀高宗也。

《商頌·殷武》祀高宗也。

《商頌·長發》大祭也。

《載芟》是《周頌》中最長的祭詩，較為完整地記敘了一年的農業生產過程，對墾荒、除草、鬆土、播種、收穫、祭祀、祈福都有比較全面的反映，具有較高的史學價值。詩曰：

載芟載柞，其耕澤澤。千耦其耘，徂隰徂畛。

侯主侯伯，侯亞侯旅。侯彊侯以。有嗿其饁，

思媚其婦，有依其士。有略其耜，俶載南畝。

播厥百穀，實函斯活。驛驛其達，有厭其傑。

厭厭其苗，緜緜其麃。載穫濟濟，有實其積。

萬億及秭。為酒為醴，烝畀祖妣，以洽百禮。

有飶其香，邦家之光。有椒其馨，胡考之寧。

匪且有且，匪今斯今，振古如茲。

《詩序》曰：「《載芟》，春籍田而祈社稷也。」蔡邕《獨斷》曰：「《載芟》一章三十一句，春籍田祈社稷所歌也。」據載周有籍田之制，春耕時天子親自祭祀五穀之神，並象徵性地勞作。《禮記·月令》有所謂天子掌犁推行三周，三公五周，卿與諸侯九周的記載，以示親耕，勸勉農人，《載芟》的第一層意思即言此制。接下來大部分內容仍寫農事勞作，但最終歸結為神靈的神明，不負農人的辛苦，賜之以豐年。方玉潤《詩經原始》云：「章中耕耘、收穫、祭祀、尊賢、養老諸事，皆預言之，冀望之言。」意即耕前的祭祝，以感動神靈賜福賜時。所以，它是一首春耕前祭祀皇天后土的樂歌。而堪稱《載芟》姊妹篇的《良耜》，恰好是《載芟》的還願篇，《載芟》既許願，五穀豐登則《良耜》還之。故《詩序》曰：「《良耜》，秋報社稷也。」是豐收之後祭祀的樂歌。

正因為《詩經》有如此重要的地位，故孔子取法周朝雅樂以勘正之，讓

《詩經》保持與王朝禮樂相契的本來面貌流傳後世，不為俗詩、俗樂所汙。

三、辨樂分輯

　　《詩經》305 篇分為三輯，它們是《風》、《雅》、《頌》，如此分輯的原因，是以詩篇配樂不同、演奏場合不同、享樂對象不同為依據。《詩經》音樂有嚴格的等級制度，反映為享樂對象不同，前文業已論及，不復贅述。至於演奏場合，因宗法等級制度嚴格也有具體規定，不再一一討論，大凡《風》，民歌也，行四野，《雅》，正樂也，重宮廷，《頌》，祭歌也，用宗廟。

　　長期以來，關於《詩經》分風、雅、頌三輯的問題，一直是《詩經》學所關注的熱點。當今學者有許多新的看法，有人認為是根據詩源不同而分之；有人則認為是根據作者不同而分之；有人認為是根據演奏場合不同而分之；有人則認為是根據詩歌作用不同而分之；有人認為是根據詩的內容不同而分之；有人則認為是根據詩歌欣賞對象的不同而分之等等，不一而論，各圓其說。其實傳統的看法至為合理。王國維《觀堂集林》說：「竊謂風、雅、頌之別，當於聲求之。」王氏之言，至為明確，風、雅、頌各得其所，當以「聲」——即音律的不同探其本源。

　　《風》即民歌，配之以大眾共賞的通俗之樂。《詩經》共收集十五地民歌精華 160 篇，分別是《周南》、《召南》、《邶》、《鄘》、《衛》、《王》、《鄭》、《齊》、《魏》、《唐》、《秦》、《陳》、《檜》、《曹》、《豳》，不言十五國而言十五地者，是因為二南和「王」（西周王畿）非國名也。

　　《南》、《風》之分學界爭議頗多。宋代以來，許多學者認為《詩經》應分《南》、《風》、《雅》、《頌》四輯，將《南》獨立出來。宋人王質《詩總聞》、陳大昌《詩議》、清人顧炎武《日知錄》均持此說。考之古代文獻，此說不無疑議。《禮記‧樂記》、《荀子‧效儒》均只提到《風》、《雅》、《頌》，而且《左傳‧隱公三年》有語云：「《風》有《采蘩》、《采蘋》。」此二詩均屬《召南》；有《關雎》序：「《關雎》后妃之德，《風》之始也。」這顯然不能認為《南》是《風》之外的他類。

　　那麼，「南」是什麼意思呢？歷來眾說不一，歸納起來，「南」為南詩之說，「南」為南樂之說影響較大。清代崔述本於《呂氏春秋》之言「塗山氏女，實作南音，周公召公取風焉，始作《周南》、《召南》。」而認為「南」是起源於南方的一種詩體，所以他在《讀書偶記》中說：

且南者，乃詩之一體，《序》以爲自北而南亦非是，江、沱、汝、河、
皆在岐周之東，當云自西而東，豈得自北而南乎？蓋其體本於南音，
北人稱之，故名南。

西周初年，周公、召公以陝爲界，分別統治東方與西方諸侯，周、召作爲地名分別指今陝西、河南之間和河南、河北之間，而習慣將江漢流域的一些小國家如申、蔡、鄧、隨、庸等稱爲南國、南土、南邦。如《小雅・四月》「滔滔江南，南國之紀。」、「王命申伯，式是南邦。」因此，《周南》、《召南》分別是指周南、召南之封地內流傳和仿作的南方詩歌，輯而爲二南，因成因頗雜，不得以國名之，概以周、召其地名稱之。故楊公翼先生指出：「周南、召南是周、召二地以南方的調子所譜唱的詩歌。所謂南，即南音和南風，因爲周、召二地流傳或仿製的南音，與純粹的南音有區別，故冠以周、召二地的地名。」〔註37〕

南，爲南樂之說，郭沫若始倡之。根據甲骨文，證之以古代典籍，郭老認爲「南」原來是一種古老的樂器，演變爲一種地方曲調的專名。郭沫若《甲骨文研究・釋南》中說：「甲骨文『南』字，本鍾鏄之象形，更變爲鈴。……謂之周南、召南、大小雅，揆其初，當亦以樂器之名，孳乳爲曲調之名，猶今言鼓、花鼓、魚琴、簡板、梆子、灘簧之類耳。」張西堂先生在《詩經六論》復加論述：「南是一種曲調，是由於歌唱之時，伴奏的形狀像南而現在如鈴的那樣的樂器而得名，南是南方之樂，是一種唱的詩，其主要得名原因，祇是由於南是一種樂器。」「南」這種曲調最初盛於江漢流域，後來才逐漸影響到附近的北方地區，二「南」中的詩歌就是用南音演唱的歌詞，自漢以來，雖然「音」慢慢失傳，但「南」其名仍然流傳下來了。其實「南詩」之說與「南樂」之說，不宜兩分，南音是南詩的源頭而已，祇是郭氏之說未強調「南」的地域性，統言爲樂器，而張氏之論，始言「南」爲南方之樂，溝通了「南樂」「南詩」二說。概言之，諸家之說，不外因「南」而生「南樂」，因「南樂」而生「南詩」，因「南詩」北移而有《周南》、《召南》，《詩》撰者將其輯入《風》詩中。所以《周南・關雎》「關關雎鳩，在河之洲」的「河」是指黃河；《漢廣》「漢之廣矣，江之永矣」的「漢」是漢水、「江」是長江；《汝墳》「遵彼汝墳，伐其條枚」的「汝」是指汝水，故知「二南」爲長江到汝水一帶的詩歌。

以《風》名詩，持有兩說。一種認爲，「風」是風化、教化之意，可以打

〔註37〕楊公翼，《中國文學史》第一冊。

動人心，使之受到感化。《毛詩序》云：「風，風也，教也，風以動之，教以化之，上以風化下，下以風刺上，主文而譎諫，言之者無罪，聞之者足諫，故曰風……。」這是最早見諸典籍的「風」說，以風能吹動萬物喻教育感化和諷刺激化的作用。其後宋人朱熹在復加完善其理論的同時提出了新的看法，《詩集傳・國風序》「風者，民俗歌謠之詩也。謂之風者，以其被上之化以有言，而其言又足以感人，如物因風之動以有聲，而其聲又足以動物也。」朱氏最大的貢獻是提出「風」是「民俗歌謠之詩」，觸及了《風》詩的實質問題，大概他是本於鄭樵的《六經奧論》。鄭氏認為：「風土之音曰風。……風者出於風土，大概小夫賤隸、婦人女子之言，其意雖遠，其言則淺近重複，故謂之風。」比漢代毛氏之說更符合《風》詩的本質。近人重加考證，「風」是樂歌聲調，〔註38〕這見解頗符合詩名「風」的本旨。《大雅・崧高》「吉甫作頌，其詩孔碩，其風肆好」，「詩」與「風」互文，即詩美調佳也。風，是為樂歌之聲調，證之古籍則知其不謬。

　　《山海經・大荒西經》：祝融生太子長琴，是處榣山，始作樂風。（郭注：「創製樂風曲也。」）

　　《山海經・海內經》：鼓延氏始為鍾，為樂風。（郭注：「作樂之曲制。」）

　　《左傳・成公九年》：晉侯觀于軍府，見鍾儀，……使與之琴，操南音。……公語范文子，文子曰：「楚囚，君子也。言稱先職，不背本也。樂操土風，不忘舊也。……」

　　《左傳・襄公十八年》：（晉師曠）曰：「不害。吾驟歌北風，又歌南風，南風不競，多死聲。楚必無功。」

從諸材料不難看出，《山海經》所謂「樂風」即樂曲也，《左傳》所謂「北風」、「南風」就是南北曲調，故知「風」為地方小調或地方俗曲。《左傳・隱公五年》所謂「夫舞所以節八音而行八風」；《禮記・樂記》所謂「八風從律而不姦」均謂八方之歌也，即東北、東、東南、南、西南、西、西北、北八方的曲調。

　　音樂曲調以「風」名之，是因為古人發現風動則發出大小高低、清濁長短的不同聲響，有如音樂，即所謂「天籟之聲」。外師造化，中得心源，因而簡明樸實，平易近人，生動靈活。民歌的篇幅短小，大多數一個樂段為其塑造形象的基本單位，多半採取單樂段反覆而構成的分節歌形式。音樂材料和

〔註38〕顧頡剛，《論詩經所錄全為樂歌》。

表現手法洗練、簡潔，樂匯比較統一，形式上的裝飾比較少。民歌的曲調和潤腔都與自然語音的字調、語調、節奏、頓逗等十分接近，表現感情的方法與我們生活語言中的表情方法有密切的關係。所以，音樂形象非常容易為人所理解和感受。民歌的音樂大多無固定的程式，靈活多變，一首基本曲調往往始終保持新鮮和生動感，故民歌以「風」名之。

「雅」即雅歌，配曲中和而典雅。《雅》分大、小《雅》，《小雅》七十四篇，《大雅》三十一篇。雅詩是西周王朝宮廷和王畿一帶的詩歌。《毛詩序》認為「政有大小，故有大小雅焉」，以大小內容別之，此說純屬附會。有人認為因為詩歌產生的先後不同而分大、小雅，《小雅》多為西周晚期和東周初期的作品，風格近似國風，一半是讚頌詩和宴享詩，其中另一半多為反映征戰之苦的詩歌和士大夫的怨刺詩，所以最早的詩不出宣王時代，最晚的詩也在東周初年。而《大雅》作品產生較早，其中多為周初至宣王時代的詩，最晚的一般認為是《瞻仰》和《召旻》，作於幽王時代，其中有二十篇讚美史詩，怨刺詩只有八篇，而當時為國泰民安的太平盛世，故多讚美少怨刺，當然這種說法不無道理。不過鄭玄《詩譜·大小雅譜》的解釋似乎更為貼切一些，他說：「大雅宏遠而疏朗，弘大體而明責；小雅躁急而局促，多憂傷而怨謗。」這是從詩樂的風格比較上來區別大小雅的，證之以《左傳·襄公二十九年》吳公子季札在魯觀樂時對大小雅的評論，可知此說比較符合大小雅的原意。文曰「為之歌《小雅》，曰：美哉，思而不貳，怨而不言，……為之歌《大雅》曰：廣哉，熙熙乎，曲而有直體。」這和鄭氏說法頗為近似，所以，大小雅之分應該是以詩樂的表現風格不同而區分的。

以《雅》輯詩，學界對「雅」的理解，要言之可納為四派。一是從體制上討論風、雅、頌的區別。據此解說，以《毛詩序》為先導，以後歷朝儒者多從之，有孔穎達、朱熹、陳啟源等；二是從作者不同以求「雅」義。如鄭樵《六經奧論》：「雅者，出於朝廷大夫，其言淳厚典則，其體抑揚頓挫，非復小夫賤隸、婦人所能言者，故曰雅。」即雅言之論；三是認為雅即夏，代表的是地域，即西周王畿一帶。倡此說者是梁啟超，《釋四詩名義》：「古者，『雅』『夏』同讀『ga』，兩字通用，故王都雅音亦稱夏音。《墨子·天志下》引《大雅·皇矣》詩曰『於先王之書，《大夏》之道然：『帝謂文王，予懷而明德。毋大聲以色，毋長夏以革，不識不知，順帝之則。』此語文王以天志為法也。」梁氏依據《皇矣》墨子在《天志下》中將《大雅》寫作《大夏》，故以為雅者，夏也。四是認

爲「雅」是一種樂器，用其樂器伴奏的樂歌就是雅，章太炎首倡此說，而後郭沫若（《甲骨文考・釋樂》、張西堂（《詩經六論》）加以發揮。章太炎認爲是先人仿照秦地烏鴉的叫聲而作的一種樂器，以反映秦聲之特點『烏鳴』。古者鴉、雅同音而異形，且意義相同，均是烏鴉，西周之王畿之地處秦地，故作「雅」樂器，其音中和平穩，以之奏樂，故有雅聲。所以《雅詩》又稱「正樂」，正者，政也，中也，用於王政的中和之樂，言正樂出於王室而音律平和，故樂而不淫，哀而不傷。〔註39〕《國語・周語第三》伶州鳩說：

> 夫政象樂，樂從和，和從平，聲以和樂，律以平聲，金石以動之，絲
> 竹以行之，詩以道之，歌以咏之，匏以宣之，瓦以贊之，革木以節之。

> 物得其常曰樂極，極之所集曰聲，聲應相保曰和，細大不逾曰平。

「平和」正好說明了雅詩區別於風詩的音律特點，比較起來，雅詩作爲雅言、雅樂與風詩在音律有明顯的區別。

首先，國風是民間歌謠，大部分篇幅較短，一首詩多爲二、三章，雅詩較長，平均 6.1 章，頌詩平均 3.3 章。從音律性質上分析，一般篇幅較長，則旋律較緩，節奏幽遠綿長，不似風詩驟興驟止，所以雅詩多用於燕享。其次，風詩的章法音律比較固定，一般是重章複逐，而雅詩這種反覆詠唱的章法相對減少，章法音律比較靈活自由，顯然是民歌章法的改進和發展。試比較：

風詩　各章全部複逐計 99 篇　　占總數 160 篇的 59%（約）
雅詩　各章全部複逐計 9 篇　　　占總數 105 篇的 8.5%（約）
風詩　全部詩不複逐計 20 篇　　占總數 160 篇的 13.1%（約）
雅詩　全部詩不複逐計 47 篇　　占總數 105 篇的 45%（約）

至於大、小雅的問題，《毛詩》有「政有大小，故有大小雅之別」，顯然不合原旨。鄭玄《詩譜》認爲「大雅宏大體而明責，小雅多憂傷而怨謗」從詩的內容考察之，似乎也很牽強。根據季札於魯觀樂對大、小雅的評述（參見前文《以樂正詩》）來分析，大、小雅也是依照音樂特點不同分類的。

頌詩，是祭祀的樂歌。頌詩是《詩經》的第三部分，共 40 篇，分《周頌》31 篇，《魯頌》4 篇，《商頌》5 篇。《周頌》中大部分詩歌是讚美歷代周天子，所見於詩的有后稷、太王、文王、武王、成王、康王、昭王，這些都是自周部落至周天下以來的賢君明主，據此，有的學者認爲這些詩是西周初年即武王至昭王百多年間的作品。《周頌》是王廷祭歌，所祭的對象包括列祖和諸神，

〔註39〕參見本書第三章，《構成論・詩句中和音律》。

具有濃厚的天命神權思想。《魯頌》是魯國人歌頌魯侯的作品，詩中的魯侯是指魯僖公，據此可斷定諸詩產生於春秋中葉，即西元前七世紀左右。清人惠周惕《詩說》云：「《周頌》之文簡，《魯頌》之文繁，《周頌》之文質，《魯頌》之文誇，《周頌》多述祖德，《魯頌》則稱子孫之功。」這比較不但準確地說明了周頌與魯頌在風格和內容上的差異，而且說明了眾多諸侯國中《詩經》獨輯魯詩的原因是稱頌周朝子孫的勳業，因為魯君是周公旦的後裔，一向享受特殊待遇，故《魯頌》可能因此列之於頌詩。

關於《商頌》產生的年代歷來有爭議，一說《商頌》是名副其實的殷詩，一說《商頌》即《宋頌》，即春秋時宋國的正考父為讚美胸懷大志的宋襄公而寫了追述宋人先祖功德的《商頌》，然詩無關宋國史實，則不可信。從詩的內容上看，《商頌》是對暴力的讚美，並不像《周頌》一樣一味強調「德」、「孝」之道，就殷、周兩代的階級矛盾來說，作為詩樂模本的《詩經》講究的是以禮化民、以德感民、以仁治民，而選編商代歌頌暴力的詩歌似不可能。所以，《商頌》之詩為何作品、何以入《詩》，尚待進一步研究。

以《頌》輯詩，「頌」者何也？又為學界所爭論。《毛詩序》云：「頌者，美盛德之形容，以其成功告於神明者也。」也就是說頌詩是向神靈報告王侯功德及政治面貌的讚美詩，這是從頌詩的作用上闡釋「頌」的。朱熹《詩集傳》說得比較合理，「頌者，宗廟之樂歌」，但言之泛泛，不能究其所以。

既然風、雅是詩樂的特點不同分組的，《頌》當然也不例外。所以，清代以次許多學者，力求在樂舞上尋找《頌》的獨特性，解開以《頌》輯詩的千古之謎。先以阮元之說影響最大，後以王國維之說最被後學推重。

> 「頌」字即「容」字也。……所謂《商頌》、《周頌》、《魯頌》，若曰商之樣子，周之樣子，魯之樣子而已。……唯三頌各章皆是舞容，故稱為《頌》。

「頌」在《廣韻》、《集韻》等韻書中，讀為「容」聲，而《說文解字》釋之「貌也」，所以阮元認為「頌」即「容」、即「舞貌」也。而王國維在《觀堂集林·說周頌》中的反駁使阮氏理論立足不易。王說：「《周頌》三十一篇，唯《維清》為象舞之詩，《昊天有成命》、《武》、《酌》、《桓》、《賚》、《般》為武舞之詩，其餘二十四篇為舞詩否？均無確證。」王氏之辯駁自然有理，不過既然《頌》詩為宗廟之祭歌，按祭祀的傳統禮制都是要興舞致祝的，祝辭——頌詩應均配樂演奏伴之以舞，何況風、雅之詩均有樂舞呢？故曰頌為舞

容並非一無道理，衹是與輯詩的本旨不符而已。王國維復加論述說：

> 「盛德之形容」，以貌表之亦可也。竊謂風、雅、頌之別，本於聲求
> 之，頌詩之所以異於風、雅者，雖不得知，今就其著者言之，則頌
> 之聲，較風、雅爲緩也。

此論獨得要旨，風、雅、頌之別當於聲求之，頌樂較風、雅爲緩。聲，聲樂也，聲中有律，律成有調，頌詩其格宏壯，其辭瑰瑋，其色蒼古，其思沉密，所以構成了區別於風、雅之詩的獨特音律。

　　詩歌旋律的快慢，是由句式的長短和韻腳的疏密決定的，短句急，中句平、長句緩。《詩經》以四言爲主，就詩句節奏的緩急來說，四言屬中和平穩之音律。但《頌》以雜言爲主，四十篇中占了二十六篇，短句以四言爲主，長句則五、六、七言不等，如「昊天有成命」（《昊天有成命》）、「文王之德之純」（《維天之命》）、「無封靡于爾邦」（《烈文》）、「儀式刑文之典」（《我將》）、「學有緝熙于光明」（《敬之》）。四言本律平，延長其音節則律緩矣，況且長句於詩章中間落相雜更起音律節奏的緩衝作用。就詩章的韻律節奏而言，一首詩一韻連押，或句句有韻，或隔句有韻，則詩的節奏就會趨急，如果一首詩用遙韻、換韻，則旋律節奏就會變緩。《頌》詩的韻腳較風、雅均要稀疏，如《周頌》中的《清廟》、《昊天有成命》、《時邁》、《噫嘻》、《武》、《酌》等。《周頌·桓》：

> 綏萬邦，婁豐年。天命匪解，桓桓武王。保有厥士，于以四方。克
> 定厥家，於昭于天，皇以間之。

此詩第一句「邦」和第四、六句「王」、「方」押韻；第二句「年」和八、九句「天」、「間」押韻；第三「解」和第七句「家」押韻，以這種錯綜複雜的遙韻式來緩和全詩的節奏。既然爲詩，就必須構成韻律的美感，大凡換、抱、遙等韻式具有緩衝節奏快慢的明顯作用，所以王國維說以音律求之，「頌較風、雅緩也」。

　　其次，重張疊唱使旋律加快，風詩至爲常見，雅詩也有不少。而《頌》詩則全詩章章重疊者一篇也沒有，部分重疊的也只有《魯頌》中《有駜》一篇，部分章節局部重疊的也只有《魯頌》中《駉》和《泮水》兩篇，其他三十七篇均獨章成篇，這樣，詩無反覆疊唱之聲則有綿和舒緩之律。

　　另外，從《頌》詩的作用來看，主要是用於祭祀，作爲廟堂之歌，不宜像民歌即興詠唱，雅詩宴享那樣隨便、那樣輕鬆愉快，賞心悅目，《頌》詩音

律隆重而典雅，給人以邃遠深沉的樂感，以適應宗廟肅穆的氣氛，有如今世之輓歌、孝歌之類。

總之，《詩經》風、雅、頌三類，是根據各自的音律特點不同而分別入輯的，這種傳統的分類說明了詩三百與音樂的密切關係，揭示了《詩經》音律體系建構的本源因素。

第二節 《詩經》音律形成的客體因素

任何事物的形成除了其本體因素外，還必須具備一定的客觀條件，《詩經》音律的形成亦不例外。作為兩千多年前中國文學史上的第一部體系完整、內容豐富、藝術價值相當高的詩集，它的音律格局的生成決不是偶然的。探其原因主要有四個方面：周代音樂的繁榮為《詩經》音律以聲傳情提供了表現依據；賦、比、興等表現手法的利用於詩歌創作為《詩經》音律的建構提供了表現手段；「中和」審美原則的確立為《詩經》音律的審美走向提供了美學標準；《周易》隱詩的音律結構為《詩經》音律的產生提供了文學基礎。正因為具備了這樣的文化氛圍和生成土壤，才產生《詩經》這部流芳千古的優秀作品，奠定了中國詩歌音律美學的基本體系。

一、樂情效應為《詩》律生成提供了表現依據

音樂和詩有最密切的聯繫，因為它們都是同一種感性材料，即聲音。不過這兩種藝術的音樂在處理方式上以及表現上卻仍有極大的差別。

在羲和、神農時代，相傳已有樂舞，但其詳細情況無可考證。古書之言樂者，殆莫詳於《周禮·大司樂》章，漢人班固《漢書·藝文志》以為是樂人之專書，故曰：「六國之君，魏義侯最為好古，孝文時，得其樂人竇公獻其書，乃《周官大宗伯》之《大司樂章》也。」因為《樂經》既亡，故黃帝堯禹以降到春秋戰國時期的音樂資料都散見於先秦各典。《呂氏春秋·古樂篇》：

> 昔黃帝令伶倫作為律，……制十二筒，以之阮隃之下，聽鳳皇之鳴，以別十二律。其雄鳴為六，雌鳴亦六。以比黃鍾之宮適合。黃鍾之宮皆可以生之，故曰「黃鍾之宮，律呂之本」。

> 帝顓頊生自若水，實處空桑，乃登為帝。唯天之合，正風乃行，其音若熙熙淒淒鏘鏘。帝顓頊好其音，乃命飛龍作效八風之音，命之

曰《承雲》，以祭上帝。

帝堯立，乃命質爲樂，質乃效山林谿谷之音以歌，乃以麋𩪋置缶而鼓之。乃拊石擊石，以象上帝玉磬之音，以致舞百獸，瞽叟乃拌五弦之瑟，以爲十五弦之瑟，命之曰《大章》，以祭上帝。

無論是黃帝之時，還是顓頊之世，以及帝堯之紀，作音爲樂，均依自然之聲，或因鳳鳴而定六律，或隨風鳴而作《承雲》，或效拊石之聲而作五弦之瑟。其實其中隱含了音樂發生發展的三個階段。即定律時期、聲情通感時期（熙熙淒淒鏘鏘）、披之以瑟時期。意思是說黃帝時期衹是用十二個竹筒確定了十二種高低不同的聲音，也就是說後世的六律六呂，而顓頊時期則對聲律產生了朦朧的美感，熙熙、淒淒、鏘鏘聲情有異，各有其質。到了帝堯時期，已可以根據不同的呂律、不同聲情的音樂加之於弦瑟演奏出來了。

音要傳情，首先要確定音的高低、長短、強弱，所以音樂中有了六律、五聲、八音之說。其術語最早見於《周禮・樂師》：

掌六律、六同，以合陰陽之聲。陽聲：黃鐘、大蔟、姑洗、蕤賓、夷則、無射。陰聲：大呂、應鐘、南呂、函鐘、小呂、夾鐘。皆文之以五聲：宮、商、角、徵、羽，皆播之以八音：金、石、土、革、絲、木、匏、竹。

由此可知，六律分宮羽，八音分土革，故聲音高下、輕重、剛柔、長短、舒促、飛沉有別矣，其傳情也分明。在確定律的度數時伶州鳩說：「律所以立均出度也。古之神瞽考中聲而量之以制，度律均鍾，百官軌儀，紀之以三，平之以六，成於十二，天之道也。」〔註40〕這就是說律呂度數是取諸天然、合乎天道的，自然之音度數有別，樂乃天籟自鳴，自有度數之分。度數不同則分宮調，宮調有異，則音律不同，音律不同則聲情不別。元人芝菴中《論曲》在論及諸宮調聲情表現時說：

仙呂宮清新綿邈，中呂宮高下內赚，正宮惆悵雄壯，大石風流醞藉，高平條暢滉漾，歇指急並虛歇，雙調健捷激嫋，角調鳴咽悠揚，起越陶寫冷笑，南呂宮感歎傷悲，黃鍾宮富貴纏綿，道宮飄逸清幽，小石旖旎嫵媚，般涉拾掇抗塹，商角悲傷婉轉，商調淒婉怨慕，宮調典雅沉重。

〔註40〕《國語・周語》。

其後，周德清（《中原音韻》）、陶宗儀（《輟耕錄》）等對西周以降的十二、十六、三十六、六十一宮調的聲情曾作過精闢分析，一致認爲各宮各調聲情有別。雖然西周時期不似後世宮調繁多，音律複雜，但西周樂宮聲情各妙是無法否定的事實，否則師曠也不會「調鍾，以爲後世之知音者」〔註41〕了。既然披樂入詩，或者說以詩被樂，以聲傳情，詩的音律就必須吻合樂的音律。它包括章節的起合、句式的長短、命字的輕重、押韻的圓轉等都要以樂律爲範，詩的抑揚頓挫、行章換韻均需隨樂而宛轉、以樂而徘徊。沈括《夢溪筆談》說：

> 古之善歌者有語，謂當使聲中無字，字中有聲。凡曲只止一聲，清、濁、高、下，如縈縷耳，字則有喉、脣、齒、舌等音不同。當使字字舉本皆清圓，悉容入聲中，令轉換處無磊塊，此謂「聲中無字」，古人謂之如「貫珠」，今謂之「善過渡」是也。如宮聲字，而曲合用爲商聲，則能轉宮爲商歌之，此「字中有聲」是也。

沈括雖然意在說明宋詞的歌法，隔一字則聲中無字，轉一聲則字中有聲，喉脣齒舌各音，須舉本清圓，抑揚合韻，但這就恰好說明了詩和樂怎樣自然地依偎相隨互不悖拗，唯其如此，曲與詞才能天然契合，聲情並茂。萊辛在《拉奧孔》中說：「訴諸聽覺的先後承續的自然符號的結合，在一切可能的結合之中，無疑是最完善的，特別是在這兩種符號不僅設計同一感受，而且可以同時用同一感覺器官去接受和復現。」〔註42〕詞（詩）和曲兩種藝術形式（語言藝術和音樂藝術）長期形影相合的關鍵就是「聲」，詞篇之聲、詞句之聲、詞語之聲與樂章之聲、樂句之聲、樂語之聲如何切合是詞曲一體生存的基本條件。具體說來，音樂聲情與詩樂聲情的切合表現在如下幾個方面：

（一）樂段聲情制約詩章與之相匹

音樂和詩（詩歌）共同享有的材料都是聲音（tone），這些聲音附麗的形式都爲兩種不同的原則所規定——即節奏和調和（rhythm and harmony）的原則，「因節奏的原則，聲音受量的調整，同時因調和的原則，聲音受質的調整，節奏和調和合起來就成了旋律（melody），換句話說，旋律的形式是在節奏地和調和地調整了的聲音的繼續上存在的。」〔註43〕這種聲音材料因音質不同而具有

〔註41〕《呂氏春秋・長見》。
〔註42〕江流等編著，《藝術特徵論》，文化藝術出版社，1984年6月，第一版，第226頁。
〔註43〕格羅塞，《藝術的起源》，商務印書館，1984年版，第216～217頁。

不同的音效，因音效不同而具有不同的表情效果，一旦形成旋律就會產生律場，一旦形成律場，就可以生成音律形象。一般說來，樂曲以一個樂段構成一個樂段場，詩歌以一個詩章構成一個詩場（由音律創造的聲情境界），樂曲可以由一個或幾個樂段構成一個樂套場，詩歌可以由一個或幾個詩段場——由音律創造的聲情境界，構成一個詩篇場——由音律創造的聲情意境（詩歌的聲情意境和語言意境是對應的，一首詩由一個或多個語言境界構成意境，同樣也由一個或多個聲情境界構成聲情意境）。我們從第一章《本因論》中瞭解到樂段和詩章、樂套和詩篇在它們生成的始初階段就是緊緊聯繫在一起的。

　　樂段是指音樂的段落，它在曲式結構和音樂表現上都比較完整，獨立性強，是可以單獨存在、單獨表現內容的結構單位。一個樂段一般由兩個以上的樂句組成，各樂句之間篇幅往往比較平衡、勻稱。樂段聲情對詩章的制約作用表現在樂有幾段詩有幾章，也就是說樂曲有幾段就必須填入幾段歌詞。在漢語詩歌史上最鮮明突出的表現是《詩經》大部分詩歌的重章性。〔註44〕《詩經》中的許多詩篇反映的是最簡單的生活現象，本可一句或幾句說得清清楚楚，但因為樂段的需要往往易辭換句，略作變更分解成數章，尤以《風》詩最為普遍。如《王風·黍離》：

　　　　彼黍離離。彼稷之苗。行邁靡靡，中心搖搖。

　　　　知我者，謂我心憂。不知我者，謂我何求。

　　　　悠悠蒼天，此何人哉。

　　　　彼黍離離。彼稷之穗。行邁靡靡，中心如醉。

　　　　知我者，謂我心憂。不知我者，謂我何求。

　　　　悠悠蒼天，此何人哉。

　　　　彼黍離離。彼稷之實。行邁靡靡，中心如噎。

　　　　知我者，謂我心憂。不知我者，謂我何求。

　　　　悠悠蒼天，此何人哉。

這是一首周大夫行役過宗周鎬京，見舊宗廟宮室遺址，黍稷茂盛，因悲周室顛覆的詩歌，但因原曲有三段，不得不三章重建。張西堂《詩經六論》說：「《王風·黍離》三章者疊詠，……都是利用音樂的旋律，重疊的字句，來表達詩中的情感。所謂『一彈再三歎，慷慨有餘哀。』來引起讀者的同情的。這也是民歌表現手法之一，能將一些簡短的詩，變成更有趣味的詩，更富有感染

〔註44〕詳細論述參見本書第三章《構成論·詩章複沓音律》。

力的詩。」實際上是音樂的段落使「一些簡短的詩，變成更有趣味」、「更富有感染力的詩。」

以現傳的《詩經》考察，《詩經》中已不存在兩詩句、三詩句成套的詩歌，大都是數段成套，有極少數多句詩篇是單章成套的。如《載芟》(31 句)、《那》(22 句)、《烈祖》(22 句)、《玄鳥》(22 句) 等都是單套成章。《詩經》諸詩最短的是兩詩句樂段，最長的是三十八詩句樂段。兩詩句樂段成套的詩極爲少見，只有《齊風·盧令》一篇，「盧令令，其人美且仁／盧重環，其人美且鬈／盧重鋂，其人美且偲。」三詩句樂段依次增多，以四詩句樂段最多，六詩句樂段次之，八詩句樂段再次之，十二詩句樂段以次十三、十四、十五、二十二、二十三、三十一、三十八詩句樂段篇數極少，如三十八詩句樂段僅《魯頌·閟宮》第四章而已。一般說來，多句樂段基本上是單章成套的。

（二）樂句聲情制約詩句與之相匹

樂句是指音樂的句子，由若干個音節組成，在結構上有一定的完整性，在音樂表現上是有一定獨立意義的結構單位。樂句結構一定的完整性表現爲句尾節奏上有明顯停頓（比樂節頓逗長、明顯），其次有比較明確的結構功能，內部各部分之間有相對平衡關係，如各樂節之間的平衡關係、前後兩個半句的平衡關係等。它的聲情效應不再是某些音質效應，而是產生了群體效應，具有完整的意義層或意義段落，各種情緒張力——快樂（高興、愉快、幸福、喜悅、歡樂、開心、甜蜜、愜意等）和痛苦（悲傷、悲哀、傷感、傷心、難過、絕望、憂傷等）、喜愛（熱愛、喜歡、憐愛、關心、迎合、體貼等）和憎恨（痛恨、討厭、厭惡、憤怒、氣憤、怨憤等）都已經產生明顯的效應場。

樂句表意上具有相對獨立性，也就是說詞與曲的陳述關係和表現關係的結合已經獨立成調，他是由樂音、樂匯、樂節合成的、完整的、可以獨立存在的表意單位。我們知道，在音樂語言中歌詞具有陳述性，樂曲具有表現性，兩者的關係表現爲三個方面：

	陳 述 關 係	表 現 關 係
音高關係	字調高低與音調高低的關係	語調音高變化與旋法關係
頓逗速度關係	唱詞節拍頓逗與旋律節奏速度的關係	語調節奏（速度、停頓）與旋律節奏速度的關係
輕重音關係	習慣輕重音、節拍輕重音與旋律音高、節奏的關係	語調重音與旋律音高、節奏的關係

而樂句則不是某方面單獨關係的建立，它是三方面有機整合的獨立單位。因此，一個樂句要求一個或幾個聲情相應的詞句與之相合，始初民歌一般是一個樂句合一個詞句的反覆詠唱。〔註45〕所以，在當時一個樂句也可以是一個樂段，甚至是一個樂套。延及《詩經》時代樂段樂套日趨複雜，詩章、詩篇也相應複雜起來。但一個樂句容進一句詩——四言詩的成法並未變化，這句詩的聲情必須與該樂句的聲情融為一體。可惜樂譜不傳，為後世留下許多不解之迷，這不能不說是中國《詩經》文化的一大遺憾。因此，今天我們對《詩經》詩與樂關係的研究，只能從 305 首詩的體制、章法、言句等方面去考察它當時作為歌詞的面貌，以及樂句聲情與詩句聲情匹配的情況，不盡確然，近似而已。

（三）樂匯聲情制約辭彙與之相匹

樂匯是旋律中有獨立表現意義的單位，是節奏型和音調型的結合，一般說來，一個樂匯最小不少於兩個音，最大不超過一個樂節。根據其外部形態、表現功能、所處條件不同而具有不同的性質，就地方色彩而言，可分為色彩性樂匯和一般性樂匯；就表現思想內容而言，有特定表情意義的樂匯和一般性樂匯；就旋律的各種構成因素而言，有著重體現音調、調式特性的樂匯和著重體現節奏、節拍特徵的樂匯；就旋律的邏輯因素本身而言，有基本樂匯、過渡性樂匯和補充性樂匯；就與詞的關係而言，有帶詞樂匯和無詞樂匯；就旋律發展的意義而言，可分為基本樂匯和派生樂匯等。基本樂匯又可稱之為原型樂匯，它貫穿全曲，聯繫著全曲的音樂材料，有比較明顯的色彩和內容表現上的功能，其變化生成的樂匯就是派生樂匯。派生樂匯變化的大小，與基本樂匯關係的遠近，與它所處的旋律位置、條件、思想感情發展變化的特點、音樂發展的邏輯有密切的關係。所以「音樂本身沒有歌詞的幫助不僅是語言，而且它還是通用語言，這正是音樂在全部其他種語言面前所獨有的優點，因為其他語言都是一不經過學習就不可能懂的暗語。音樂向我們提供了悲哀、歡樂、痛苦、絕望、振奮、秩序和甚至雜亂等等形象，而且音樂可以用三種不同的方法提供形象，以單獨的旋律為中介，以單獨的和聲為中介和同時以旋律及和聲為中介。」〔註46〕這是說明音樂語言較之其他藝術語言具

〔註45〕參見本書第一章《本因論：詩樂舞三位一體的生存模式》。
〔註46〕江流等，《文藝特徵論》，文化藝術出版社，1984 年 6 月，第一版，第 235 頁。
　　　　摘自何乾三編，《西方哲學家、文學家、音樂家論音樂》。

有自身獨有的優勢，可以不通過學習訓練受眾就從旋律中體會到作者表達的思想感情。當然，旋律中介有了具有明確表意功能的歌詞就具有了更加明顯、準確的表意性，讓受眾更能全面、深入地把握曲調內涵，這就是旋律和歌詞長期形影不離的原因。

歌詞是詩歌的一種形式，詩句按語義和節拍的規律將單字音節組合成有規律的節奏單位，這就是詞拍，在語音上表現爲節拍重音和節拍頓逗。樂匯首先要求節奏單位的第一個音節相對加重，並且在節奏單位之後有相應的停頓，其次要求詞拍內幾個音節相對集中，一個詞拍不能分拆在兩個樂節裏，因爲詞拍內的節奏拉得太開，襯字和泛音太多，很容易影響語意的表達，很容易影響樂匯聲情與辭彙聲情的有機統一。如《浪淘沙》：

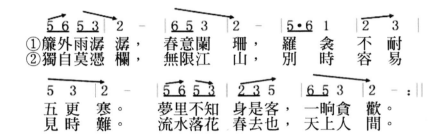

《浪淘沙》是以前流行在湖南湘陰地區的一首「儒教」輓歌，因爲儒教的「禮生」大都是文人，所以，所用的歌詞大都是古代詩詞歌賦。《浪淘沙》取用李煜之詞，由湘陰任爾敬演唱，楊蔭瀏先生記錄。﹝註 47﹞因《詩經》曲譜不傳，無法比較詞曲對應的特點，聊以民間的《浪淘沙》說明之。譜上用箭頭標出了旋律音調陞降的趨勢，我們可以看出，凡屬仄聲聯成的小逗如「不耐」、「夢裏」等，其旋律一般總是上陞或用較高的音，而凡是平聲聯成的小逗如「闌珊」、「貪歡」等，其旋律一般是下降或用較低的音。

（四）音調聲情制約字調與之相匹

這裡的音調是指樂音的高低和陞降，一般認爲，高音區的發音器官和精神狀態都比較緊張，所以，常有的聲情表現和高昂、奮揚、激動、強烈的情緒有關，音調上趨，反映人的精神狀態向昂揚、興奮的方向發展。低音區的發音器官和精神狀態比較鬆弛，所以，常有的聲情表現與深沉、哀痛、隱晦、覥腆等情緒有關，音調下趨，反映人的精神狀態向消沉、內在或鬆懈的方向

﹝註47﹞ 參見楊蔭瀏，《語言音樂學初探》，人民音樂出版社，1983 年版，第 21 頁。

發展，以曲填詞，其樂音聲情就會產生一定的制約作用。字調是指漢語中每一個音節所固有的、能區別意義的聲音的高低和陞降，音調要求其起伏線狀大致接近，感情比較單純、發展方向比較肯定的，線狀較直；感情比較矛盾或者猶豫、委婉的，線狀比較曲折；感情比較強烈或誇張、強調的，起伏往往較大；感情比較平穩溫和的，起伏比較小。以北京話為例，旋律音調對字調的制約作用大致如此：

旋律相對音高	最高	次高、最高	最低、次低	次低
旋律調型	平降	升、平	升、平（降）	降、平
字　　調	陰平 55	陽平 35	上聲 214	去聲 51

近人呂澂在《詞源疏證序》中認為可從姜夔詞譜中推求協音與旋律的關係：

> 宋詞舊譜，今存白石自製諸曲，玩其體制，每調旋律，起訖轉折，抗墜抑揚，皆定有法。如一調諸聲多通餘調，欲不相犯，必於每句旋律，特出本調獨有之腔，此一法也。歌詞以啞篳篥合樂，聲調音節，諧婉為尚，欲其不宂不遺，則旋律間音度高下，必不得過相懸遠，此又一法也。畢曲住字，點明宮調，欲其宛轉自然，諸調有別，有段聲曲直，必各從其類，此又一法也。所謂詞音律，則應於此旋律片段求之，非徒宮調名教而已，所謂協音遺字，亦應於旋律變化求之，非徒當字宮商而已也。

《詩經》語詞如何協律已不得而知，至於唐宋以後的詞曲協律研究因資料齊備，學者甚眾，著述良多，呂氏《詞源疏證序》即為是類。其本意在說明宋詞命字與旋律相協的問題，權錄於此，以佐證音調聲情對字調聲情的制約這一命題。

二、比興產生為《詩》律生成提供了表現手段

「比」、「興」作為詩歌音律的一種建構手段，其名最早見於《周禮・春官・大師》：「大師教六詩，曰風、曰賦、曰比、曰興、曰雅、曰頌。」六詩在《大序》中又被稱之為六義，何謂「六義」，孔穎達《正義》疏之曰：「賦比興是詩之所用，風雅頌是詩之成形，用彼三事，成此三事，是故同稱為六義，非別有篇卷也。」

　　長期以來，賦、比、興合稱爲《詩經》的三大藝術手法。那麼何謂賦？何謂比？何謂興呢？「賦」，《詩經》全卷有兩見，均在《大雅・烝民》一詩中。其次章曰：「天子是若，明命使賦」、其第三章曰：「賦政于外，四方爰發」。《毛詩》釋之曰：「賦，布也。」以音訓之，尚不明了，《釋名》則清楚多了，它說：「敷布其義謂之賦」，故其顯著特徵是鋪陳直敘。因此朱熹《詩集傳》說：「賦者，敷陳其事而直言之者也。」說明白了，賦就是說事情，上古先民能利用語言來說事時，賦就產生了，它要比「比」和「興」早得多。作爲詩的表現手法而言，它是最早、最原始的一種表現手法，它先於詩歌而產生，詩歌出現時它作爲最成熟的表現手法加盟詩歌建構生成詩歌音律的主體材料。所以，賦語對詩歌音律的形成不是影響問題，它是詩歌音律的主體骨架，無賦不成詩，有詩必有賦，有賦必有律。其表現性暫且擱置不論，比及本書第三章《構成論》中論之。

　　比，歷史以來對它的理解相對來說比較統一，俗言之就是打比方，也就是後世修辭手法中的比喻。《詩經》中帶「比」的詩句七見，很直接地說明了「比」這一藝術手段的特徵。如《邶風・谷風》第五章曰：「既生既育，比予于毒。」《鄭箋》「其視我如毒螫。」《大雅・皇矣》第四章曰：「克順克比。」《毛傳》「擇善而從曰比。」漢人鄭玄說：「比者，比方（仿）於物也。」朱熹《詩集傳・螽斯》注：「比者，以彼物比此物也。」劉勰根據被比的主體不同分爲「比義」與「比類」兩種，前者以物比心志，後者以物比物。《文心雕龍・比興》云：「且何謂爲比？蓋寫物以附意，颺言以切事者也。故金錫以喻明德，珪璋以譬秀民，螟蛉以類教誨，蜩螗以寫號呼，澣衣以擬心憂，卷席以方志固。凡斯切象，皆比義也。至於麻衣如雪，兩驂如舞，若斯之類，皆比類者也。」

　　據謝榛統計，《詩經》諸詩共用「比」一百一十處，[註48] 實際上遠遠超出謝榛統計數目達二百八十餘處，修辭學上的明喻、暗喻、借喻均已廣泛而嫻熟地運用，取得了很好的音律效果和表現效果。直陳其事的原始詩歌是十分簡單的，一般只有幾句，有的甚至只有一句。如：

　　燕燕於飛。（《呂氏春秋・音初・燕燕歌》

　　候人兮猗。（《呂氏春秋・音初・候人歌》）

　　田有禽，利執言。（《易・師》）

〔註48〕謝榛，《四溟詩話》卷二。

　　繼竹、續竹，飛土、逐宍。(《(吳越春秋‧彈歌)》)

　　神北行，先除水道，決通溝瀆。(《山海經‧大荒北經》)

這些詩歌都是就事言事，無比無興，無聯想無想像，既沒有從時間和背景上對它們加以限制，也沒有和其他形象發生任何聯繫，祇是攝取了客觀物象，具有形象的某些因素而已，實際上很難稱之為詩。不但語言枯燥無味，缺乏藝術的感染力，而且音律粗糙單調，缺乏圓潤飽和之美，「最低級文明的抒情詩，是以音樂性質為主，而詩的意義不過是次要的東西而已。」〔註49〕而詩人主觀能動性的發揮、想像翅膀的展開，縱古今而遊四海，比語如珠，使詩歌音韻的輕重律和長短律具有更大的靈活性和自由性，以比語音節的飛沈切響構成的詩歌音律場，是詩人苦苦求索的目標，因為它具有更強的可塑性和理想性。如《周南‧汝墳》：

　　遵彼汝墳，伐其條枚。未見君子，惄如調飢。

　　遵彼汝墳，伐其條肄。既見君子，不我遐棄。

　　魴魚赬尾，王室如燬。雖則如燬，父母孔邇。

避開興語「遵彼汝墳，伐其條枚、伐其條肄」不計，如果直陳其事，則全詩當為：未見君子日夜愁，既見君子忘其羞。王室多事累彎腰，幸虧父母無病憂。於言於律味同嚼蠟，如果稱之為順口溜會更恰當一些。然而，三個比語的有機結合，使詩歌語言藝術化了，而且使詩歌整個律場發生了根本性的變化。「惄如調飢」愁得像清早腹中饑餓，「愁」是一個抽象概念，其愁之深憂之切，很難說得明白，詩人選用早饑這一具體可感的現象，把抽象的憂愁具象化了，同時把「死句」變為了「活句」；「魴魚赬尾」隱喻自己像魴魚一樣累紅了尾，「累」是看不見摸不著的，且難以言狀，詩人用「魴魚赬尾」這一具體物象把累的程度視覺化了；「王室如燬」喻暴政酷烈如火燒，近則傷身，勢則難擋。本來隻言片語很難說清楚的問題，一字（燬）之比，言簡意賅，詩味盎然。特別是「飢」、「尾」、「燬」三個比語落在同一脂部韻上和「枚」、「子」、「肄」、「棄」、「邇」諸韻構成一種前後相承、互為一體的韻律美。詩人獨具匠心地選擇「飢」、「尾」、「燬」入韻，化腐朽為神奇，將全詩揉為一個藝術整體，與「賦」一起訴說憂怨之情。又如《衛風‧氓》第五章：

　　及爾偕老，老使我怨。淇則有岸，隰則有泮。

〔註49〕格羅塞，《藝術的起源》，商務印書館，1983 年版，第 33 頁。

前面兩句鋪陳其事：當初說過和你白頭偕老，假如這樣真實冤枉。雖然語意已明，但律場乾澀，未成境界，似有律不盡意之嫌。而後面兩句，「以水流必爲畔岸，比凡事都爲邊際，言外之意，與這樣的男人偕老，那就是苦海無邊了。」〔註50〕用兩個比喻強調音律的效果，而且落在「岸」、「畔」兩個仄聲韻上，顯得堅定有力，乾脆俐落，說明其恨之深，其絕之決。前無韻腳迴環則非詩，僅僅是兩個四言句併在一起而已，後以比語歸韻，則使聲、律相互統一，情隨律生，景從律至，棄婦的積怨得以渲泄。

比語在《詩經》諸詩中的生存狀態和音律意義表現爲三個方面。

（一）以比入賦　點石成金

賦的典型特徵是直言其事，雖言之有物，但言之無象，祇是現實生活的簡單陳述罷了，缺乏想像，用語太實，形貌不備，爲成象哉？而詩歌和其他藝術一樣，它要求以情動人、以形象感人。因此，形象的魅力成爲衡量一首詩成功與否的重要標準，詩人心以理應而造情，物以貌求而造形。詩歌塑造形象，具有語詞和音律的雙向性，意思是說不但要利用語辭塑造，而且要利用語音塑造。語言上以辭寫貌，語音上以聲求形，故比的靈活運用能使形象栩栩如生、形神兼備。「狀難寫之景如在目前，含不盡之意見於言外」；〔註51〕比物之志，則神采飛揚，神情酣暢；比物之質，則曲盡其妙，滿目珠璣；比聲，聲有色，比色，色有聲，可以說無比非詩，即使稱它爲詩也缺少藝術表現力。具體說來，以比入賦雖然《詩》中無處不見，但不外乎兩種形式。

明喻。其特點是被比之本體和作比之喻體之間有比喻詞「如」、「而」等介入，也就是說本體喻體和比喻比喻詞同時出現在詩句中。《詩經》常見的比喻詞以「如」居多。如：

①自伯之東，首如飛蓬。(《衛風·伯兮》)

②念彼其人，涕零如雨。(《小雅·小明》)

③有女同車，顏如舜華。(《鄭風·有女同車》)

④錦衣狐裘，顏如渥丹。(《秦風·終南》)

⑤言念君子，溫其如玉。(《秦風·小戎》)

⑥委委佗佗，如山如河。(《鄘風·君子偕老》)

〔註50〕余冠英，《詩經選·衛風·氓》注。

〔註51〕轉引郭紹虞主編，《中國歷史文論選》第一冊，上海古籍出版社，1982年版，第22頁。

⑦如蜩如螗，如沸如羹。(《大雅·蕩》)

⑧嘽嘽焞焞，如霆如雷。(《小雅·采芑》)

①、②比喻事物的形態，亂髮像飄飛的蓬草；眼淚像零落的雨水。③、④比喻事物的顏色，女子容貌像舜華，君子面色如渥丹。⑤、⑥比喻事物的性質，君子品德如美玉；君子品德如山河。《毛傳》：「山無不容，河無不潤。」《集傳》：「如山，安重也，如河，弘廣也。」⑦、⑧比喻事物的聲音，用蜩螗沸羹比喻聲音嘈雜。《鄭箋》：「飲酒號呼之聲如蜩螗戒車的聲音，其笑語沓沓，又如湯之沸、羹之方熟。」以雷霆比喻戒車的聲音，《正義》：「戒車嘽嘽然眾，焞焞然盛，如霆之發，如雷之聲可謂。」以上例句，在比語入賦的同時也就完成了自身的音律建構。比語均立足在詩章的律動點上（即詩章的韻腳上），與整章進退相依，前後相應，使韻味醇厚甘美，形象鮮明生動。如「自伯之東，首如飛蓬」，「蓬」落在首句的「東」韻上，與後兩句「豈為膏沐，誰適為容」的「容」字同韻相應，音律形象驟然而立，如果棄比用賦，就是「頭髮散亂」，則韻不合、象無神、詩乏味。

　　隱喻，亦稱之為暗喻。其特點是本體和喻體同時出現或本體附於喻體上，或本體與喻體暗中相合。暗者，不明也，無比喻詞見於言表。如：

①懿厥哲婦，為梟為鴟。(《大雅·瞻卬》)

②彼何人斯，其為飄風。(《小雅·何人斯》)

③赳赳武夫，公侯腹心。(《周南·兔罝》)

④桑之落矣，其黃而隕。(《衛風·氓》)

⑤大邦為屏，大宗維翰。(《大雅·板》)

⑥萋兮斐兮，成是貝錦。(《小雅·巷伯》)

例①是比喻聰明的婦人像梟像鴟一樣毒辣，例②是說明那人像飄風一樣詭秘，例③比喻武夫是公侯的心腹，例④是比喻棄婦像桑葉一樣變黃隕落，例⑤比喻大邦是國家的屏障、同姓是國家的棟樑，例⑥是比喻進讒的小人言語像貝錦一樣美麗動人。隱喻和明喻一樣大都是本體在前喻體在後，並且大都落在詩章的韻腳上，一個樂章的音律因為有了它而產生了強烈的層次感，一個樂節因為有了它而產生了明顯的節律感，其比語音律的重要性就顯而易見了。比如「彼何人斯，其如飄風」，沒有任何一個詞比「飄風」更為恰當，更為準確、更為簡潔地圖形寫貌，而且和其後「胡不在北，胡不在南。胡逝我梁，只攪我心。」的「南」「心」同時押在「侵」韻上，整個詩章因「飄風」

二字而點石成金，整個樂章因「飄風」二字而天籟自鳴。

（二）以比成章　形神俱妙

　　以比成章是指一首詩的某些、或某個章節，主要以比語構成，分明喻成章和暗喻成章兩類，這種現象《詩經》中雖然不是十分普遍，但也爲數不少。其美學意義表現在，詩人澄懷味象，中得心源，將比章與詩的賦章巧妙地結合起來，則虛實共生，氣韻生動，賦章爲實，比章爲虛；實生意，虛生味；實生理，虛生趣。而詩其所以爲詩，集中表現在境界的趣味之中，故在詩歌創作中往往實之易得，虛之難求。虛是藝術形象的神韻、風采，是形象整體不可缺少的一個方面，如缺之，則形無神而象無韻，神氣離體，死板呆滯。其次，比語的成章入詩，詩篇的律動單位〔註 52〕相對增加，少則兩個，多由七八個單位，毫無疑問會影響整個詩歌的音律結構，它們使整首詩音律的涵蓋面相對增大，旋律相對增長，音律形象更加飽滿。由此觀之，比章在一首詩中的美學意義是至爲重大的。當然，比章這種美學功能的滲透，它不僅要求語辭上爲物象傳神，而且要求音韻上與前篇協律。傳神，表現在抓住本體與喻體的共同特點，用語言準確地表現出來；協律，要求比語的聲情、韻質與全篇融爲一體。如：

①手如柔荑，膚如凝脂，領如蝤蠐，齒如瓠犀，螓首蛾眉。巧笑倩兮，美目盼兮。(《衛風・碩人》)

②如月之恒，如日之昇，如南山之壽，不騫不崩。如松柏之茂，無不爾或承。(《小雅・天保》)

③王旅嘽嘽，如飛如翰，如江如漢，如山之苞，如川之流。綿綿翼翼，不測不克，濯征徐國。(《大雅・常武》)

例①是個明喻，對衛莊姜的手、膚、領、齒的美麗進行了刻畫，手柔如荑，膚白如脂，領修如蝤蠐，齒齊如瓠犀，首如螓而眉如蛾。姚際恒說：「千古頌美人無不出其左右，是爲絕唱。」〔註53〕四個比喻詞，「如」牽引的四個排比句接踵而至，加強了詩章音律的流動氣勢，如大河直下，奔瀉而至，似乎衛莊姜的這種美迫得人透不過氣來，特別是「荑」、「脂」、「蠐」、「犀」四個韻語的韻腳頻頻緊靠，律動頻率增大旋律節奏加快，增強了對衛莊姜軀體各部

〔註52〕從一個韻腳到另一個韻腳的長度爲一個律動單位。

〔註53〕轉引向熹，《詩經語言研究》，四川人民出版社，1987 年版，第 380 頁。姚際恒，《詩經通論》語。

分分別比喻的緊湊感，使衛莊姜的美幻目照人，使其形象呼之欲出，邀之即來。特別是四個明喻之後，突然改用一個暗喻「螓首蛾眉」，既緩衝了旋律的速度，使其音律縱約相得，又導致了音律章法的變化，避免了續用明喻的呆板，而尾碼用兩個以「兮」富韻的賦語「巧笑倩兮」、「美目盼兮」把衛莊姜容儀舉止的端莊典雅、天姿國色表現得非常充分。例②先用三個明喻祝福福壽與日月同輝、青山同在，然後，用暗喻「不騫不崩」結束前一個音律層，繼而，又用一個明喻「如松柏之茂」領起下一個音律層，變中求同，整個樂章一波三疊，韻味醇厚。例③用賦語領起，又用賦語收尾，前有序曲後有尾聲，中間五個比喻句構成音律的主體，四明一暗，前面用四個「如」推動四個排比句，節奏上一句緊似一句，一步緊跟一步，有如排山倒海，盡力渲染王師的浩大聲勢，最後用一個重言隱喻句「綿綿翼翼」（意爲如絲一樣源源不斷，像鳥群一樣鋪天蓋地。）將聲勢緩和下來，以賦語「濯征徐國」悠然終律。由此看來，《詩經》中的以比成章在音律上是頗爲講究的。

④有瀰濟盈，有鷕雉鳴。濟盈不濡軌，雉鳴求其牡。

（《邶風・匏有苦葉》第二章）

⑤無棄爾輔，員于爾輻。屢顧爾僕，不輸爾載。

終踰險絕，曾是不意。（《小雅・正月》）第十章）

⑥鳳凰鳴矣，于彼高岡。梧桐生矣，于彼朝陽。

菶菶萋萋，雝雝喈喈。（《大雅・卷阿》第九章）

這三例是以純粹的隱喻構成的詩章，風詩、雅詩、頌詩均慣用爲常，它比明喻更含蓄委婉，自然天合，如羚羊掛角，無跡可求。但是在音律的整體效果上不如明喻成章強烈，這是因爲暗喻成章缺少比喻詞的牽引作用。例④摘自《匏有苦葉》，它是一首情詩，描寫一個少女在河邊等待對岸的心上人的情景。全詩四章，第二章把抽象的事理具象化，把難以言說的現象物態化，即水滿則溢、水滿軌濡喻言女大春情勃發，盈盈外溢，開始尋找意中人，就像母雞咯咯，求其配偶。用語生動有味，形象傳神，與其他三章相映成趣，如果全詩缺此一章就味同嚼蠟了。例⑤詩章所在的《正月》，是一首政治諷刺詩，刺幽王的荒淫無道，統治集團矛盾重重，社稷江山即將傾轍，無力挽救。第十章以行車安危比喻政治成敗的道理，也就是只有保持車輛各組成部分的良好性能，並隨時關照駕車人，才能平安通過險境，將抽象的政治說教形象化之，音律上以四言協律於全篇，以韻語統一於一體。例⑥所在的《卷阿》是

周召康公戒成王求賢用賢的詩歌，第九章描寫鳳凰鳴於高崗、梧桐長於朝陽
來說明外部條件對主體生存的重要性，隱喻成王的成敗得失與賢才雲集身邊
休戚相關，全詩十章以該章音律最爲優美，試比較其他各章：

> 有卷者阿，飄風自南。豈弟君子，來游來歌，以矢其音。

> 伴奐爾游矣，優游爾休矣。豈弟君子，俾爾彌爾性，似先公酋矣。

> 爾土宇昄章，亦孔之厚矣。豈弟君子，俾爾彌爾性，百神爾主矣。

> 爾受命長矣，茀祿爾康矣。豈弟君子，俾爾彌爾性，純嘏爾常矣。

> 有馮有翼，有孝有德，以引以翼。豈弟君子，四方爲則。

> 顒顒卬卬，如圭如璋，令聞令望。豈弟君子，四方爲綱。

> 鳳皇于飛，翽翽其羽。亦集爰止。藹藹王多吉士。維君子使，媚于
> 天子。

> 鳳皇于飛，翽翽其羽。亦傅于天。藹藹王多吉士。維君子命，媚于
> 庶人

> 鳳皇鳴矣，于彼高岡。梧桐生矣，于彼朝陽。菶菶萋萋，雝雝喈喈。

> 君子之車，既庶且多。君子之馬，既閑且馳。矢詩不多，維以遂歌。

該詩其他九章均爲賦事，因賦事受到事件本身的制約，遣詞造句就缺少靈活
支配語辭的空間，詩歌的音律往往因爲囿於語辭而受到影響。喻章則不同，
它在語辭的支配上有極大的空間，極強的靈活性，所以第九章比其他任何一
章的音律都要優美得多。首先是「鳴」、「生」耕部韻帶韻尾「兮」，一進一退，
穿行於「岡」、「陽」陽部韻之間，顯得雍容華貴而舒促裕如，其次，利用兩
句四組重言「菶菶萋萋，雝雝喈喈」結束全章，把音律的效應推向極至。

（三）以比成篇　滿目珠璣

以比成篇是指一首詩歌全部用比語構成，後人因其塑造的形象具有象徵
意義而稱之爲象徵詩，朱自清先生則因其表現手法是比喻而稱之爲比體詩。
〔註54〕這類詩歌雖在《詩經》中爲數不多，但它開創了漢語比體詩、或寓言
詩、或象徵詩的先河，它以比語成詩，以比語成律，反過來說就是無比不成
詩，無比不成律，也就是說比喻的利用於詩歌創造誕生了一種新的詩歌體
裁。如《小雅‧鶴鳴》：

〔註54〕詳見朱自清，《詩言志辨‧賦比興通釋》。

　　　　鶴鳴于九皋，聲聞于野。魚潛在淵，或在于渚。樂彼之園，爰有樹
　　　　檀，其下維蘀。它山之石，可以爲錯。
　　　　鶴鳴於九皋，聲聞于天。魚在于渚，或潛在淵。樂彼之園，爰有樹
　　　　檀，其下維穀。它山之石，可以攻玉。

其詩是詩人勸告宣王啓用在野賢士的詩歌。《詩序》云：「鶴鳴，誨宣王也。」
《鄭箋》補充說：「誨，教也，教宣王求賢人之未仕者。」通篇全用隱喻，不
道出求賢的正意，構成一首特殊的比語音律詩。《朱子語類》云：「《鶴鳴》做
得巧，含蓄意思全不發露。」王夫之《夕堂詠日緒論‧內篇》亦云：「《小雅‧
鶴鳴》之詩，全用比體，不道破一句，《三百篇》中創調也。要以俯仰物理而
詠歎之，用見理隨物顯，唯人所感，皆可類通。初非有所指斥一人一事，不
敢明言，而姑爲隱語也。」首章「鶴鳴」二句，比喻賢者雖身隱郊野，但聲
名顯赫於外，《毛詩》：「言身隱而名著也。」「魚潛」二句比喻賢才進退不常，
《鄭箋》曰：「喻賢者世亂則隱，治平則出，在時君也。」「樂極」二句比喻
朝廷要尊重賢才，黜退小人。「檀」喻君子，「蘀」喻小人，《鄭箋》又云：「此
猶朝廷之尚賢者而下小人，是以往也。」「他山」二句以錯可以治玉喻賢才可
以治國，《毛傳》曰：「錯，石也，可以琢玉，舉賢用滯則可以治國。」故朱
熹《詩集傳》疏全章曰：「蓋鶴鳴于九皋，而聲聞于野，言誠之不可揜也。魚
潛在淵，而或在于渚，言理之無定在也。園有樹檀而其下維蘀，言愛當知其
惡也。他山之石而可以爲錯，言憎當知其善也。由是四者引而伸之，觸類而
長之，天下之理其庶幾乎！」次章文辭略異，意義相同，亦全用比語構成。
又如《周南‧螽斯》以螽斯生子最多喻世人多子多福；《周南‧麟之趾》讚美
貴族子孫繁衍，以麟趾喻子孫的賢能；《魏風‧碩鼠》以大老鼠喻剝削者的貪
得無厭；《豳風‧鴟鴞》以鴟鴞喻統治者對勞動人民的殘酷壓迫。

　　興，本來很簡單，研究的人多了，就變得複雜起來，朱自清先生歎之曰：「你
說你的，我說我的，越說越糊塗。」〔註55〕有的學者以「比」而別「興」，認爲
興的實質是比，其區別於興多在詩的開頭，重在取義，而比多在詩中，重在取
類。鄭玄《周禮‧大師》注云：「比，見今之失，不敢斥言，取比類以言之。興，
見今之美，嫌於媚諛，取善事以喻勸之。」唐皎然《詩式》云：「取象曰比，取
義曰興。義即象下之意。凡禽魚、草木、人物、名數，萬象之中義類同者，盡
入比興。」有的學者從物我關係上來闡明興的性質、特徵，影響甚遠，廣爲後

〔註55〕《朱自清古典文學論文集》，上海古籍出版社，1981 年版，第 235 頁。

世學者所認同，它的合理之處在於抓住了「興」的表現特徵是託物興辭。劉勰《文心雕龍‧比興》云：「比者，附也；興者，起也。附理者切類以指事，起情者依微以擬議。起情故興體以立，附理故比例以生。比則畜憤以斥言，興則環譬以寄諷。」孔穎達《毛詩正義》說：「興者，起也，取譬引類，起發己心。《詩》文皆舉草木鳥獸以見意者，皆興辭也。」有的學者力求從興含蓄委婉這一表現效果上得到滿意的答案。鍾嶸《詩品序》云：「文已盡而意有餘，興也。」南宋羅大經《鶴林玉露‧詩興》論曰：「蓋興者，因物感觸，言在於此而意寄於彼，玩味乃可識，非若賦、比之直陳其事也。故興多兼比、賦，比、賦不兼興，古詩皆然也。」其實，諸家說法各有其理，或從表現作用上、或從表現特徵上、或從表現效果上對興進行了界定。《詩經》中帶「興」的詩句相當普遍，擬列數例以分析語辭「興」與表現手法「興」的淵源關係。如：

《衛風‧氓》第五章	夙興夜寐，靡有朝矣。
《小雅‧小明》第三章	念彼共人，興言出宿。
《秦風‧無衣》第一章	王如興試，修我興戈矛。
《大雅‧蕩》第二章	天降慆德，女是力興。
《大雅‧緜》第七章	百堵皆興，藝鼓弗勝。
《小雅‧天保》第三章	天保定爾，以莫不興。

以上例句「興」，都不是詩歌表現手法中的「興」。它們的意義依次是「起來」、「起」、「出動」、「助長」、「興盛」、「興盛」，它們不像帶「比」的詩句那樣能直接說明「比」作為一種藝術表現手法的特徵，但以上諸「興」與表現手段的「興」有密切的聯繫，它是指社會生活中一般事物的興起，而作為表現手段的「興」是指一首詩在「賦」（直陳其事）之前託物興辭。所以，朱熹《詩集傳‧關雎》注云「先言他物以引起所詠之辭」一直是權威性的看法。脫離了宗教神秘色彩的「興象」就是所謂「他物」，於章首或章中以引起所賦之事。從心理角度來看，是詩人情感的物化，對他物有興趣而言之；從興物位置來看，多在詩歌的開頭，也就是興起之意，在內容和音律上作一個鋪墊。如《周南‧關雎》「關關雎鳩，在河之洲」、《周南‧桃夭》「桃之夭夭，灼灼其華」，以關雎互唱興君子淑女之求，以桃花夭夭興家室之盛。

　　詩歌不似繪畫、雕塑，藝術語言的非物質性和非直觀性，使詩歌藝術根本不可能訴諸人的視覺，只能通過以外物寫情志、以景語寫情語的的方式來塑造

藝術形象，簡言之是心靈的物化。黑格爾說：「把心靈的東西借感性化而顯現出來。」〔註56〕心靈的東西（思想感情）它需要借助於詩人豐富的想像，達到個別性與一般性的統一，再現性與表現性的統一，眞實性與假定性的統一，精神性與物質性的統一，這樣才能情景交融、含蓄蘊藉，有言外之意，境外之象，眞正體現詩歌的藝術魅力。在人類低智慧階段產生的原始詩歌或直言其情，或直言其事，是主觀的一種表白，客觀的一種表述，從表現手法上說就是賦，根本談不上「滋味」、「韻致」。更不能稱之爲藝術。「詩是一種語言藝術，詩的語言的基礎是隱喻性的，這就要求把各種印象比擬和比較，比興正是適應這種要求的表現方法。」〔註57〕因此，比、興之法應運而生，它們和「敷陳其事」的賦相輔相成、三位一體，共同完成詩歌的章句建構，共同創造詩歌的優美境界，共同塑造詩歌的音律形象，實現了中國詩歌史上第二次飛躍。〔註58〕吳喬《圍爐詩話》云：「詩之失比興，非細故也，比興是虛句活用，賦是實句，有比興則實句變活句，無比興則實句變死句。」「死句」、「活句」之喻，則形象地說明了比興在詩歌創作中的重要作用，也間接說明了賦、比、興三者相互依賴的關係，即由興引起可比之賦，興語獨處，比賦同體，興象在一首詩的章節中獨立存在，比則是在敷陳其事時打比方。由三者的關係不難知道，比興是一種最原始樸素、最直接有效的形象思維方式，因爲詩人的思想感情不是直言表白，而是通過比、興展開聯想和想像，使之寄喻於具體的形象之中，形象成爲思想感情的載體，這就是所謂的喻情於物，故花濺淚而鳥驚心。其思維方式揭示了詩歌創作過程中的物我關係，物象即我，我即物象，物我同一，渾然一體，不知蝴蝶之爲我還是我之爲蝴蝶，而創造出耐人尋味的藝術境界。

據謝榛《四溟詩話》卷二統計，《詩經》共用興370處，平均每首詩約1.2次，可見其應用之普遍。據趙沛霖先生的研究，詩三百的興象有如下四種：以鳥獸爲他物起興，如《邶風・燕燕》（燕燕于飛，差池其羽。）等；以草木爲他物起興，如《王風・黍離》（彼黍離離，彼稷之苗）等；以魚類爲他物起興，如《小雅・南有嘉魚》（南有嘉魚，烝然罩罩。）等；以虛擬動物（或稱神話動物）爲他物起興，如《大雅・卷阿》（鳳皇鳴矣，如彼高岡。）等。〔註59〕當然，許

〔註56〕黑格爾，《美學》，商務印書館，1982年，第一卷，第4頁。
〔註57〕宋欣、程迅，《古代比興說與形象思維》，載《社會科學戰線》，1978年，第一期。
〔註58〕第一次飛躍的原始情歌的出現，參見趙沛霖，《興的起源》。
〔註59〕趙沛霖，《興的起源——歷史積澱與詩歌》，中國社會科學出版社，1987年版，第6頁。

多興象學者都在千方百計探求興物的文化意義，該處從略。「興」與「比」兩者比較起來，「比」是將所「賦」的事物比作他物，「興」是引出所「賦」之事，二者作用雖不相同，但在詩歌音律格局的建構上卻有一個共同的目的——創造一個圓美的律場，以取得聲情並茂的藝術效果。就其律場的位置來看，「比」既可以在章首（「興」中夾「比」），也可以在章中，還可以在章尾，直接影響主體音律骨架，而「興」除極少數興語在章中以外，一般用於章首；就其律場的生存狀態來看，「比」可以是篇章音律的一個組成部分，也可以獨立構成篇章音律，而「興」只可能是篇、章音律的組成部分，它一般不能超過一章詩的對半，否則會影響詩歌的意境，就不成其為詩了；從「比」與「興」的關係來看比體必須與所賦之事物在某方面具有相似性，即本體和喻體具有某些共同特點才能入詩，兩者因共性融為一體，而興物與所賦之事物可以相關，也可以無關，它以言句押韻和賦構成一個音律整體。

　　史初情歌和史詩，它們依靠歌與舞的共同作用以達到其藝術目的，隨著詩、樂、舞各自表現特徵的越來越突出，才使三者彼此分化並逐漸走向獨立，預示詩歌形象的構成、內部的結構、表現的形式、音律的組合發生了一系列重大變化，使情趣和意象融合恰到好處。《詩經》時代詩、樂、舞並重，是各自獨立的前夜，合久必分是物態關係的恒定律。正因為《詩經》處在這樣一個特定的發展時期，所以，促成詩歌脫離附庸地位的重要因素——「興」的作用就顯得尤其突出，具體表現在四個方面。

1. 興語音律的鋪陳性

　　一首詩由詩歌語言的音律構成一個形象生動的律場，它是由諸多詩章的子律場組合而成的。興語「先言物而引起所詠之辭」大多位居詩章之首，他的音律對整個律場產生鋪墊作用，猶塔之有基，樹之有根也，加強了整個律場的層次感、立體感、主次感，音域深厚寬綽。如《衛風‧有狐》：

> 有狐綏綏，在彼淇梁。心之憂矣，之子無裳。
> 有狐綏綏，在彼淇厲。心之憂矣，之子無帶。
> 有狐綏綏，在彼淇側。心之憂矣，之子無服。

《有狐》詩詠的是一個女子向一個窮困潦倒的男子表達自己的愛意。《詩序》云：「刺時也。衛之男女失時，喪其妃耦焉。古者國有凶荒，則殺禮而多昏，會男女之無夫家者，所以育人民也。」全詩三章，三章以「有狐綏綏，在彼淇梁」、「有狐綏綏，在彼淇厲」、「有狐綏綏，在彼淇側」（因韻腳需要而每章

興尾換一字）之興語鋪墊全章音律。《毛詩》云：「興也，綏綏，匹行貌。」
陳煥疏曰：「狐配偶而生綏綏，以興無家室者之不若也。」興語的靈活運用使
律場承載的相思憂慮更加深沉強烈，每章音律的前後層次變得非常鮮明，詩
歌形象亦因之豐俊。否則，全詩可以用一句毫無詩味的話表述之：「我所思念
的人連衣服都沒有穿。」這就很難說是一首詩了，更不能千古傳誦。所以，《有
狐》形象的雙向塑造全靠六句興語的合理使用。

　　興語音律的鋪墊在《詩經》中有三種形態。一是興語鋪墊的意義與律場意
義相關，即興帶有比喻性，興義與賦義暗合，所以有人稱之「喻興」。如「南山
崔崔，雄狐綏綏。魯道有蕩，齊子由歸。既曰歸止，曷又懷止。」（《齊風·南
山》詩章刺齊襄公與文姜兄妹淫亂，所以以南山之高，雄狐狸之淫興魯道之亂。
又如「習習谷風，以陰以雨。黽勉同心，不宜有怒。采葑采菲，無以下體。德
音莫違，及爾同死。」（《邶風·谷風》）詩歌描寫女子被拋棄的憂愁，以谷風陰
雨不定興變心男子二三其德。二是興語鋪墊的意義與律場意義無關，即興語與
賦的意義沒有任何聯繫，是純粹的音律手段渲染律場氣氛。如「東門之池，可
以漚麻。彼美淑姬，可與晤歌。」（《陳風·東門之池》這是一首男女戀愛約會
的詩歌，《朱傳》云：「此亦男女會遇之詞。蓋因其會遇之地、所見之物以起興
也。」雖以所見之物起興，但意義上並無聯繫。以「池」、「麻」等物象興詩，
與其後兩賦語「彼美淑姬，可以晤歌」協律，否則有音不成律，生律不成場。
而且興語的「可以」與賦語「可以」在對應位置隔語重複，使其整體性更強。
三是興語鋪墊的意義與律場的意義相反，即興象所具有的意義與賦所表達的意
義是互不相容的，以期語辭上以對立求統一，音律上以鋪墊求完美。如「緜蠻
黃鳥，止于丘阿。道之云遠，我勞如何。飲之食之，教之誨之。命彼後車，謂
之載之。」（《小雅·緜蠻》）詩章怨歎的是詩人行役勞頓背井離鄉的痛苦。《詩
經直解》云：「全詩三章祇是一個意思，反覆詠唱，先自言其勞頓之事，鳥猶得
其所止，我行之艱、至於畏不能極，可以人而不如鳥乎？後託為在上者之言，
實為幻想，徒自道其願望：飲之食之，望其周恤也；教之誨之，望其指示也；
謂之載之，望其提攜也。」〔註60〕該詩以黃鳥能止於丘隅，反興自己行役遠方，
疲憊奔波，無法止息。又如「苕之華，其葉青青。知我如此，不如無生。」（《小
雅·苕之華》）幽王之時西戎、東夷交侵中國，師旅並起，因之饑饉，詩章乃勞
者歌其食也，是饑民發自內心的哀鳴。王引之《經義述聞》言：「物自盛而人自

〔註60〕陳字展，《詩經直解》，復旦大學出版社，1983年10月版，第833頁。

衰，詩人所以歎也。」以苕華之盛，反興人之衰老。

2. 興語音律的制約性

興語音律制約性是指興語因一般位居章首，對整個詩章的音律有制約作用，包括句與句勢（句律趨勢）的制約作用；韻與韻勢（韻律趁勢）的制約作用兩個方面。如《王風・揚之水》：

> 揚之水，不流束薪。彼其之子，不與我戍申。
> 懷哉懷哉，曷月予還歸哉。
> 揚之水，不流束楚。彼其之子，不與我戍甫。
> 懷哉懷哉，曷月予還歸哉。
> 揚之水，不流束蒲。彼其之子，不與我戍許。
> 懷哉懷哉，曷月予還歸哉。

這首詩是寫周王母家申國毗鄰楚，屢被侵伐，因遣戍守申，使人民家室離散，國人作詩諷之。全詩共三章，每章前兩句均以興語領起全章的音律。《毛傳》云：「興也，揚，激揚也。」《傳疏》疏之曰：「激揚之水流飄草木，興平王頻急之政，疾趨遠戍，視民如草芥然。」「揚之水，不流束薪（不流束楚、不流束蒲）」在語辭上用三言句、四言句一長一短起興，音律上一舒一促（短句旋律急促，長句旋律平緩。）制約整個律場，所以，全詩均以興語為範式，由三言、四言、五言建構成篇，因興語的制約一反四言常式，三四五雜言交潛衍構，因而舒促相得益彰，戍卒的幽怨之情真切感人，這在《詩經》為數不多的雜言詩中是相當有特色的。又如《鄘風・桑中》：

> 爰采唐矣，沬之鄉矣。云誰之思，美孟姜矣。
> 期我乎桑中，要我乎上宮，送我乎淇之上矣。
>
> 爰采麥矣，沬之北矣。云誰之思，美孟弋矣。
> 期我乎桑中，要我乎上宮，送我乎淇之上矣。
>
> 爰采葑矣，沬之東矣。云誰之思，美孟庸矣。
> 期我乎桑中，要我乎上宮，送我乎淇之上矣。

這是諷刺貴族男女密期幽會的詩篇。方玉潤《詩經原始》云：「三人、三地、三物各章所詠不同，而所期所要所送之地則一，板中寓活。」首章興句「唐」、「鄉」句中押「陽」韻，因而決定了興語之後賦語的韻式和韻部都是句中韻（式）和陽部韻（「美孟姜矣」、「送我乎淇之上矣」）。次章和末章韻律上又有

了很大的變化，除第二章興語「麥」、「北」和賦語「弋」押韻、第三章興語「葑」、「東」和賦語「庸」押韻之外，「期我乎桑中，要我乎上宮，送我乎淇之上矣。」又與首章重章遙押「陽」韻，這就充分說明整個詩篇的韻律是由興語的韻律所決定的，無論是韻和韻勢都受到興語韻律的制約。

3. 興語音律的重章性

音律重章是《詩經》音律的一大特點，亦稱之爲疊詠體，占三百五篇百分之七十以上，有所謂完全疊詠體和非完全疊詠體。完全疊詠體是指詩篇各章，多用重語反覆，一般各章重疊的首句完全相同，次句以次措詞上略有變易，或首句和次句完全相同，第三句以次措詞上略有變易，這種變易完全是爲了與賦語協韻，語意上無異或略異；非完全疊詠體是指詩篇中部分章節疊詠，部分章節獨立。重章在音律上因前後各章疊句音聲相和、上下相傾而具有迴環效應；因疊句迴環而形成了詩章的主旋律，使前後各章渾然一體，不容分割，所以具有整合效應；因重章詩往往前後各章所表述的意思相同或相近，雖給人以重複之嫌，但措詞略異的疊詠句能使詩歌的情感層層推進、步步加深而產生了塔式效應。然而綜觀《詩經》三百五篇產生如此突出音律效應的百分之九十以上是興語，這大概因爲興語一般與詩歌所表達的內容無聯繫或聯繫不緊密，而只起領起詩章的作用，重複疊唱無傷詩意之故。如《召南・鵲巢》：

> 維鵲有巢，維鳩居之。之子于歸，百兩御之。
>
> 維鵲有巢，維鳩方之。之子于歸，百兩將之。
>
> 維鵲有巢，維鳩盈之。之子于歸，百兩成之。

全詩三章，興語首句「維鵲有巢」完全重複，只有次句「維鳩居之」因協韻的關係第二章易「居」與「御」爲「方」與「將」押陽部部韻，第三章易「居」與「御」爲「盈」與「成」押耕部韻。《朱傳》：「『維鵲有巢，維鳩居之』興也，方，有之也。」王引之《經義述聞》「方，讀爲放……《論語・里仁》篇，『放於利而行』鄭、孔注並曰：『放，依也。』」由此可知「方」爲佔據之意。《朱傳》：「『維鵲有巢，維鳩盈之』，興也，盈，盈滿也。」盈也是佔據的意思，這就是《詩經》重章篇中最爲常見的辭變意不變的重章之法。雖興語與詩意無關，但其反覆疊唱，在音律上將女子出嫁時的鋪張奢侈渲染得淋漓盡致，使律場的立體感（即塔式效應）隨興語的重複越來越強烈，詩人的感情隨興語的重複越來越顯附。又如《檜風・隰有萇楚》：

隰有萇楚，猗儺其枝，夭之沃沃，樂子之無知。

隰有萇楚，猗儺其華，夭之沃沃，樂子之無家。

隰有萇楚，猗儺其實，夭之沃沃，樂子之無室。

全詩三章，每章四句，其中三句是興語，首句「隰有萇楚」和第三句「夭之沃沃」完全重複，只有第而句「猗儺其枝」第二章易「枝」爲「華」，第三章易「枝」爲「實」，將萇楚之枝華實分章言之，構成重章，一唱三歎，取得了良好的律場效應。尤其值得注意是一般興語不能超過詩章句數的對半，而該詩興語占了全詩的三分之二，卻因興語第二句三字的變異，不但未傷詩意，而且塑造了鮮明生動的音律形象，所以，興語疊唱的靈活應用，往往具有特殊的音律作用。

4. 興語音律的交融性

興語音律交融性是指詩章中興語音律上前後交融、語辭上情景交融的特性（章首興語的交融性前三個方面業已闡明，不復論及，於此獨提交融性，是因爲興語位置的特殊性）。《詩經》章中興起的詩歌並不多，但它具有特別的生存意義，它逐漸脫離了「興」純粹「興起」的職能，進入到隨賦寫景、以景喻情的表現階段，這是後世詩歌最爲普遍的表現方法，所以，秦漢以後的詩歌詩論不再言「興」，而言寫景抒情也。章中興的典型特徵是對詩中所賦、所比的事物進行環境渲染，興因賦生，興爲賦用，將賦與興緊密地結合在一起，失之則暗然無色，有之則全詩生輝，因此，「花鳥纏綿，雲雷奮發，弦泉幽咽，雪月空明」﹝註61﹞之詩境如在目前。就其興語音律意義而言，位置章中是聯繫前後興語音律的紐帶，是搭起前後賦語音律的橋樑，使音律形象的意韻更深，典型性更強，立體感更突出。《王風·君子于役》：

君子于役，不知其期，曷至哉？雞棲于塒。日之夕矣，羊牛下來。

君子于役，如之何勿思！

君子于役，不日不月，曷其有佸？雞鳴于桀。日之夕矣，牛羊下括。

君子于役，苟無饑渴？

這是一首妻子懷念行役無期有家難歸的丈夫的詩歌。全章兩章均是每章八句，前三後二用賦，中三用興，「雞鳴于塒，日之夕矣，牛羊下來。」王質《詩總聞》云：「當是在郊之民，以役適遠。而其妻於日暮之時約雞歸塒，呼牛羊

﹝註61﹞劉熙載，《藝概》。

下來，故興懷也。大率此時最爲別懷，婦人尤甚。」姚恒際《詩經通論》亦云：「句法錯落，日落懷人，眞情實境。」王照圓《詩說》曰：「寫鄉村晚景，睹物思人如畫。」其實，前三賦語言君子行役無歸期，後兩賦語言如何不思念，業已文通意明，但三興語以物象──日夕雞鳴、牛羊下來將思念的時間、環境表現出來了，使詩的內涵更加豐富。音律因三個興語的穿插，使律場更加厚重，情感更加幽深，況且，因興語「塒」「桀」入賦語「之」部韻而一體共榮，不著痕跡，次章又因興語易「塒」爲「桀」、易「來」爲「括」構成疊體重章，加強了律場的感染力。

　　總的來說，比興在《詩經》音律中的應用，在《詩經》篇章音律中的共同作用，首先標誌著人類思想感情的物化，人類在改造自然、改造社會的實踐活動中，在各種認識方式諸如感覺、知覺、概念、判斷、推理支配下，通過廣泛的聯想，以具體的物象（比象和興象）寄寓自己的思想情感，使藝術形象骨骼清奇、血肉豐滿。如反映文姜荒淫無道的詩歌《敝笱》，全詩三章四分之三的詩句是由比語、興語構成。首章「敝笱在梁，其魚魴鰥。齊子歸止，其從如雲。」次章「敝笱在梁，其魚魴鱮。齊子歸止，其從如雨。」末章「敝笱在梁，其魚唯唯。齊子歸止，其從如水。」三章詩只有一句重複的賦語「齊子歸止」，其他九句是六興三比。其次標誌著人類對音律有了全新的審美觀念。始初詩歌尚未成律的單調、枯燥的平仄音節組合已遠遠不能適應人類的審美要求，要表達自己的喜怒哀樂、七情六欲，必須創造一個完美的律場才能達到目的，而人們在長期的藝術實踐中發現興象、比語使詩歌的旋律更優美、韻味更醇厚，所以披之入詩，建構了中國詩歌史上第一座藝術高峰──《詩經》，這是賦比興融鑄而成的藝術珍品。

三、中和理想爲《詩》律生成提供了表現標準

　　一些人在討論《詩經》，一些人在討論「和」，但很少有人討論《詩經》與「和」。一個屬於文學範疇，一個屬於美學範疇，似乎相去很遠，其實不然，兩者同屬於上層建築中的意識形態領域，可以說是形影不離的了，一個時代的審美理想總是滲透在同時代的文學創作之中，無論是內容上還是形式上都力求體現那些美的觀念；把那些美的觀念具體化。「和」作爲中國上古美學的一個重要範疇，當然要體現在作爲周代社會重要「政治法典」〔註62〕的《詩

───────────────

〔註62〕李山，《詩經的文化精神》，東方出版社，1997年版。

經》中了，尤以《詩經》音律表現最爲明顯，最爲直接。它是自始至終體現在《詩經》成詩和正詩過程中的。

　　要瞭解「和」對《詩經》音律生成的影響，還得從「和」自身談起。「和」實際上是人類遠古進化過程中的一種社會現象，前後經歷了人聲與人聲相和、人聲與樂聲相和兩個階段。人聲與人聲相和是一個漫長的歷史時期，「和」並不具有眞正意義上的美學價值，僅僅是以漢字記錄了初民的一種社會生活現象，不過它仍是「和」的審美理想之濫觴。漢字是形意文字，它爲我們今天對遠古社會意識形態的研究提供了可靠的理論依據。「和」也寫作「咊」（《玉篇・口部》），「咊」爲「和」古文，是一個形聲字，由形旁「口」和聲旁「禾」構成，這種優秀的構字法告訴我們，形旁「口」說明了「和」的義類，所以，《說文・口部》曰：「和，相應也，從口禾聲。」《廣韻・過韻》：「和，相應也。」由此可知，「和」的本義就是音聲相和，也就是呼應。《易・中孚》「鳴鶴在陰，其子和之」就是用的「和」的本義。呼曰聲，應曰音，故《禮記・樂記》云：「聲相應，故生變，變成方，謂之音。」《說文》亦云：「音，聲也，有節於外謂之音。」隨著社會的發展、人類的進化，在物質上滿足了人的需求以後，精神的需求成爲人類重要的追求目標，因而，眞正意義上的音樂萌芽了，它的標誌是樂器的產生。故「和」又可寫作「龢」，《說文・龠部》：「龢，調也。」段注「經傳多借和爲龢。」它也是一個形聲字，即從龠禾聲。「龠」是一種竹製樂器，《說文》：「龠，樂之竹管三孔以和眾聲也」，三孔以和眾聲，當然也能眾聲以和三孔，「眾聲」中除其他樂器之聲以外，還有至爲關鍵的「人聲」（歌聲），這從「和」一字兩體上看就很明白了，而從音樂產生發展的歷史來考察，聲樂與器樂相輔相依自古至今是中國音樂表現的主要模式。

　　從上面的討論可以看出，音聲相和至少具有三個方面的理論意義。首先，「和」的審美意識的產生是人類長期社會實踐的產物。辯證唯物主義和歷史唯物主義告訴我們，「首先是勞動，然後是語言和勞動一起，成爲兩個最主要的推動力，在它們的影響下，猿的腦髓就逐漸變成了人的腦髓；在腦髓進一步發展的同時，它最緊密的工具，即感覺器官，也進一步發展起來了。」〔註63〕這樣具有了自由自覺的本質力量和自觀自身能力的人類就誕生了，其勞動的協作性產生了語言的呼應，如舉重、獵狩、捕魚等等，都是在一呼一應之中完成的，流傳至今的打夯歌、拉網歌等都保持了它的始初面貌。另外，勞動中物物的相

〔註63〕《馬克斯思格斯選集・第三卷》，人民出版社，1972 年版，第 512 頁。

互碰撞發出的各種聲音激發了人類的靈感，取物造型，始作樂器，鼓而和之，始成音樂。其次，確立了「和」這一審美範疇的主客體關係。呼和應、音和聲兩相對立構成「和」的主體因素與客體因素的兩相對立。就「和」的生成狀態而言，主體因素依賴於客體因素而存在，客體因素依賴於主體因素而生成，兩相統一則生「和」。再次，「和」的審美效應已被初民所認識。音聲相和，即聲高則音高，聲低則音低，這本來是一種無意識的、最常見的生活現象，是由天道（自然界中陰陽對立統一規律）所生。《呂氏春秋‧大樂》云：「太一出兩儀，兩儀出陰陽，一上一下，合而成章。」這種原始的和諧一旦被人類所認識，就變得有目的性、有審美意義了。故《呂氏春秋》又云：「萬物所出，造於太一，化於陰陽。……形體有虛，莫不有聲，聲出於和，和出於適，先王定樂由此而生。」

「和」的這種原始表現形態在《詩經》中得到了最為藝術、最為完美、最為具體的體現，也就是說，《詩經》是配樂的歌詞，是聲、樂結合與聲、樂相和的理想化的產物。這一點應該沒有任何人懷疑了，自古至今有許多專家學者都論證過《詩經》詩、樂、舞三位一體的表現特徵，最為有力的論據莫過於季札觀樂和王國維的《釋樂次》。據《左傳‧襄公二十九年》記載，西元前五四四年吳公子季札出訪魯國，叔孫穆子請他觀賞魯國樂工為其演奏的周樂，即《詩三百》。「使工為之歌周南、召南……為之歌小雅……為之歌大雅……為之歌頌。」風、雅、頌三詩三百五篇歷次觀賞、歷次賞評，季札深感《詩經》美哉淵乎，最後歎為觀止「若有他樂，吾不敢請已！」國學大師王國維在深考周樂演奏程式後著有《樂詩考略‧釋樂次》，文中說按周樂演奏的程式，堂上之樂演奏完就是升歌，升歌之詩以《雅》、《頌》，接下來笙、詩合奏，最後是大合樂，合樂之詩為《風》。這就說明，「和」作為上古初民的一種生活表現形態到《詩經》時代或更早一些已昇華為一種藝術表現形態，其美學內涵也日漸豐富。

藝術作為一種滿足人類審美需求的精神產品，一個時代的藝術家總是利用各種藝術語言最明顯、最具體地表現一個時代的審美理想、審美追求、審美取向。《詩經》作為西周藝術的最高成就，當然毫不例外地體現了西周社會的美學精神，而其中滲透最為突出的是「和」的美學思想。中華民族的宇宙觀與人生觀都是以理想的和諧為旨歸，這種和諧又以中國哲學的陰陽調和與中正平和展示物態的美。

　　陰陽之說產生比較早，相傳伏羲時代所作的八卦符號「━」、「━━」即表示男女陰陽之別，作爲中國哲學的一個重要範疇則成熟於殷商時期的《周易》。陰和陽哲學意義是指兩種自然勢力的相互對立，基於天地，喻及男女，比方萬物。諸如否泰、上下、高低、強弱、疾徐等。然而，對立僅僅是哲學意義的一個方面，更爲重要的是強調陰陽有序，即陰陽統一、陰陽調和。和則變、變則生、生則善、善則美，美則有剛柔。清代桐城派文論家姚鼐《惜抱軒文集》卷四《海愚詩抄》序云：

> 吾嘗謂文章之源，本乎天地。天地之道，陰陽剛柔而已。苟有得乎陰陽剛柔之精，皆可以爲文章之美。陰陽剛柔並行而不偏廢，有其一端而絕亡其一，剛者至於僨強而拂戾，柔者至於頹廢而暗幽，則必無與文章者矣。然古君子稱文章之至，雖兼具二者之用，亦不能無所偏廢於其間，其故何哉？天地之道，協和以爲體，而時以奇出以爲用者，理固然也。

姚氏之言，至爲精確，文章之美——本於天地之道，陰陽之合，一有偏廢，則僨強頹廢，即不美。表現在語言音律上，音強音短音高音疾則爲陽爲剛，音弱音長音低音徐則爲陰爲柔，剛柔相濟，陰陽調和，音律則美矣。《左傳·昭公二十年》記載晏嬰在論及美在於「和」，即在於多樣性的統一時認爲：「先王之濟五味，和五聲也，以平其心，成其政也。聲亦如味，一氣，二體，三類，四物，五聲，六律，七音，八風，九歌，以相成也。清濁、小大、短長、疾徐、哀樂、剛柔，遲速、高下，出入、周疏，以相濟也。」相濟則是調和。

　　在《詩經》音律美學的構成上，陰陽調和以平仄音步的調和與韻腳進退的調和具有最突出的美學效應。劉勰說：「異聲相隨謂之和。」（《文心雕龍》）他認爲不同的聲音（音調）有規律地組合就是和諧。異聲，籠統而言之即平仄，它是兩相對立的因素，二者有機統一產生和諧美。一首詩的整個言句音律就是四個音節（《詩經》以四言爲主）的配合、對比、反襯、連續承繼而波動乃產生節奏構成的，這也是詩律美學效應生成的必然條件。就平仄的音質而言，平聲輕，仄聲重；平聲舒，仄聲促；平聲長，仄聲短；平聲揚，仄聲抑。《詩經》四言異聲相和的模式力求表達一種自然聲響的輕重律，不失天籟神韻，故有十四種之多。即平平仄仄（威儀棣棣）、仄仄平平（謂我何求）、平仄仄平（哀我小心）、仄平平仄（至于岐下）、平仄仄仄（三歲貫女）仄仄仄平（即庶即繁）、仄仄平仄（母氏勞苦）、平平仄平（民靡有黎）、仄平仄仄

（辟言不信）、平仄平平（風雨凄凄）、仄平平平（首如飛蓬）平平平仄（伊于胡底）、仄平仄平（墓門有梅）、平仄平仄（思媚其婦），等等組合模式的確立，就具有了相對均衡，模進對稱的音律美感。如《周南・關雎》第二章：

　　參差荇菜，左右流之。窈窕淑女，寤寐求之。

　　平平仄仄　　仄仄平平　　平仄平仄　　仄仄平平

平聲、仄聲兩種對立音值排列在一起，產生音差，這就是矛盾和鬥爭，但這種矛盾和鬥爭因平仄輕重音有規律的組合而統一，達到新的平衡，構成了《關雎》第二章平仄音步的和諧美。古希臘美學家赫拉克利特指出：「互相排斥的東西結合在一起，不同的音調產生最美的和諧，一切都是鬥爭所產生的。」〔註64〕故《尚書・堯典》云：「八音克諧，無相奪倫，神人以和。」

　　一首詩的音律要形成律場、律境，就必須把構成音律的諸因素整合起來，那就是前呼後應、此起彼伏、此伏彼起的韻腳。五味調和，才有最美的味覺，五色相映才有最美的視覺，諸韻相和，才有最美的聽覺。晏嬰說：「水、火、醯、醢、鹽、梅，以烹魚肉，燀之以薪，宰夫和之，齊之以味，濟其不及，以洩其過。君子食之，以平其心。」「水」、「火」、「鹽」、「梅」、「魚」、「肉」、「新」（薪）乃五味調和的諸要素，宰夫以和之，則成味美之羹，君子食之則其心平，詩人和之則成律美之詩，君子聽之，其心平也。詩是以意境（語詞之境）和律境（音律之境）共同表達思想感情的。意境有象，以語辭塑造之；律境有象，以聲音塑造之。韻腳進退的調和包括韻腳局部調和與韻腳整體調和兩方面。韻腳局部調和是以音節、音頓、音程、音勢為基礎，音節統一於音頓之中，音頓統一於音程之中（詩以一句為音程），音程統一於音勢（輕重緩急承接關係）之中，音勢統一於音韻之中。由此可知，詩是用韻統一於一體的，統一於一體，則謂之和。和，聚也，對立因素有機地聚合就是美。如《秦風・蒹葭》第一章：

　　蒹葭蒼蒼，白露為霜。所謂伊人，在水一方。

　　溯洄從之，道阻且長。溯游從之，宛在水中央。

「白露為霜」是四個音節，分為兩個平仄音頓「白露」、「為霜」，合為一個音程「白露為霜」。而「音勢」是一個抽象的概念，是上一個音程向下一個音程發展過渡的音效趨勢，或緩、或急，或輕、或重等均受上一音程音律的制約。比如「蒹葭蒼蒼」，這是四個平聲音節，兩個平聲音頓，一個平聲音程，聲音

〔註64〕人民大學，《西方美學家論美感》，商務印書館，1980年版，第15頁。

的洪細、飛沉只有清濁（發音部位分清濁）不同而略有變化，那麼其音效發展趨勢是下音程中一定會出現仄聲音節，這樣才能構成有起伏、有抑揚的音程模式，否則就是有音無律了，當然也不能產生對立統一的和諧美，所以，緊接而來的是「白露爲霜」——仄仄平平。然而音勢又統一於音韻之中，故全章以「蒼」、「霜」、「方」、「長」、「央」等音程中的同韻音節隔句相押融爲一體，構成整章音律的調和美。

詩句入韻爲進，不入韻爲退，進退裕如，前後呼應，迴環往復，這就是韻腳進退的整體調和，它把一首詩揉合成一個不可分割的藝術整體，造成一首詩具有相對穩定的結構形態，體現一種動態平衡美。《詩經》三百五篇常見的有五種韻格將句與句、章與章調和爲動靜互照、光色交輝的藝術晶體。一是富韻格，即在詩句的韻腳尾碼上一個沒有實義的音節助詞，以使韻色富饒，既追求一種韻律變化的美（韻腳同韻不同聲），又追求一種韻律統一的美（富韻音節聲韻俱同）。如「神之格思，不可度思，矧可射思。」「格」、「度」、「射」押鐸部韻，尾碼「思」以富之。二是密韻格，即詩章句句押韻，律動頻率很高，強烈的氣息間隔使呼吸急促，節奏的衝力不斷增強，一浪推一浪，韻律氣勢磅礴。三是易韻格，即詩章的韻腳由甲韻轉移到乙韻或更多的韻，少則一轉，多則十易。韻之相易多爲平聲調韻與仄聲調韻互易。平聲韻質輕靡，抒詠性強，精神狀態較鬆弛，個性溫和；仄聲韻質凝重，朗誦性強，精神狀態較緊張，個性冷峻。四是抱韻格，即一章之內首尾韻腳相同，中間另屬他韻，凡「抱」之境，往往綺麗清幽、情趣盎然，仄韻抱平韻則如群山抱水丘坎分明，風來雨去，波浪不驚；平韻抱仄韻則如碧水摟山，水色山光各得妙趣，煙波浩森，遠岫輕妝。五是中韻格，即詩章隔句押韻。韻律中和平穩，不疾不徐，感情的衝力沒有大起也沒有大落，詩人的思流變爲一種中速的、包含著相互影響的旋律和節奏拉力的詩歌的能量形式。《詩經》韻格很複雜，不可一一而論，在此僅以這五種常見韻格來說明韻腳調和所產生的審美效應以及「和」在詩歌押韻上的理想化。

繼陰陽調和的審美理想之後，儒家又在此基礎上提出了中和的審美理想。最早奠定中和美理論的是單穆公、伶州鳩、醫和等人的「適當之和」。他們耳聞和目睹了初民以降人類對聲、色、味的追求往往和動物的粗野的生理快感混在一起，特別是夏末殷商統治者對三者的追求更是荒淫無度，酒池肉林，長夜狂歡，毫無節制，所以，周初的思想家對人的生理、心理、社會各方面有了樸素

的審美認識，提出了「適當之和」的理論。「從對美的主觀感受來說，就是要對味、色、聲的粗野放肆的官能快感的追求同眞正的美感區別開來，從客觀的美的對象來說，就是要探索那能引起眞正美感的對象的構成規律。」〔註65〕單穆公認爲對聲、色的感受，必須符合人的聽覺、視覺器官的生理要求，講究適度，不會給生理器官造成有害的、過度的刺激，這樣，聲色就具有了審美效應。《國語·周語下》記載，周景王想鑄造一個巨大的鐘，其聲高爲無射，在古音十二律中僅次於應鐘，而且還要在它的上面加上一個發音爲大林的鐘，其音高比十二律中第八音林鐘之發音更高，單穆公以爲不妥，他說：

> 且夫鐘不過以動聲，若無射有林，耳弗及也。夫鐘聲以爲耳也，耳所不及，非鐘聲也。猶目所不見，不可以爲目也。夫目之察度也，不過步武尺寸之間；其察色也，不過墨丈尋常之間。耳之察和也，在清濁之間；其察清濁也，不過一人之所勝。是故先王之制鐘也，大不出鈞，重不過石。律度量衡於是乎生，大小器用於是乎出，故聖人愼之。今王作鐘也，聽之弗及，比之不度。鐘聲不可以知和，制度不可以出節，無益於樂，而鮮民財，將焉用之。

景王尚不明其就理，復問樂官州鳩，州鳩持相同看法，認爲「小者不窕，大者不木瓜，則和於物，物和則嘉成。故和聲入於耳而藏於心，心億則樂。」這就是說，鐘的聲音大小要適度，適度則生和，和則生美。是說和古希臘亞里斯多德在論述審美客體的大小對審美主體的影響時看法並無二致，他說：「一個非常小的活東西不能美，因爲我們的觀察處在不可感知的時間內，以至模糊不清；一個非常大的活東西，例如一個一千里長的活東西，也不能美，因爲不能一覽而盡，看不出它的整一性。」〔註66〕所以，《詩經》在言句音律的確定上在追求平仄調和的同時就是力求長短適中。

　　四言之句被視爲符合儒家審美理想的中和之聲。《詩經》全集305篇共計7284句，其中四言句有6667句，占全集總句數的92%，非四言句只占8%。這就充分說明《詩經》時代人們普遍認爲二、三言太促，五、六言太長，只有四言的旋律節奏最符合儒家的中和之美，才恰到妙處、才顯得中和平緩、不疾不徐，具有平和純正、音色豐富、轉折自然流暢的音律美，所謂「樂而

〔註65〕李澤厚、劉鋼紀，《中國美學史·第一卷》，中國社會科學出版社，1984年版，第56～57頁。

〔註66〕人民大學，《西方美學家論美感》，商務印書館，1980年版，第39頁。

不淫，哀而不傷」不僅僅是對詩歌內容的高度概括，同時也是對音樂形式的準確反映，音樂不過分，音長不宜傷。所以，孔子對魯國大師說：「樂，可知也，始作，翕如也；從之，純如也，皦如也，繹如也，以成。」（《論語・八佾》）這就是對四言詩樂演奏過程中平和效應的具體描述。鐘鼓既起，聞者翕然振奮，是爲四言詩樂之始；次之則八音齊奏，而因四言歌辭不長不短，使聲樂、器樂，堂上、堂下，互相應和純一不雜，音節樂節清晰可辨，音質沉穩雅正，無長句拖泥帶水之嫌，無短句驟起驟息之傷，一曲既始，前起後繼，絡繹相生而至樂終，整個旋律清和穩妥，不縱不驕，音律形象玉樹臨風，使人賞心悅目。爲了組合四言，《詩經》作者採用了許多方法，如添加音節襯字（薄言旋歸、母也天只；薄言、也、只，足句）、省略句子成份（誰其尸之，有齊季女。謂語省）、重疊語辭結構（無矢我陵，我陵我阿。賓語重疊）、緊縮復句結構（求之不得——轉折復句緊縮）等等。長期以來，《詩經》語言研究大都在四言的語法結構上大做文章，從來沒有認眞深究《詩經》爲什麼要以四言成句，實際上這是《詩經》時代中和審美理想在文藝創作中的滲透。

「中」作爲和諧的最美尺度，把詩樂的審美理想推到了最高境界，只有「中」這一對立統一的最佳點，才具有盡善盡美的聲音，盡善盡美的色彩，最適應人的審美生理、審美心理、審美精神，具有最佳的社會效果。因此，儒家的中和理論，把「中」當作審美判斷的核心。「『中』作爲一個與『和』相關的概念，既有相同之處，也有不同的地方。『和』把雜多與對立的事物有機地統一起來，而『中』則是，指在『和』的基礎上所採取的居中不偏、相容兩端的態度。就主張將矛盾的各方面統一起來說，二者具有同一性，但『和』偏重於事物的調和統一，而『中』推崇事物所達到的最佳狀態，所以它一方面指客觀事物的存在狀態，另一方面又指人的處事準則、立場、原則和方法。」〔註67〕中和具體落實到藝術審美中，要求藝術處處都應當把各種對立因素、對立成分和諧地統一進來，不可片面地強調一個方面而否定另一個方面，並且這種強調要恰到好處，不可失之「中」。「中也者，天下之大本也，和也者，天下之達道也。至中和，天地位焉，萬物育焉。」（《禮記・中庸》）就這一點來說中聲（字音聲調高低）的確定要比中句（四言句）的確定要複雜得多。

中聲就是要求字音大小有度，過小聽而不聞，過大而生痰，也就是「夫音亦有適。太巨則志蕩，以蕩聽鉅則耳不容，不容則橫塞，橫塞則振（按：

〔註67〕袁濟喜，《中國古典審美理想》，人民出版社，1989年版。

震也）；太小則志嫌，以嫌聽小則耳不充，不充則不詹，不詹則宛（按：空虛也）。」（《呂氏春秋‧仲夏紀‧適音》）所以，爲了使《詩經》合禮合樂，在四聲尚沒有產生的上古時期人們致力於尋找一個適合中和標準的不大不小的「中聲」。何謂「中聲」？《適音》又曰：「衷，音之適也。何謂衷？大不出鈞，重不過石，小大輕重之衷也。」「衷」就是「中」的意思，不偏不倚，無過無不及，但它所言之『鈞』、「石」不過是比喻之辭而已。實際上，在四聲產生以前，古人是以──宮、商、角、徵、羽五音來確定所謂中和之聲的。清代學者江永說：「前人以宮商角徵羽五字狀五音之高下大小，後人以平上去入四字狀四聲之陰陽流轉。」〔註68〕阮元也認爲「古人之所謂宮羽，今人所言之平仄也，」〔註69〕既然前人以五音確定語音的大小，那麼五音又是怎樣確定聲音大小的呢？《管子‧地員篇》載曰：

> 凡將起五音，凡首，先主一而之三，四開以合九九，以是生黃鍾（按：基礎音）小素之首，以成宮。三分而益之以一，爲百有八，爲徵。不無有，三分而去其乘，適足以是生商。有三分而復於其所，是以成羽。有三分去其乘，適足以是成角。

這種制定律例的法則是根據絃或管的長度三分損益來計算的，振幅大則振數小，聲洪而不細；振幅小則振數大，聲細而不洪。從《管子》三分損益法的計算中，我們可以瞭解到五音中以「宮」音最大，以「羽」音最小，所以《國語，周語下》有所謂「大不逾宮，細不逾羽」的說法，意思很明顯，詩歌在擇字用聲時只有取「宮羽」之間的音才是平和之聲。伶州鳩說「細大不逾曰平」，〔註70〕《詩經》就是嚴格地按照這一標準來審字辨聲的，故《荀子‧勸學篇》歎道：「《詩》者，中聲之所止也。」這樣，《詩經》的聲律（語言音律）和樂律（樂曲音律）在無意識下達到了最完美的統一。所以，《國語‧周語下》云：

> 夫樂不過以聽耳，而美不過以觀目。若聽樂而震，觀美而眩，患莫甚焉。夫耳目，心之樞機也，故必聽和而視正。聽和則聰，視正則明。聰則言聽，明則德昭。聽言德昭，則能思慮純固。以言德於民，民歆而德之，則歸心焉。上得民心，以殖義方，是以作無不濟，求無不獲，然則能樂。夫耳內和聲，而口出美言，以爲憲令，而布諸

〔註68〕江永，《音學辨微》。

〔註69〕阮元，《文韻說》。

〔註70〕《國語‧周語下》。

民，正之以度量，民以心力，從之不倦，成事不貳，樂之至也。口
內味而耳內聲，聲味生氣。氣在口爲言，在目爲明。言以信名，明
以時動。明以成政，動以殖生，政成生殖，樂之至也。若視聽不知，
而有震眩，則味入不精，不精則氣佚，氣佚則不和。於是乎有狂悖
之言，有眩惑之明，有轉易之名，有過慝之度。出令不信，刑政放
紛，動不順時，民無據依，不知所力，各有離心。上失其民，作則
不濟，求則不獲，其何以能樂？

四、《周易》隱詩爲《詩》律生成提供了表現基礎

　　詩歌，是一種古老的文學體裁，它的胚芽隨著勞動號子的產生而產生，
其成熟過程大約在舊石器時代中、晚期起步，到我國第一個統一奴隸制王朝
──夏朝建立爲止，經歷了三個時期、四個階段。〔註71〕（一）原始詩歌（原
始詩歌是指人類始初期階段隨著勞動而產生的那些章句簡約、節奏樸素、即
興性、實用性強的詩歌。）的孕育或發生期，這一時期相當於舊石器中、晚
期，即我國傳說中的燧人氏時代或稍晚，詩歌的基本形態是從最早胚種──
勞動呼聲爲主，屬於一種「半詩歌」或「前詩歌」階段；（二）原始詩歌時期，
相當於新石器時代前、中期或稍晚，即傳說中的伏羲、神農、黃帝、堯、舜
時代。這個時期的詩歌形態明顯分爲兩個階段：一是再現生產過程和傳授眞
知的勞動詩歌階段；二是彌漫著原始巫術、宗教色彩的祭歌咒語和圖騰階段。
前者最突出的特點是「眞」，後者最突出的特點是「幻」，這種「眞」、「幻」
結合的特點構成了我國原始詩歌發展的典型特徵；（三）原始詩歌的成熟期，
這一時期已臨階級社會的前夜，即傳說中的大禹時代。此時已出現了抒情詩
歌，〔註72〕情歌的出現導致了漢語詩歌第一次飛躍，使上古詩歌逐漸由重寫
實向重表現發展，標誌著原始詩歌的成熟，歷夏之後原始詩歌有了進一步的
發展，這些詩歌大都散見於先秦經典，而《周易》是集大成者。

　　長期以來，學術界、文學界都眾口一詞地認爲大約在西元前六世紀周代
成熟的《詩經》是中國文學史上第一部詩集，「這不僅不符合中國古代詩歌發

〔註71〕　參見張松如，《中國詩歌史・先秦兩漢部分》，吉林大學出版社，1989 年 7 月，
　　　　　第一版。
〔註72〕　中國原始詩歌中最早可知的情歌是「候人兮猗」、「燕燕于飛」，它們收錄在《呂
　　　　　氏春秋・音初》之中。

展的實際，也有意或無意地推遲了中國詩歌的發萌期，更無從解釋爲什麼第一部詩歌總集就會呈現出那樣斑爛多彩、整齊和諧的面貌。」〔註 73〕其實，早在西元前十一世紀成書的《周易》就隱含了一部詩集，比《詩經》的出現早四、五百年。（關於《周易》產生的年代，學術界尚有爭議，《易》之名已見於《左傳・襄公九年》：「姜曰：『亡，是於《周易》曰：《隨》，元亨利貞，無咎。』。」又《昭公七年》孔成子「以《周易》筮之」的記載，說明《易》最晚也在春秋時期已經出現了，一般比較通行的看法是出現在西元前十一世紀前後。）

毫無疑問，《周易》是上古先民用於卜筮、根據卦象詢問吉凶的典籍，有卦、爻辭 448 則，其中大約隱含了 180 首相當成熟的原始詩歌。從內容上考察，隱詩涉及了上古先民政治、法律、軍事、獵狩、商旅等社會生活內容，它是上古先民的一部文化史。如下依次各舉二例以明之。

《坤・六三》：或從王事，無成有終。

《師・上六》：大君有命，開國承家，小人勿用。

《蒙・初六》：利用刑人，用説桎梏。

《訟・九二》：不克訟，歸而逋。其邑人三百戶。

《同人・九三》：伏戎于莽，升其高陵，三歲不興。

《離・上九》：王用出征，有嘉折首，獲匪其醜。

《歸妹・九四》：歸妹愆期，遲歸有時。

《賁・六四》：賁如皤如，白馬翰如。

《師・九四》：田有禽，利執言。

《明夷・九三》：明夷于南狩，得其大首。

《旅・九四》：旅于處，得其資斧，我心不快。

《泰・九二》：朋亡，得尚于中行。

從音律上考察，較之《詩經》成熟的音律特點，可分爲多章詩與單章詩。多章詩是指一卦六爻或其中數爻隱含一首詩，以重章爲標誌；〔註 74〕單章詩是

〔註 73〕盛廣智，《詩經三百精義述要》，東北師範大學出版社，1988 年 12 月，第一版，第 19 頁。

〔註 74〕參見本書第三章《構成論・詩章複沓音律》。

指某一爻的爻辭以詩構成，它們又可分爲詩與準詩兩大類。作爲詩，要求言句字數相若，節奏鮮明，韻字前後呼應，具有情感張力，充滿豐富想像，形象性強，語辭和音律雙向建構完美統一。如：

泰·九三

　　无平不陂，无往不復，艱貞无咎，勿恤其孚。

无妄·六三

　　无妄之災，或繫之牛，行人之得，邑人之災。

中孚·九二

　　鳴鶴在陰，其子和之，我有好爵，吾與爾靡之。

剝·上九

　　碩果不食，君得德車，小人剝廬。

晉·六二

　　晉如愁如，受茲介福，于其王母。

這些爻辭除《剝·九三》「君得輿」之外，全部是整齊一律的四言句，並且韻腳規整，作爲詩可以說相當成熟了。至於準詩，一般要求語句相對比較整齊，言句內在旋律優美，即平仄字調抑揚有致，或語辭相應重複，或間有雙聲、疊韻、重言等特殊音質的辭彙，並且表現上情感較豐富，形象較生動，祇是缺少詩歌的韻腳呼應。如：

　　《小畜·九五》　　有孚攣如，富以其鄰。

　　《家人·九三》　　家人嗃嗃，婦子嘻嘻。

　　《井·初六》　　　井泥不食，舊井无禽。

　　《恒·九三》　　　不恒其德，或承之羞。

對音律的特別要求是詩歌區別於其他文學體裁的重要標誌，既然《周易》隱含一部詩集，其詩歌的音律究竟表現在哪些方面呢？較之「第一部」成熟的詩集《詩經》，可從章法結構、言句生成、音律格局、語詞運用等四個方面探討之。

　　統觀《周易》隱詩的章法結構，大都以隱於爻辭之中的單章詩爲主，也有爲數不少的多章詩，它們隱於一卦六爻或數爻之中，每爻爻辭構成某詩的一章。這種說法的依據是它們是以疊詠章法生成的，疊句構成詩歌的主旋律，整合六章或數章的意境，以增強爻辭藝術的感染力。讀者平心靜氣涵詠此詩，餘音嫋嫋，若遠若近，忽斷忽續，具有一種山重水複、柳暗花明的音律美感。

當然，就爻辭本身來說，更易於記憶，更易於流傳，這也是所有韻文的特點。

隱詩六章疊詠或部分疊詠的有：

《蒙》（初九、九二、六四、六五、、上九）

《需》（初九、九二、九三、六四、九五、上六）

《訟》（九二、九四）

《比》（初六、六二、九三、上六）

《小畜》（六四、九五）

《履》（九二、九四）

《否》（六三、九五）

《同人》（初九、六二、上九）

《謙》（初六、九三）

《隨》（六二、六三）

《蠱》（初六、九二、九三、九四、六五）

《臨》（初九、九二、六三、六四、六五、上六）

《觀》（初六、九二、九三、六四、六五）

《噬嗑》（六二、六三、九四、六五）

《賁》（初九、九二、九三、六四、六五）

《剝》（初六、六二、六四）

《復》（初九、六二、六三、六四、上九）

《大過》（九二、九三、九四、九五）

《坎》（九二、九五）

《咸》（初六、六二、九三、九五、上六）

《恒》（九三、六五）

《遯》（九三、九四、九五、上九）

《晉》（初六、六二、九四）

《明夷》（初九、六二、九三）

《睽》（九四、上九）

《蹇》（初六、九三、六四、上六）

《損》（九二、上九）

《益》（六二、六三、上九）、

《夬》（初九、九三）

《姤》（九二、九四）

《困》（初六、九二、九三、九四、九五、上六）

《井》（初六、九二、九三、九四、九五、上六）

《鼎》（初六、九二、九三、九四、六五、上九）

《震》（六二、六三、九四、六五、上六）

《艮》（初六、六二、九三、六四、六五）

《漸》（初六、六二、九三、六四、九五、上九）

《歸妹》（初九、六三、九四）

《豐》（六二、九三、九四、上六）

《巽》（九二、上九）

《兌》（六三、九四、上六）

《渙》（六三、六四、上九）

《節》（初九、九二）

《小過》（九三、上六）

《既濟》（初九、上九）、

《未濟》（初六、上九）

如：

漸

　　鴻漸于干，有言无咎。（第一章　初六）

　　鴻漸于磐，飲食衎衎。（第二章　六二）

　　鴻漸于陸，夫征不復。（第三章　六三）

　　鴻漸于木，或得其桷。（第四章　六四）

　　鴻漸于陵，婦三歲不孕。（第五章　九五）

　　鴻漸于陸，其羽可用爲儀。（第六章　上九）

歸妹

　　歸妹以娣，跛而履。（第一章　初九）

　　歸妹以須，反歸以娣。（第二章　六三）

　　歸妹愆期，歸遲有時。（第三章　九四）

大過

　　枯楊生稊，老夫得其女妻。（第二章　九二）

　　枯楊生華，老婦得其士夫。（第五章　九五）

《周易》隱詩疊詠體以類似《漸》、《歸妹》形式居多，即不完全句疊詠體，這大概與隱詩章句簡約有關。「于干」……「于陸」遞相變化，既有主旋律的對應之美，又豐富了詩章意蘊。例《大過》形式不多見，即完全句疊詠體，整句「枯楊生稊」遞相重疊，每章旋律主體鮮明，重心突出。繼《周易》之後的《詩經》就充分借鑒了這兩種疊詠章法，並且更臻完善。據向熹先生統計《詩經》305 篇有完全句疊詠體、不完全句疊詠體 183 篇，占總數的 60% 以上，〔註 75〕可見《周易》隱詩這種音律章法的建構對後世詩歌影響是相當大的。如《詩·鄘風·相鼠》：「相鼠有皮，人而無儀。」（首章前兩句）、「相鼠有齒，人而無止。」（次章前兩句）、「相鼠有體，人而無禮。」（末章前兩句），又如《詩·邶風·泉水》「出宿于泲，飲餞于禰。」（末章前兩句）、「出宿于干，飲餞于言。」（第三章前兩句），等等，都是不完全句疊韻體。至於完全句疊詠體就不勝枚舉了。〔註 76〕

　　中和之美產生於儒家思想走上統治地位的春秋時期，「樂而不淫，哀而不傷」的文藝審美標準，其中就包含了詩歌四言的審美理想。一般來說，詩章旋律節奏的快慢緩急，是由詩句長短、韻腳疏密決定的。句短、韻密則急促緊迫，句長、韻疏則平和舒緩。四言不長不短，不虧不淫，與儒家中庸之道神氣相依，不過它並不生成於春秋之際而是《周易》之代已廣泛使用，祇是春秋成集的《詩經》在儒家中和美的約束下將四言發揮到極至罷了。雖《易》版本繁多，句讀不盡同一，但共通普斷的四言韻語毫無疑問是《周易》隱詩的主要言句形式。如：

　　係用徽纆，寘于叢棘，三歲不得凶。（《坎·上六》）

　　无平不陂，无往不復，艱貞无咎。勿恤其孚，于食有福。（《泰·九三》）

　　困于酒食，朱紱方來，利用享祀。（《困·九二》）

　　臀无膚，其行次且，牽羊悔亡，聞言不信。（《夬·九四》）

　　小人用壯，君子用罔，貞厲。羝羊觸藩，羸其角。《大壯·九三》）

〔註 75〕見向熹，《詩經語言研究》，四川人民出版社，1987 年 4 月，第一版。
〔註 76〕參見本書《構成論·詩章復沓音律》。

—91—

從語法結構上分析，《易》辭爲了達成四言句，使節奏中和柔美，採用了添加襯字、重複語詞、省略成分、緊縮結構等手段，爲《詩經》四言組合提供了借鑒手段。

　　諸般四言構成法中，以添加音節襯字最爲常見。這些襯字沒有語詞意義，只有結構意義，起湊足四言音節的作用。如「明夷于飛，君子于行」（《明夷‧初九》）、「來之坎坎」（《坎‧六三》）、「或從王事」（《咸‧九四》）、「朋至斯孚」（《解‧九四》）、「其行次且」（《夬‧九四》）、「朋從爾思」（《否‧九五》）、「日閑輿衛，利有攸往」（《大畜‧九三》）等，〔註77〕均有一個沒有實義的音節助詞介入，其目的完全是爲了湊成四言句。本來「明夷飛，君子行」、「來坎坎」、「朋從爾」、……「利有往」已傳情達意，但仍以「于」、「之」、「或」、「斯」、「且」、「思」、「日」、「攸」諸音節添之，使言句上下整齊劃一，前後對稱，與《詩經》中「鴻雁于飛」（《小雅‧鴻雁》）、「予之佗矣」（《小雅‧小弁》）、「鹿斯之奔」（《小雅‧小弁》）、「爾牛來思」（《小雅‧無羊》）、「日殺羔羊」（《豳風‧七月》）、「髦士攸宜」（《大雅‧棫樸》）等襯字格局毫無二致。〔註78〕

　　其他三種方法重複語詞、省略成分、緊縮結構相對添加襯字來說就比較少見了。重複語詞此處是指同一虛詞在四言句中前後疊用，即 ABAD 式，和同一片語在四言韻句中前後重複，即 ABAB 式。音律上，因重複音的節律出現，變中求同，此伏彼起，旋律感特別強烈。如（附《詩》比較例句）：

《易‧萃‧初六》乃亂乃萃
《詩‧小雅‧斯干》乃寢乃興

《易‧兌‧六三》或鼓或罷
《詩‧小雅‧甫田》或耘或耔

《易‧小畜‧上九》既雨既處
《詩‧小雅‧大田》既種既戒

《易‧否‧九五》其亡其亡
《詩‧唐風‧采苓》采苓采苓

（前三例爲 ABAD 式，後一例爲 ABAB 式）
省略構句法是省去語句的某些構句成分律長言爲四言。如「君子于役，（君子）

〔註77〕凡以上標示的音節均爲襯字。
〔註78〕參見本書第三章《構成論‧詩句中和音律》。

三日不食」（《明夷‧初九》），主語「君子」承上省略；「其亡其亡，繫（之）于包桑」（《否‧九五》）代詞賓語「之」省略；「无妄之災，或繫之（于）牛」（《无妄‧六三》），介定「繫」之對象的「于」省略。緊縮句子結構是以單句形式表達複句內容，分句之間雖無語頓，但仍具有兩個分句語意層。例如「夫征不復」（《漸‧九三》），語意是如果出征，就不能回來了（戰死沙場），假設複句緊縮；「舊井無禽」（《井‧初九》）是說因為井乾涸了，所以飛鳥不至，因果複句緊縮；「聞言不欣」（《夬‧九四》）的意思是雖然聽到了這種說法，但不相信，轉折複句緊縮；「或泣或歌」（《兌‧六三》）的意思是有的人哭泣，有的人歌唱，並列複句緊縮，等等，常見的複句關係均有緊縮現象，不復贅述。總之，後三種構句法雖在《周易》中使用不是十分普遍，但已相當成熟，對《詩經》造句產生了深遠影響。〔註79〕

押韻是區別於其他文學體裁的主要標誌。「夫韻，歌詩之輪也，失之一輪，則全輿不行。」〔註80〕詩歌韻字忽進忽退，相互作用，從形式上指導每章詩整合為一體，創造一個完美的樂境以增強語言流暢、和諧、悅耳的音樂美，增強整個詩歌意境的藝術感染力，造成一種迴環往復、綿延依偎的音律效果，這也是斟別《周易》隱詩和非隱詩的重要依據。系統分析隱詩的押韻問題，我們瞭解到《易》後《詩經》的所謂富韻格（亦即句中押韻式）、密韻格（亦即句句押韻式）、中韻格（亦即隔句押韻式）、疏韻格（亦即遙韻式）、轉韻格（亦即易韻式）等在《易》詩中均已相繼產生。〔註81〕如：

（1）莫益**之**，或擊**之**。（《益‧上九》）

（2）弗過**防之**，從或**戕之**。（《小過‧九三》）

（3）見豕負**塗**，載鬼一**車**。先張之**弧**，後說之**壺**。（《睽‧上九》）

（4）鴻漸于**陸**，夫征不**復**，婦孕不**育**。（《漸‧九三》）

（5）困于**石**，據于蒺**藜**，入于其**宮**，不見其**妻**。（《困‧六三》）

（6）明夷于**飛**，垂其**翼**，君子于**行**，三日不**食**。（《明夷‧初九》）

（7）包**荒**，用馮**河**，不遐**遺**，朋**亡**，得尚于中**行**。（《泰‧九二》）

（8）日昃之**離**，不鼓缶而**歌**，則大耋之**嗟凶**。（《離‧九三》）

（9）女承筐无**實**。士刲羊无**血**。（《歸妹‧上六》）

〔註79〕參見李荀華，《詩經四言組合的文化緯度》，載《南都學壇》，1992年，第一期。
〔註80〕《唐音癸籤》。
〔註81〕參見本書第三章《構成論‧詩韻回環音律》。

（10）賁如皤如，白馬翰如，匪寇婚媾。（《賁‧六四》）

例（1）、（2）為富韻格。富韻者，使韻富也，也就是使韻更寬更廣，更加圓潤醇美，韻色富饒，韻致纖軟。本來兩例句言、韻止於「益」、「擊」；「防」、「戕」，但其後復加一個輕靡婉約的虛詞音節「之」，既追求一種韻味變化之美，又追求一種韻味統一之美，富韻格的韻律是柔美與壯美的統一。因此，其韻式廣為《詩經》所借鑒，全集計 260 餘處。〔註82〕如《衛風‧河廣》「誰謂河廣，一葦杭之，誰謂宋遠，跂予望之」。例（3）、（4）是句句押韻，韻腳密落，律動頻率很高，強烈的氣息間隔使呼吸急促，節奏衝力增強，如大河直下，滔滔不息滾滾而來。「塗」、「車」、「弧」、「壺」、四韻連押，「陸」、「復」、「育」三韻不歇，長氣貫出，一氣呵成，韻律顯得非常氣勢。例（5）、（6）隔句押韻，律動時值比句句押韻延長一倍，顯得中和平穩，不疾不徐，「藜」、「妻」進退自如，「翼」、「食」相得益彰，張力大小適度，返復時有較大的變化空間，內涵更豐富，生命力更強，韻味更濃郁，故成為後世詩歌主要的押韻模式。例（7）、（8）「亢」、與「亡」、「離」與「差」遙相呼應，虛無綿渺，律動時值大，律動頻率低，韻字若有若無、若隱若現，恰似空谷回音、暗流虛度，具有獨特的韻味。例（9）、（10）是轉韻格，「筐」、「實」、「羊」、「血」平仄遞嬗互押，「皤」、「翰」、「寇」、「媾」前後易換，因平聲韻質輕靡，抒詠性強，個性溫和，仄聲韻質凝重，朗讀性強，個性冷峻。兩者同時使用整合詩的韻境，情與物遊，韻隨情轉，韻味醇厚幽遠。（參見本書第三章《構成論‧詩韻迴環音律》。）

具有特殊音質的辭彙，包括重言、雙聲、疊韻的選擇使用是構成詩歌音律美的基本手段（本書只論及重言）。上古漢語中，以單音節詞為主，為重言的組合提供了有利的條件，幾乎所有的虛實詞都可以變通疊詞形式。《周易》隱詩首先利用這一構詞優勢，以其摹聲狀物，描靜寫動，使隱詩的音律感更強，旋律更優美。重言的特殊音質，是利用聲（紐）韻（部）部的交替重複演構成一種樂律綿延之美。〔註83〕全《易》隱詩共 24 見。

1. 君子終日乾乾，夕惕若。（《乾‧九三》）
2. 長子帥帥，弟子輿尸。（《師‧六五》）
3. 履道坦坦，幽人貞吉。（《履‧九二》）

〔註82〕據向熹，《詩經語言研究》統計。
〔註83〕參見本書第三章《構成論‧重言綿延音律》。

4. 履虎尾，愬愬終吉。(《履‧九四》)

5. 翩翩，不富以其鄰，不戒以孚。(《泰‧六四》)

6. 謙謙君子，用涉大川。(《謙‧初六》)

7. 賁于丘園，束帛戔戔。(《賁‧六五》)

8.9. 虎眎眈眈，其欲逐逐。(《頤‧六四》)

10. 來之坎坎，險且枕。(《坎‧六三》)

11. 憧憧往來，朋從爾思。(《咸‧九四》)

12. 家人嗃嗃，婦子嘻嘻。(《家人‧九三》)

13. 王臣蹇蹇，匪躬之故。(《蹇‧六二》)

14. 君子夬夬，獨行遇雨。(《夬‧九三》)

15. 莧陸夬夬，中行无咎。(《夬‧九五》)

16. 來茶茶，困于金輿。(《困‧九四》)

17. 无喪无得，往來井井。(《井‧卦辭》)

18.19. 震來虩虩，笑言啞啞。(《震‧卦辭》)

20. 震蘇蘇，震行无眚。(《震‧六三》)

21.22. 震索索，視矍矍。(《震‧上六》)

23. 鴻漸于磐，飲食衎衎。(《漸‧六二》)

24. 旅瑣瑣，斯其所取災。(《旅‧初六》)

重言在詩歌的結構上起足句作用，使上下（句）協調，前後（句）對稱，詩歌的樂感增強。語意上寫物圖貌，匠心獨運，「憧憧」表往來貌、「謙謙」謂君子之風、「啞啞」狀言笑之態、「蘇蘇」摹雷動之聲、「逐逐」畫貪婪之象、「嘻嘻」言闔家之樂、「坎坎」描舉步之狀……。如果說重言在《易》詩中使用尚不普遍的話，《詩經》中則比比皆是，據王顯《詩經中跟重言相當的「有」字式、「其」字式》統計共 574 個，共使用 678 次。

總之，《周易》卦辭、爻辭約 180 餘條具備了如上四個方面的音律特點，所以稱之為詩歌是完全成立的，《易》隱含一部詩集也是無庸置疑的，它是中國文學史上第一部詩集，對《詩經》音律的形成產生了深遠影響，為《詩》音律的形成提供了表現基礎。

第三章 構成論：音律是建構詩歌諸元素整合的產物

第一節 詩句中和音律

　　詩歌言句的發展是隨著語言的發展和人類審美認識的提高而發展的。在語言落後、審美水準低下的遠古時期，詩歌多爲拙樸的兩言詩，春秋之紀則發展到四言時代，《詩經》是上古最爲成熟的四言詩集。西周之世中和的美學思想深入人心，凡事遵循中庸之道，追求一種不偏不倚的中和美。在語言上，一般認爲四字言句音律古樸自然、音質舒促相得，與人的生理功能節奏一致，具有不長不短、不驕不怠之美，因此，在《詩經》言句的建構上，戮力以四言作爲詩篇的基本單位。常用的方法有三種：添加音節、省略音節、重複音節。而且，這些特殊方法組合的四言詩句，產生了言句特殊的音律效應和強烈震撼的音律美感。

　　《詩經》在言句的組合上以四言爲主，孔穎達《周南・關雎》正義云：「詩經句字之數，四言爲多。」全集 305 篇計 7284 句，其中四言 6636 句，約占92%。比較起來風、雅、頌四言與雜言的分佈比率不盡相同，大雅、小雅、頌四言比率較高，國風比率較低。列表如下：

	總　句　數	四　言　句　數	百　分　比
風　詩	2618	2236	85.4%
小　雅	2316	2211	95.6%
大　雅	1616	1504	93.1%
頌　詩	734	685	93.4%

　　《詩經》以四言爲主，是儒家中和美在詩歌言句建構上的具體表現。一般來說，詩歌作者情感張力最直接的音律體現就是詩句。張力強，詩句短，張力弱，詩句長，句短則節奏急促緊迫，句長則節奏平和舒緩，所以，一首詩的整體節奏的快慢緩急是由詩句的長短決定的。《詩經》四言之句不急不怠，款款而來，款款而去，無兩言、三言之窘迫，無五言、六言之綿邈，亭亭優雅，窈窕矜持。荀子說：「先王惡其亂也，故制〈雅〉、〈頌〉之聲以道之，使其聲足以樂而不流，使其文足以辨而不諰，使其曲直、繁省、廉肉、節奏足以感動人之善心，使夫邪汙之氣無由得接焉。」〔註1〕先王立雅頌之聲的標準就是足以樂而不「流」，足以辨而不「諰」，「所惡於上，毋以使下；所惡於前，毋以見後；所惡於後，毋以從前；所惡於右，毋以交左；所惡於左，毋以交右。」（《中庸》）樂而不流也者，樂而不淫也，不左不右、不上不下、不前不後，適度而不過分，故多以四言以至中和。我們從上表統計中可以知道，出自宮廷大夫、樂師、文人的雅詩、頌詩四言句與雜言的比率更高，這就說明文人的詩歌創作具有更強的審美原則性。《大雅・桑柔》十六章112句有111句是整齊一律的四言句，縱觀中國詩歌歷史，自古洎今，如此長篇巨製均用四言，並不多見。

　　　　菀彼桑柔，其下侯旬。捋采其劉，瘼此下民。
　　　　不殄心憂，倉兄填兮。倬彼昊天，寧不我矜。

　　　　四牡騤騤，旟旐有翩。亂生不夷，靡國不泯。
　　　　民靡有黎，具禍以燼。於乎有哀，國步斯頻。

　　　　國步蔑資，天不我將。靡所止疑，云徂何往。
　　　　君子實維，秉心無競。誰生厲階，至今爲梗。

　　　　憂心慇慇，念我土宇。我生不辰，逢天僤怒。
　　　　自西徂東，靡所定處。多我覯痻，孔棘我圉。

　　　　爲謀爲毖，亂況斯削。告爾憂恤，誨爾序爵。
　　　　誰能執熱，逝不以濯。其何能淑，載胥及溺。

　　　　如彼遡風，亦孔之僾。民有肅心，荓云不逮。
　　　　好是稼穡，力民代食。稼穡維寶，代食維好。

　　　　天將喪亂，滅我立王。降此蟊賊，稼穡卒痒。
　　　　哀恫中國，具贅卒荒。靡有旅力，以念穹蒼。

〔註1〕《荀子・樂論》。

維此惠君，民人所瞻。秉心宣猶，考慎其相。

維彼不順，自獨俾臧。自有肺腸，俾民卒狂。

瞻彼中林，甡甡其鹿。朋友已譖，不胥以穀。

人亦有言，進退維谷。

維此聖人，瞻言百里。維彼愚人，覆狂以喜。

匪言不能，胡斯畏忌。

維此良人，弗求弗迪。維彼忍心，是顧是復，

民之貪亂，寧為荼毒。

大風有隧。有空大谷，維此良人。

作為式穀，維彼不顧，征以中垢。

大風有隧，貪人敗類。聽言則對，誦言如醉。

匪用其良，覆俾我悖。

嗟爾朋友，予豈不知而作。如彼飛蟲，時亦弋獲。

既之陰女，反予來赫。

民之罔極，職涼善背。為民不利，如云不克。

民之回遹，職競用力。

民之未戾，職盜為寇。涼曰不可，覆背善詈。

雖曰匪予，既作爾歌。

為了符合中和審美之大法，《詩經》在言句建構上千方百計將非四言改寫成四言。常見的有添加音節、省略音節、重複音節等方法，它們促成了單音節詞雙音化，雙音節詞、三音節句、多音節句四言化，改變了單音詞、三音節句短促激烈的旋律結構，使之柔和平軟；修正了長言短句上下失調、前後失諧的「音律缺點」，〔註2〕使詩篇章句整齊劃一、音律和諧優美，首尾均衡，上下對稱，前後混同。

一、添加音節建構四言

　　添加音節襯字是《詩經》諸篇構成四言的主要方式。音節襯字，自古以來

〔註2〕所謂「音律缺點」是針對《詩經》時代追求四言中和美而言的。實際上，《詩經》以後的雜言詩具有更優美的旋律，這是因為各個時代對音律的審美認識不同而產生的審美差異性。

稱謂繁多，如語辭、語助、發語詞、發音詞、襯音詞、襯字、音節詞、前附詞、後附詞、詞頭、詞尾等。在《詩經》中，不管其名謂如何，它們的作用只有一個，就是使單音詞、雙音節詞、三音節句四言化。如「歸」改成「曰歸曰歸」（《小雅‧采薇》）以曰襯之；「采芑」改造成「薄言采芑」（《小雅‧采芑》），以「薄言」襯之；「子之歸」改造成「之子于歸」（《周南‧桃夭》）」，以「于」襯之。實際上，音節襯字不存在語辭意義，只具備結構意義。在音律結構上，因音律結構的改變，對聲情表現起補充、加深、豐富或隱襯、反襯、對比等作用，而且，因聲音上下不受陳述關係的約束，襯字可以充分自由地發揮對情感的穿透力，也就是說在襯字的選擇上具有更強的靈活性。在句法結構上，起足章、足句、足詞的作用，而且，因襯字字音的靈活性，它們具有非凡的生成能力，超強的被支配性，使詩句通篇劃一，音律中和迭宕。就句中位置而言，或襯於句首，如「云誰之思」（《邶風‧簡兮》）、「曰至渭陽」（《秦風‧渭陽》；或襯於句中，如「道之云遠」（《邶風‧雄雉》）、「昊天曰明」（《大雅‧板》）「云」、「曰」均是襯字；或襯於句尾，如「不可泳思」（思，襯字。《周南‧漢廣》）、「曰父母且」（且、曰，襯字。《小雅‧巧言》）。就句法位置而言，多在動詞、代詞、形容詞、名詞之前，如「四方攸同」（《大雅‧文王有聲》），「攸」襯於動詞「同」之前；「云何不樂」（《唐風‧揚之水》），「云」襯於代詞「何」之前；「其湛曰樂」（《小雅‧賓之初筵》），「曰」襯於形容詞「樂」之前；「維鵲有巢」（《周南‧鵲巢》），「維」襯於名詞「鵲」之前。也常見於動詞、名詞、代詞、形容詞之後，如「勉爾遁思」（《周南‧白駒》），「思」襯於動詞「遁」之後；「母也天只，不諒人只」（《鄘風‧柏舟》），「只」襯於名詞「天」、「人」之後；「不遑他矣」（《小雅‧漸漸之石》），「矣」襯於代詞「他」之後；「百室盈止，婦子寧止」（《周頌‧良耜》），「止」襯於形容詞「盈」、「寧」之後。就音節平仄而言，以適應具體語境而審用，需平則平之，該仄則仄之，或選用平聲輕音，如「云」、「言」、「爰」、「思」等，或選用仄聲重音，如「曰」、「聿」、「式」、「忌」等。就襯字使用頻率而言，或常用專襯，如「彼」、「薄言」、「爰」、「聿」、「有」等，或就實（詞）襯之，即一個四言句中某實詞在相應位置重複出現，往往前實後虛，也就是說先出現的有實義，後出現的是襯字。如「侯作侯祝」（《大雅‧蕩》）之第三字位「侯」、「來旬來宣」（《大雅‧江漢》）之第三字位「來」、「是絕是忽」（《大雅‧皇矣》）之第三字位「是」、「爲謀爲毖」（《大雅‧桑柔》）之第三字位「爲」等，都是爲了切合曲調的音程模進、節奏抑揚而選擇的調值相宜、和律入位的音節。

因爲每一個字的平仄四聲各有高低升降，本身就包含著音樂的旋律因素，若干字詞的結合，前後音值相互制約，又蘊藏著對樂句進行的大致要求。所以，就曲與詞的關係來分析，字調與曲律的關係至爲密切，簡言之，曲律的輕音需以字詞的輕音（平聲）配之，曲律的重音需以字詞的重音（仄聲）配之。清代學者徐大椿在《樂府傳聲》中論及詞律與曲律的關係時說：

> 故曲之工不工，唱者居其半，而作曲者居其半也。曲盡合調，而唱
> 者違之，其咎在唱者；曲不合調，則使唱者依調則非其字，依字則
> 非其調，勢必改讀字音，遷就其聲以合調，則調雖是，字面不眞。
> 曲之不工，作曲者不能辭其責也。

《詩經》的詩、樂就當時的影響和地位而言，在選擇襯音字時宮廷樂師肯定是愼之又愼的。

《詩經》中常用襯字的音律問題很複雜。首先是古樂不傳，音譜無據。從現存文獻考察，《詩經》所有詩歌都是配樂的歌詞，這似乎是毫無疑問的，但它的樂究竟是何種模樣、究竟怎樣擇字用聲已經不得而知了。其次，語音的變化。《詩經》時代的語音離現在已有兩千多年的歷史了，歷史給它留下了許多不解之謎，儘管歷代語音學家都力求借助古文獻和現存方言搞清其本來面目，雖名家輩出，著述紛呈，但至今仍是非驢非馬。其三，襯字太多，音義夾雜。《詩經》中業成定論的常用襯字近三十個，其音調很難確定之外，常常無語義的和有語義的辭彙一體共用，給今天的《詩經》研究帶來了很大的麻煩。

當然，語音的變化也不可能面目全非，特別是在平仄的區分上不會有多大的出入，根據四言句四種常見節奏的建構方式「平平仄仄、仄仄平平、平仄平仄、仄平仄平」對襯字平仄的不同要求，眾多的音節襯字按平仄可以分類兩大系別，即平聲音系和仄聲音系。

平聲音系常用的有「云」、「攸」、「言」、「伊」、「思」、「于」、「維」、「其」、「攸」、「兮」等。

> 云：既見君子，**云何**不樂？（《唐風·揚之水》）
>
> 心之憂矣，**云如**之何？（《小雅·節南山》）
>
> 靡所止疑，**云徂**何往？（《大雅·桑柔》）
>
> 人之**云亡**，心之憂矣。（《大雅·瞻卬》）
>
> **云誰**之思，西方美人。（《邶風·簡兮》）

《廣韻》「云，王分切，平文云。」《說文》「云，語辭也。」清王引之《經傳釋詞·卷三》「云，發語詞也。……《雲漢》:『云我無所。』又《卷三》「云，語中助詞也。」第四例是也。「云」用作音節助詞主要是用在句首，用在第三位的少見，而用在第二、第四字位者，大都是實詞，如「曷云歸哉」、「維暴之云」等。

> 爰：爰有樹檀，其下維蘀。（《小雅·鶴鳴》）
>
> 爰整其旅，以按徂旅。（《大雅·皇矣》）
>
> 爰采唐矣，沫之鄉矣。（《鄘風·桑中》）
>
> 瞻烏爰止，于誰之屋？（《小雅·正月》）
>
> 其飛戾天，亦集爰止。（《小雅·采芑》）
>
> 賦政於外，四方爰發。（《邶風·凱風》）

《廣韻》「爰，雨元切，平元云。」《爾雅釋詁》「粵、于、爰、曰也。」朱駿聲《說文通訓定聲·乾部》「爰，假借爲粵，爲曰，皆發聲之詞也。」黃侃《毛詩鄭箋平議》云：「爰爲語詞。」作爲襯音詞，它多用於第一字位和第三字位。

> 言：焉得諼草，言樹之背。（《衛風·伯兮》）
>
> 陟彼北山，言采其杞。（《小雅·北山》）
>
> 楚楚者茨，言抽其棘。（《小雅·楚茨》）
>
> 匪手攜之，言示之事。（《大雅·抑》）
>
> 言念君子，載寢載興。（《秦風·小戎》）
>
> 言斯其狩，獻豜于公。（《豳風·七月》）

《廣韻》「言，軒語切，平元疑。」《集傳》「言，辭也。」戴震《毛鄭詩考正》曰：「詩中『言』與『云』互用，皆辭助。」《爾雅·釋詁》云：「言，間也。」馬瑞辰《通釋》云：「間謂間廁言詞之中，猶今人云語助也。」楊樹達《詞詮·卷七》「言，語首助詞，無義。」又《卷七》「言，語中助詞，無義。」關於句中助詞無義一說，筆者認爲有必要作些說明。因爲《詩經》中常用作四言第一、或第三字位置的襯字「云」、「言」等，一般在第二、第四位置都是有實義的，〔註3〕而它在句中第二、四字位作動詞或形容詞詞尾時卻是例外，如「寤言不寐，顧言則嚏。」（《邶風·終風》）「維此聖人，瞻言百里。」（《大

〔註3〕參見本書《構成論·詩句中和音律·重複音節建構四言》。

雅・桑柔》）及「睠言顧之，潸然出涕。」（《小雅・大東》）從「睠言」與「潸然」對文見義可以認為「言」、「然」音近通用，則「寤言」即「寤然」、「顧言」即「顧然」、「瞻言」即「瞻然」、「睠言」即「睠然」也，「言」、「然」均可充當動詞、形容詞詞綴。

　　伊：淑人君子，其帶伊絲。（《曹風・鳲鳩》）

　　　　何辜于天，我罪伊何？（《小雅・小弁》）

　　　　蓼蓼者莪，匪莪伊蒿。（《小雅・蓼莪》）

　　　　心之憂矣，自詒伊戚。（《小雅・小明》）

　　　　其饟伊黍，其笠伊糾，（《周頌・良耜》）

　　　　我之懷矣，自詒伊阻。（《邶風・雄雉》）

《廣韻》「伊，於脂切，平脂影。」「伊」相當於惟、維。《爾雅・釋詁下》「伊，惟也。」郭璞注：「伊，發語辭。」用於句中，孔穎達疏云：「伊，訓惟也。」賈公彥補充說：「云『伊，惟也』者，助句辭，非爲義也。」俞樾《古書疑義舉例》在解釋《豳風・東山》「不可畏也，伊可懷也」該詩句時說：「『不』，語詞。『伊』，亦語詞。言室中久無人，荒穢如此可畏，亦可懷也。」作爲襯音助詞常用在第三字位，其他位置作襯音助詞極爲少見。

　　思：翩翩者鵻，烝然來思。（《小雅・南有嘉魚》）

　　　　皎皎白駒，賁然來思。（《小雅・白駒》）

　　　　永言孝思，孝思維則。（《大雅・下武》）

　　　　思皇多士，生此王國。（《大雅・文王》）

　　　　思齊大任，文王之母。（《大雅・思齊》）

　　　　思文后稷，克配彼天。（《周頌・思文》）

《廣韻》「思，息茲切，平之心。」《毛傳》爲「南有喬木，不可休思」作注時云：「思，辭也。」王引之《經傳釋詞・卷八》「思，語已辭也。」作爲音節襯字它多用於第一和第四字位。

　　于：維葉萋萋，黃鳥于飛。（《周南・葛覃》）

　　　　振鷺于飛，于彼西雝。（《周頌・振鷺》）

　　　　君子于役，不知其期。（《王風・君子于役》）

穀旦于差，南方之原。（《陳風・東門之枌》）

于嗟鳩兮，無食桑葚。（《衛風・氓》）

既生既育。比予于毒。（《邶風・谷風》）

《廣韻》「于，羽俱切，平虞云。」「于」在《詩經》中已經是相當成熟的介詞了，主要是界定動詞行為的處所，如《大雅・崧高》「駿極于天」、「于邑于謝」、「王餞于郿」、「既入于謝」等。但也有不少「于」用作音節襯字，如上文單列的例句「于」純粹起足句作用。《爾雅・釋詁》「于，曰也。」王引之《經傳釋詞・卷一》「曰，古讀聿。……『聿』、『于』一聲之轉。」在上古漢語中「曰」、「聿」、「于」三字音近通用，所以《漢語大字典》說：「用於句首或句中以湊足音節。」「用於句中」說法是非常準確的，因為「于」作為音節襯字大都用在第三字位。

維：維鵲有巢，維鳩居之。（《召南・鵲巢》）

維此王季，帝度其心。（《大雅・皇矣》）

維此奄息，百夫之將。（《秦風・黃鳥》）

維鵜在梁，不濡其味。（《曹風・候人》）

維葉萋萋，黃鳥于飛。（《周南・葛覃》）

維女荊楚，居國南鄉。（《商頌・殷武》）

《廣韻》「維，以追切，平脂以。」《爾雅・釋詁下》「伊、維，侯也。」邢昺《爾雅疏》「伊、維、侯皆發語詞也。」王引之《經傳釋詞・卷三》云：「『唯』《說文》，諾也，但取聲氣，故亦引申為發語詞，作『惟』、作『維』、作『雖』，皆假借。」有的注本訓「維」為「只」似乎文意能通，實則有失原旨。「維」作為音節襯字只用於句首，這和一般音節襯字多位使用別具個性。

其：北風其涼，雨雪其雰。（《邶風・北風》）

碩人其頎，衣錦褧衣。（《衛風・碩人》）

既見君子，云何其憂。（《唐風・揚之水》）

奄有四方，斤斤其明。（《周頌・執競》）

我來自東，零雨其濛。（《豳風・東山》）

《廣韻》「其，居之切，平之見。」「其」在《詩》中三百餘見，主要用作實義代詞，一般只有用於狀物形容之前，並且位置也比較固定在第三字位，才作音

節助詞，如例。極少數用在狀物形容詞之後，作形容詞詞尾，起音節作用，並非純粹的音節襯字，和「言」在第二字位的用法相同。如「溫其如玉」（《秦風·小戎》）、「坎其擊鼓」（《陳風·宛丘》）。但王引之將「灼灼其華」、「殷其雷」之「其」亦歸是用，認為前者是「先言其事後言其狀」，後者是「先言其狀後言其事」，這種說法似乎有傷本旨。「其華」、「其雷」都是名詞前用「其」，具有指代意義，為了與整個詩句協律，顛倒了詞句語序（這是詩中常見現象），只要將詩句語序調整過來，即詩義渙然冰解，「其華灼灼」、「其雷殷」自然文通字順。

　　攸：樂只君子，萬福攸同。（《小雅·采菽》）

　　　　迺立冢土，伐醜攸行。（《大雅·緜》）

　　　　朋友攸攝，攝以威儀。（《大雅·既醉》）

　　　　既作泮宮，淮夷攸服。（《魯頌·泮水》）

　　　　四方攸同，王后維翰。（《大雅·文王有聲》）

　　　　報以介福，萬壽攸酢。（《小雅·楚茨》）

　　　　奉璋峨峨，髦士攸宜。（《大雅·棫樸》

《廣韻》「攸，以周切，平尤以。」王引之《經傳釋詞》云：「攸，語助也。《詩·皇矣》曰：『執訊連連，攸馘安安。』言執訊連連，攸馘安安也。」關於語助詞「攸」，有專家認為「攸」與「所」同，它和其後的動詞構成名詞性結構，存議。它作為音節助詞均用在動詞之前，不與其他詞搭配，並且主要位置在第三字位，用在第一字位的十分少見。

　　兮：巧笑倩兮，美目盼兮。（《衛風·碩人》）

　　　　于嗟闊兮，不我活兮。（《邶風·擊鼓》）

　　　　一日不見，如三月兮。（《王風·采葛》）

　　　　求我庶士，迨其吉兮。（《召南·摽有梅》

《廣韻》「兮，胡雞切，平齊匣。」《廣韻》又「兮，語助也。」「兮」是上古詩歌中一個常見的句末音節襯字，它是因曲調的需要而增加該音節的，並非辭義之所備，而有的注本上訓「兮」為「啊」，雖「兮」有「啊」意，但有的詩句句有「兮」，如果句句訓「啊」，四字一「啊」，哪來許多感歎呢？這樣訓詁顯然是沒有必要，所以，將其理解為音節襯字最為切當。

　　仄聲常用的有「曰」、「薄」、「薄言」、「載」、「聿」、「允」、「有」、「式」、

「矣」、「也」、「忌」、「只」等。

> 曰：送我舅氏，曰至渭陽。(《秦風・渭陽》)
>
> 載見辟王，曰求厥章。(《周頌・載見》)
>
> 我東曰歸，我心傷悲。(《豳風・東山》)
>
> 悠悠昊天，曰父母且。(《小雅・巧言》)
>
> 其湛曰樂，各奏爾能。(《小雅・賓之初筵》)

《廣韻》「曰，王伐切，入曰云。」《玉篇・曰部》「曰，語端也。」王引之《經傳釋詞》云：「有非問答而亦加『曰』字以別之者，語更端也。」由顧氏之語端變爲語更端就明白多了，即換句語首音節詞。楊樹達《詞詮・卷八》「曰，語首助詞。」「曰，語中助詞。」清陳奐《傳疏・豳風・七月》「曰爲改歲」時說：「曰，語辭。……改歲，更一歲也。」《詞詮》的注釋較爲明白，「語首」「語中」助詞，言「曰」作爲音節襯詞多用於第一或第三字位。

> 薄：薄汙我私，薄澣我衣。(《周南・葛覃》)
>
> 赫赫南仲，薄伐西戎。(《小雅・出車》)
>
> 薄伐玁狁，以奏膚公。(《小雅・六月》)
>
> 思樂泮水，薄采其芹。(《魯頌・泮水》)

《廣韻》「薄，傍各切，入鐸並。」用於句首，相當於「夫」、「且」。《毛傳》「薄，辭也。」戴震補注《葛覃》曰：「薄，猶且也。」王引之《經傳釋詞》「薄，發聲也。」馬瑞辰《通釋》「單言薄者亦語詞。薄魄古聲通用，《爾雅》『魄，間也』謂間助之詞」。楊樹達《詞詮》云：「薄，句首助詞，無義。」「薄」相對其他襯字來說，《詩》中所用不多，位置也非常穩定，都是用在句首。

> 薄言：采采芣苢，薄言采之。(《周南・芣苢》)
>
> 執訊獲醜，薄言還歸。(《小雅・出車》)
>
> 薄言采芑，于彼新田。(《小雅・采芑》)
>
> 予髮曲局，薄言歸沐。(《小雅・采綠》)
>
> 薄言震之，莫不震疊。(《周頌・時邁》)
>
> 薄言追之，左右綏之。(《周頌・有客》)

劉淇《助字辨略》云；「薄，辭也。言，亦辭也，……《詩》凡云『薄言』皆

是發語之詞。」《詩》中「薄言」均見於四言前二音節，占一個樂句的二分之一，它是《詩經》中獨一無二的雙音節平仄組合的襯音詞，本身已構成輕重節律，詩句在音律上對它的依賴性更強。

　　載：時靡有爭，王心載寧。（《大雅‧江漢》）

　　　　八月載績，載玄載黃。（《豳風‧七月》）

　　　　春日載陽，有鳴倉庚。（《豳風‧七月》）

　　　　帝迁明德，串夷載路。（《大雅‧皇矣》）

　　　　有球天畢，載施之行（《小雅‧大東》）

　　　　夙夜在公，在公載燕（《魯頌‧有駜》）

《廣韻》「載，作代切，去代精。」《毛傳》「載，辭也。」《篇海類編‧器用類‧車部》「載，語詞也。」「載」在《詩》中所見不少，爭議也頗多，焦點是實義詞還是音節詞的問題。筆者經分析比較，認爲處在第一、第三字位作音節襯字比較符合實際情況，處在第二字位的「載」一般用作實詞（後文還要論及）。另外，「載」還有一種比較常見的固定的格式，即「載……載……」，此格式沿用至今，或釋爲「或……或……」、或釋爲「邊……邊……」或釋爲「又……又……」等，如「載笑載言」、「載馳載驅」、「載生載育」、「載芟載柞」、「載玄載黃」等，如將「載」視爲音節詞，問題就簡單得多了，以「說說笑笑」訓「載笑載言」，以「快跑快跑」訓「載馳載驅」不也十分貼切嗎？

　　聿：灑掃穹室，我征聿室（《豳風‧東山》）

　　　　鼓鐘送尸，神保聿歸。（《小雅‧楚茨》）

　　　　聿懷多福，厥德不回。（《大雅‧大明》）

　　　　爰及姜女，聿來胥宇。（《大雅‧緜》）

　　　　蟋蟀在堂，歲聿其逝。（《唐風‧蟋蟀》）

　　　　政事愈蹙，歲聿云莫。（《小雅‧小明》）

《廣韻》「聿，餘律切，入術以。」《玉篇‧聿部》「聿，辭也。」《春秋傳》引《詩》「聿懷多福」杜預注云：「聿，惟也。」王引之《經傳釋詞》肯定顧、杜的看法，並補充說：「《詩》中『聿』、『曰』、　……互用。」《集傳‧大雅‧文王》傳「聿修厥德」時說：「聿，發語辭也。……在於自修其德。」

　　允：卜云其吉，終然允臧。（《鄘風‧定之方舟》）

度其夕陽，豳居允荒。（《大雅‧公劉》）

肆于時夏，允王保之。（《周頌‧時邁》）

及河喬嶽，允王維后。（《周頌‧時邁》）

《廣韻》：「允，餘準切，上準以。」王引之《經傳釋詞》「允，發語詞也。《詩‧周頌‧時邁》『允王維后』也。又曰『允王保之』，言『王保之』也。允，語詞也。」裴學海《古書虛詞集釋》：「允，語助也。」

　　有：子興視夜，明星有爛。（《鄭風‧女曰雞鳴》）

此令兄弟，綽綽有裕。（《小雅‧角弓》）

春日載陽，有鳴倉庚。（《豳風‧七月》）

有懷于衛，靡日不思。（《邶風‧泉水》）

皇矣上帝，臨下有赫。（《大雅‧皇矣》）

有美一人，傷如之何。（《陳風‧澤陂》）

《廣韻》「有，雲九切，上有雲。」王引之《經傳釋詞‧卷三》：「有，語詞也。一字不成詞，則加『有』字以配之，若虞、夏、殷、周皆國名，而曰有虞、有夏、有殷、有周是也，推之他類亦多有此，故曰邦曰有邦，家曰有家。」「有」，在《詩經》中共用 239 次，主要用作實詞。這是一個比較特殊的音節詞，最早出現在部落名、姓氏之前，隨後又繫於朝代名之前，如有仍、有鬲、有扈、有莘、有熊、有窮、有巢氏、有虞、有夏、有周等等。《詩經》中這類用法也不鮮見，如「有周不顯」（《大雅‧文王》）、「有齊季女」（《周南‧采蘋》）、「迄今有武」（《周頌‧維清》）等，之後它發展為襯音面很廣的一個音節詞，可以襯在一般名詞之前，如「投畀有北」（《小雅‧巷伯》）「文王有聲」（《大雅‧文王有聲》）；襯在動詞前，如上第三、第四例句，以及「有踐家室」（《鄭風‧東門之墠》）等。然而，「有」在《詩》中主要是襯在形容詞的前面，約 110 餘見，如「有煒」、「有驕」、「有定」、「有赫」、「有奕」等。

　　式：式訛爾心，以畜萬邦。（《小雅‧節南山》）

神之聽之，式穀以女。（《小雅‧小明》）

雖云好友，式燕且喜。（《小雅‧車舝》）

庶曰式臧，覆出為惡。（《小雅‧雨無正》）

式遏寇虐，憯不畏明。（《大雅‧民勞》）

　　我孔熯矣，**式**禮莫愆。(《小雅・楚茨》)

《廣韻》「式，賞職切，入職書。」《邶風・式微》「**式**微、**式**微」鄭玄箋「式，發聲詞也。」孔穎達疏「不取『式』爲義，故云發聲也。」「式」，用作襯音字主要用於《雅》、《頌》諸詩中，《風》詩並不多見；用於第一、第三字位的較多，第二、第四字位極爲少見。

　　矣：我出我車，于彼牧**矣**。(《小雅・出車》)

　　　漸漸之石，維其高**矣**。(《小雅・漸漸之石》)

　　　裳裳者華，芸其黃**矣**。(《小雅・裳裳者華》)

　　　心之憂**矣**，維其傷**矣**。(《小雅・苕之華》)

《廣韻》「矣，于紀切，上止雲。」王引之《經傳釋詞・卷四》「矣在句末，有爲起下文之詞者。」「爲起下文」的說法是十分牽強的，大部分詩無「矣」爲起下文，照樣成章成篇，爲什麼有的詩要「矣」起之呢？其原因爲何？不得而知。實際上「矣」也是上古詩歌中常用的句末音節襯字，並非爲「爲起下文」而用之。

　　也：不可畏**也**，伊可懷**也**，(《豳風・東山》)

　　　壹者之來，俾我祇**也**。(《小雅・何人斯》)

　　　所可讀**也**，言之辱**也**。(《鄘風・牆有茨》)

　　　何其處**也**，必有與**也**。(《邶風・旄丘》)

《廣韻》「也，羊者切，上馬以。」《顏氏家訓・書證》云：「也，是語已及助詞之辭，文籍備有之矣。」「也」在古漢語中只作句末語氣助詞和句中、句末音節助詞。而且，「也」作爲詩中的句末語氣助詞同樣具有音律意義（足言、足句），兼有表語氣、表襯音兩種職能。「也」綴在句末最爲常見，如例。句中如「母**也**天只」(《鄘風・柏舟》)、「今**也**每食無餘」(《秦風・權輿》) 等。

　　忌：叔善射**忌**，又良御**忌**。

　　　抑磬控**忌**，抑縱送**忌**。(《鄭風・大叔于田》)

　　只：母也天**只**，不諒人**只**。(《鄘風・柏舟》)

　　　仲氏任**只**，其心塞淵。(《邶風・燕燕》)

《廣韻》「忌，渠記切，去志群。」《毛詩・大叔于田傳》「忌，辭也。」清朱駿聲《說文通訓定聲・頤部》「忌，助語之辭。」《廣韻》「只，諸紙切，上紙

章。」《說文解字・只部》「只,語已詞也。」《爾雅・釋詁四》「只,詞也。」
《集傳》「仲氏任只,以恩相信曰任。只,語辭。」「忌」、「只」作爲音節助
詞,在《詩經》中相對來說使用頻率較之其他襯音詞是比較低的,一般用在
句末韻字之外。「只」有時也出現在句中,但極少見,如「樂只君子,福履綏
之」(《周南・樛木》) 等。

結論(一) 《詩經》音節助詞在句中的襯音位置並不是雜亂無章的,
而是有比較明確的分工,一般來說「云」、「曰」、「式」、「維」、「薄」等多用
在第一字位(「薄言」,即第一、二字位。)「思」常用在第一和第四字位;「其」
和「攸」的襯音位置非常固定,只用在第三字位;其他襯字如「爰」、「載」、
「有」、「伊」等可以第一、第三字位兼用。其次,「也」、「矣」、「之」、「兮」、
「只」等多用在句末韻腳之外,稱之爲富韻音節,[註4] 不像其他音節助詞多
位處句中或句首,音律的整體性比較強,音律意義也比較單純。

結論(二) 《詩經》襯音助詞在四言中的位置,多處在四言的第一和
第三位,究其原因:語義上第一、第三字處在語彙偏正關係前偏後正的修飾
語位置,無需辭飾(以實義詞修飾),則取音飾(以音節詞修飾),既無傷意
旨,又節律豐滿。如「爰有寒泉,在浚之下」(《邶風・凱風》)、「爰采唐矣,
沬之鄉矣」(《鄘風・桑中》)、「倚桐梓漆,爰伐琴瑟」(《鄘風・定之方中》)、
「昊天曰明,及而出王」(《大雅・板》)、「其湛曰樂,各奏爾能」(《大雅・賓
之初筵》),「爰」襯於句首,「曰」襯於句中。音律上,就本句而言,第一、
第三字位在言句的領起或音頓的轉換位置,可選擇適當的音節襯字搭配第
二、第四字位的核心音節,構成兩頓四言。如「維柞之枝,其樂蓬蓬」(《小
雅・采菽》)、「節比南山,維石敢敢」(《小雅・節南山》)、「其釣維何,維絲
伊緡」(《召南・何彼襛矣》)、「築城伊淢,作豐伊匹」(《大雅・文王有聲》)、
「麋有不孝,自求伊福」(《邶風・雄雉》),「維」、「伊」後都是詩句缺則不可
的實義詞。就章句而言,第一字承上一句的樂勢過渡到下一樂句,有順勢與
逆勢兩種情況。順勢,稱同聲順承,即襯字順上句收尾平仄同聲承啓下樂句,
構成樂句間的音律綿延,有平收平順和仄收仄順兩類,如「馳馬悠悠,言至
於曹」(《鄘風・載馳》)、「匪手攜之,言示之事」(《大雅・抑》) 上句收尾均
是平聲音節,下句則以平聲襯字「言」順承之。「肆於時夏,允王保之」、「及

河喬嶽，**允**王維后」，(《周頌・時邁》) 上句收尾均是仄聲音節，下句則一仄聲襯字「允」順承之。逆勢，稱異聲相逆，即襯字逆上樂句收尾平仄領起下樂句，構成樂句間的音律起伏，有平收仄逆和仄收平逆兩類，如「魯侯戾<u>止</u>，**言**觀其旂」(《魯頌・泮水》)、「楚楚者<u>茨</u>，**言**抽其棘」(《小雅・楚茨》) 上句收尾均是仄聲音節，下句卻以平聲襯字「言」逆迎之，「四牡<u>騤騤</u>，**載**是常服」(《小雅・六月》)、「載寢之<u>床</u>，**載**衣之裳」，(《小雅・斯干》) 上句收尾均是平聲音節，卻以仄聲襯字「載」逆迎之。

　　結論（三）　自古以來，許多專家學者都在為《詩經》中某詞有某義苦苦爭論，尤以虛詞的分歧最大，當然於上音節助詞也不例外。其實，音節助詞在某語境中有無實義區別並非難事，除幾個純粹的句末音節助詞如「也」、「矣」之外，其他音節助詞用在第一、第三字位一般無實在意義，只起足音足句的作用，而用在第二、第四字位一般都有實在意義。如：

　　　道之云遠，曷**云**能來。(《邶風・雄雉》)

　　　為民不利，如**云**不克。(《大雅・桑柔》)

　　　池之歇矣，不**云**自頻。(《大雅・召旻》)

　　　既**曰**歸止，曷又懷止。(《齊風・南山》)

　　　豈**曰**不極，伊胡如慝。(《大雅・瞻卬》)

　　　女**曰**雞鳴，士曰昧旦。(《鄭風・女曰雞鳴》)

　　　人亦有**言**，進退維谷。(《大雅・桑柔》)

　　　于時**言**言，于時語語。(《大雅・公劉》)

　　　匪**言**勿言，匪由勿語。(《小雅・賓之初筵》)

　　　匪**載**匪來，憂心孔疚。(《大雅・杕杜》)

　　　既**載**清酤，賚我思成。(《商頌・烈祖》)

於上例句，處在第二、第四字位上的「云「、「曰」、「言「、「載」都是實詞，「云」、「曰」、「言」除「人亦有言」之「言」和「匪言勿言」之「言」訓為名詞「言語」外，其他均訓之為動詞「說」，則更顯文通語順，後兩例「載」應為「裝載」之意。

　　結論（四）　通過比較分析，音節襯字與前後音節（實詞音節）搭配有一定的規律性。「云」、「伊」、「思」、「其」、「允」、「矣」等多與平聲實詞音節

組合成音步;「爰」、「言」、「維」、「兮」等多與仄聲實詞音節組合成音步。其中「矣」和「兮」兩個句尾音節助詞表現得相當固定。其他如「于」、「攸」、「有」、「式」、「也」等的用法就比較靈活一些,既可以與平聲音節組合音步,也可與仄聲音節組合音步。所以,我們有理由認爲《詩經》四言襯字的選用是以言句平仄協調爲原則的。如「云何不樂」(平平仄仄),「我罪伊何」(仄仄平平)、「思文后稷」(平平仄仄)等等,當然,大部分虛實組合(音節詞與實詞)的結果並不如此規整,但只要將音節襯字放在具體的詩句中具體分析,就可以發現它們在句中的重要音律意義。

二、省略音節建構四言

《詩經》的音節省略問題,今天的《詩經》語法學者越來越重視,但大都是從語詞、成分的省略而談省略,並沒有認眞探求爲什麼要省略,祇是常規性的認爲省略是爲了語句的精練,或避免不必要的重複。然而,詩歌詩句音節的省略並不盡然,它們的省略主要是爲了適應語言音律的形式要求,尤以《詩經》諸詩的音節省略爲甚。《詩經》時代尚處在樂重詩輕階段(見本書《本因論》),重複是它的一大特點,音節重複、成分重複、章句重複比比皆是,如「其虛其邪,既亟只且」(《邶風‧北風》)、「言旋言歸,復我邦族」(《小雅‧黃鳥》)、「載馳載驅,歸唁衛侯」(《鄘風‧載馳》),「其」、「言」、「載」音節重複;「予手拮据,予所捋荼。予所蓄租,予口卒瘏。」「予羽譙譙,予尾翛翛。予室翹翹。」(《豳風‧鴟鴞》),主語「予」重複;「彼采葛兮,一日不見,如三月兮。/彼采蕭兮,一日不見,如三秋兮。/彼采艾兮,一日不見,如三歲兮。」(《王風‧采葛》)章節重複。(重複問題後文還要詳細論述,在此不復贅言。)所以,如果說《詩經》音節的省略是爲了避免重複的話,是難以使人信服的,整體考察《詩經》諸詩省略的特點,有一個理由是站得住腳的,那就是建構整齊對稱的四言,創造言句音律的中和美。

《詩經》中音節省略常見的可以分爲兩大類,即有源音節省略和無源音節省略。

(一)有源音節省略

有源音節省略,是指省略的音節是詩句中的主語、謂語或賓語,這一成分在前面的詩句中已經出現,後面的詩句或省之,稱前現後省。前現後省可

分爲主語前現後省、謂語前現後省、賓語前現後省。另一種情況是主語音節在前面的詩句中被省略，卻在後面的詩句中出現，稱前省後現，主要是主語的前省後現。

（1）碩人其頎，衣錦褧衣。齊侯之子，衛侯之妻，東宮之妹，刑侯之姨。（《衛風‧碩人》）

（2）我生之後，逢此百罹，尚寐無吪。（《王風‧兔爰》）

（3）嘻嘻成王，既昭假爾。率時農夫，播厥百穀。（《周頌‧嘻嘻》）

（4）既見君子，錫我百朋。（《小雅‧菁菁者莪》）

（5）敬恭明神，宜無悔怒。（《大雅‧雲漢》）

以上例句就是主語音節的前現後省。例（1）主語是雙音節詞「碩人」，首句出現，其後五個四言句主語音節則省略，因爲任何一句用之則成六言。詩句的意思是碩人美麗，碩人穿著錦緞罩布衣，碩人是齊侯的女兒，碩人是衛侯的妻子，碩人是東宮的妹妹，碩人是刑侯的小姨。例（2）主語是單音節詞「我」，首句既存，其後兩句則略之。詩歌的大意是我出生以後，我碰上這數不清的苦難，我最好睡覺什麼也不說。例（3）主語是單音節詞「爾」，第三、第四句承第二句省略。這是人民祈告成王的詩歌，百姓說：「成王啊，我們已經招請了你的神靈，你的神靈統帥人民，播種百穀。例（4）主語是雙音節詞「君子」，次句承首句省略。意思是我既然見到了君子，君子就賜給我一百錢。例（5）主語是雙音節詞「明神」，放在首句，「宜無悔怒」承上省略。意思說恭恭敬敬敬明神，明神不應該生怨恨。

（6）云誰之思，美孟姜矣。（《鄘風‧桑中》）

（7）侯誰在矣，張仲孝友。（《小雅‧六月》）

（8）有鱣有鮪，鰷鱨鰋鯉。（《周頌‧潛》）

（9）韋顧既伐，昆吾夏桀。（《商頌‧長發》）

（10）如可贖兮，人百其身。（《秦風‧黃鳥》）

以上例句就是謂語音節的前現後省。例（6）次句句首「美」的前面承上省略了謂語動詞「思」。《正義》云：「我誰思乎？乃思美好之孟姜。」語意是我思念誰？思念美好的孟姜。例（7）次句句末承上省略了動詞謂語「在」。《正義》云：「誰在中間矣，有張仲其性孝友在焉。」詩說還有誰在座呢？還有張仲孝友在。例（8）次句句首承上句省略了動詞謂語「有」。《正義》云：「有鱣有

鮪，又有鱣鰋鰷鯉。」例（9）次句句首承首句省略了動詞謂語「伐」。《正義》云：「韋顧二國既已伐之，又伐昆吾和夏桀。」詩句意思商湯既討伐韋國和顧國，又討伐昆吾和夏桀。例（10）次句句末承首句省略了動詞謂語「贖」。《集傳》云：「若可貿以他人，則人皆願百其身以易之矣。」意思是如果可以贖回他的生命，一百人願用自己的生命去贖回他。

（11）籊籊竹竿，以釣于淇。（《衛風‧竹竿》）

（12）人之無良，我以爲兄。（《鄘風‧鶉之奔奔》）

（13）魯道有蕩，齊子發夕。（《齊風‧載驅》）

（14）此邦之人，不可與明。（《小雅‧黃鳥》）

（15）強禦多懟，流言以對。（《大雅‧蕩》）

以上例句均是介賓音節的前現後省。《詩經》言句精約，介詞除「于」之外，其他介詞並不多見，所見者均以賓語爲常，但介賓音節的前現後省與前例的主語、謂語音節的前現後省略不相同。前者是省略前面詩句中已經出現的成分音節，後者是省略介詞後指代前面詩句中某成分的指代音節。例（11）詩意是說長長的竹竿，用它在淇水中釣魚。次句介詞「以」之後省略了指代首句「竹竿」的介賓音節「之」。例（12）是說這人不善良，我卻把他當作兄弟。次句介詞「以」之後省略了指代首句「人」的介賓音節「他」。例（13）詩說魯道坦蕩，齊子由此出嫁。次句介詞「由」之後省略了指代首句「魯道」的介賓音節「此」。例（14）意思是說這個國家的人，不能夠與他們結盟。次句介詞「與」之後省略了指代首句的介賓音節「之」。例（15）是說強梁的人多怨恨，流言因他們而傳播。次句介詞「以」之後省略了指代首句「強禦」的介賓音節「之」。

（16）七月在野，八月在宇，九月在戶，十月蟋蟀入我床下。（《豳風‧七月》）

（17）有來雝雝，至止肅肅。相維辟公，天子穆穆。（《周頌‧雝》）

（18）出自北門，憂心殷殷。終窶且貧，莫知我艱。（《邶風‧北門》）

（19）訪予落止，率時昭考。於乎悠哉，朕未有艾。（《周頌‧訪落》）

（20）綿綿瓜瓞，民之初生。自土沮漆，古公亶父。（《大雅‧綿》）

以上例句就是前省後現。例（16）共四句詩，第一、第二、第三句詩的主語音節均爲「蟋蟀」，但都省略了，直到最後一句才出現。《鄭箋》云：「自七月

至十月蟋蟀入我床下，皆謂蟋蟀也。」詩言七月蟋蟀在野外，八月蟋蟀進屋宇，九月蟋蟀藏門戶，十月蟋蟀到我的床下。例（17）主語音節是「辟公」（諸侯），前第一、第二句都約言省略，至第三句方明之。《集傳》云：「言諸侯之來皆離且敬，以助我之祭事，而天子有穆穆之容也。」詩道諸侯來時和順，止時肅敬，助祭的都是諸侯，天子來時威儀整肅。例（18）心憂出北門，竇且貧者我也，前三句詩主語音節約言省略，到最後一句才有「我」出現。詩句述說我從北門出來，我心裏非常憂傷，我一生受苦又貧困，沒有人知道我的艱難。例（19）參照先祖之法，謀求治國之策者「朕」也。前一、二句均被省略，至第四句才補充主語音節。詩意是我尋找立國的地方，我參照先祖的治國方法，嗚呼，多麼遙遠啊！我從沒有停止過。例（20）第三句主語音節是涉河而來的「亶父」，簡言略之，第四句交代明白。詩云綿綿不斷的瓜藤，就象徵初民的誕生，亶父從沮水來到漆水。

（二）無源音節省略

　　無源音節省略，是與有源音節省略完全相反的一種省略方式，前者是詩句中或前或後出現過，重複時省之，後者是省略的某些語辭音節在一章詩中無論在前面的詩句中還是後面的詩句中均無跡可尋，只可根據詩意去探求它們的本來面目。常見的有自述主語音節省略、對稱主語音節省略、中心語音節省略、介定音節省略、限制語音節省略五種。

　　（21）彼黍離離，彼稷之苗。行邁靡靡，中心搖搖。（《王風‧黍離》）
　　（22）之子于歸，遠送于野。瞻望弗及，泣涕如雨。（《邶風‧燕燕》）
　　（23）未見君子，惄如調飢。（《周南‧汝墳》）
　　（24）三歲爲婦，靡室勞矣。夙興夜寐，靡有朝矣。（《衛風‧氓》）
　　（25）嘒彼小星，三五在東。肅肅宵征，夙夜在公。（《召南‧小星》）
以上例句都是自述主語省略。例（21）旅途黍稷萋萋，行道遙遙，後兩句的自述主語「我」省去。例（22）說女子出嫁我遠送，我悲傷，後三句自述主語省略。例（23）是說我沒見到君子如腹中饑餓，首句自述主語省略。例（24）意爲我多年作爲他的妻婦，起早貪黑，任勞任怨，四句詩自述主語均省略。例（25）意思是說疏星高掛，我整夜在爲公事忙碌，第三、第四句詩之自述主語省略。

　　（26）我言維服，勿以爲笑。（《大雅‧板》）
　　（27）毋逝我梁，毋發我笱。（《邶風‧谷風》）

（28）于以采蘩，于沼于沚。于以用之，公侯之事。（《召南‧采蘩》）

（29）蔽芾甘棠，勿翦勿伐，召伯所茇。（《召南‧甘棠》）

（30）習習谷風，以陰以雨。黽勉同心，不宜有怒。（《邶風‧谷風》）

以上例句都是對稱主語音節省略。例（26）是說你不要把我的話當作玩笑，次句對稱主語「你」省略。例（27）是規勸對方不要動我的魚梁，不要打開我的魚筐，兩詩句之對稱主語省略。例（28）是對話雙方的主語音節均被省略，「你在哪裡采蘩呢？」「我在潮濕的水灘和四面環水的小洲。」「你采蘩幹什麼呢？」「是公侯府中祭祀需要它。」第一和第三句省略對稱主語「你」。例（29）是說茂盛的甘棠下是召伯睡覺的地方，你不要去剪伐它的樹枝，第二句對稱主語省略。例（30）是說我與你同心協力，你不應該發怒，第三句對稱主語省略。

（31）帝遷明德，串夷載路。（《大雅‧皇矣》）

（32）君子萬年，介爾昭明。（《大雅‧既醉》）

（33）無縱詭隨，以謹無良。（《大雅‧民勞》）

（34）取彼斧斨，以伐遠揚。（《豳風‧七月》）

（35）雨我公田，遂及我私。（《小雅‧大田》）

（36）縞衣綦巾，聊樂我員。（《鄭風‧出其東門》）

（37）維彼不順，自獨俾臧。（《大雅‧桑柔》）

（38）今夕何夕，見此邂逅。（《唐風‧綢繆》）

（39）豈無飲酒，不如叔也。（《鄭風‧大叔于田》）

以上例句都是中心語音節省略。例（31）首句「明德」之後省略了中心語「君」。《集傳》云：「明德，謂明德之君，即大王也。」例（32）次句「昭明」之後省略了中心語「道」。《鄭箋》云：「天助爾以明德之道。」例（33）首句、次句「詭隨」和「無良」之後都省略了中心語「人」。王引之《經義述聞》云：「詭隨，謂譎詐諼欺之人。」例（34）次句「遠揚」之後省略了中心語「枝」。《集傳》云：「遠揚，遠枝揚起者也。」例（35）次句「我私」之後省略了中心語「田」。《鄭箋》：「云其民之心，先公後私，今天主雨於公田，因及田爾。」例（36）首句「縞衣綦巾」省略了中心語「女」。《集傳》云：「縞衣綦巾，女服之貧陋者。」例（37）是說只有那不順民心的君王，自以為所行都善良。首句句末省略了中心語音節「君」。《集傳》云：「彼不順理之君則以為善而不

考眾謀。」例（38）詩歎道今夜是何夜，見到這心愛的人。次句「邂逅」之後省略了中心語音節「人」。「邂逅」即「解覯」，《傳》：「解覯，解悅也。」《傳疏》：「解覯古語，解悅今語。……覯，遇也。《穀梁傳》『遇，志相得也。』」故「邂逅」爲「解悅」，即「心愛」的意思，合省略語就是「心愛的人」。例（39）詩意是難道沒有飲酒的人嗎？（不是）！是都不如阿叔。首句末尾省略了中心語音節「人」。

（40）于以采蘋，南澗之濱。（《召南·采蘋》）

（41）不遠伊邇，薄送我畿。（《邶風·谷風》）

（42）焉得諼草，言樹之背。（《衛風·伯兮》）

（43）王命卿士，南仲大祖。（《大雅·常武》）

（44）莫高匪山，莫濬匪泉。（《小雅·小弁》）

（45）民之初生，自土沮漆。（《大雅·緜》）

（46）之子于歸，百兩將之。（《召南·鵲巢》）

（47）是用作歌，將母來諗。（《小雅·四牡》）

（48）綏我眉壽，介以繁祉。（《周頌·雝》）

（49）蠢爾蠻荊，大邦爲仇。（《小雅·采芑》）

以上例句是介定音節省略。介詞往往對存在的狀態、方式、動作的對象、處所有介定作用，但這類音節在《詩》中因四言制約的關係常常被省略，其中以「于」的省略最爲普遍。例（40）次句句首省略了說明動作處所的介詞音節「于」。《正義》云：「言往何處采此蘋菜，于南澗之濱采之。」即到什麼地方采蘋？到南澗的水邊。例（41）次句也是省略了介定動詞處所的介詞，該句應爲「薄送我（于）畿」。《鄭箋》云：「送我于門內。」詩意是路途並不遙遠，你送我到大門檻。例（42）次句表示「樹」之處所的「背」之前省略了介定音節「于」。《正義》云：「何處得一忘憂草我樹之于此北堂之上。」例（43）是云大王命令卿大夫在大祖廟中加封南仲。次句介定加封處所——「大祖廟」之前省略了「于」。《正義》云：「王命南仲于大祖廟。」例（44）詩道沒有哪座山比這座山高，沒有哪個深泉比這深泉深。兩詩句「山」和「泉」的前面均省略了表比較的介詞「于」（「匪」是音節助詞）。《集傳》云：「山極高矣，而或陟其巔；泉極深矣，而或入其底。」例（45）《毛傳》：「土，居也。」周初人民，始居於沮水、漆水之間，介定動作「土」之所在（沮、漆）的介詞

「于」被省略。例（46）這女子出嫁，以百輛車來迎接她。次句句首介定行爲方式的介詞「以」約言省略。《正義》云：「其往嫁之時，則夫家以百輛之車往迎之。」例（47）詩的意思是因此寫了這首詩，用養母的想法告訴君。次句句首省略了介定音節「以」。《鄭箋》云：「以養母之想來告於君。」例（48）應爲「綏我（以）眉壽，介（我）以繁祉。」《正義》云：「安我孝子以壽考，予之以福祿。」即把壽考賜給我，把福祿賜給我。例（49）是說愚蠢的蠻荊，與大國結爲仇敵。次句句首省略了介定音節「與」。《正義》云：「乃蠢蠢爾不遙邇之蠻荊，……與大邦爲仇。」

（50）禴祠烝嘗，于公先王。（《小雅·天保》）
（51）君曰卜爾，萬壽無疆。（《小雅·天保》）
（52）先祖非人，胡寧忍予。（《小雅·四月》）
（53）經營四方，告成于王。（《大雅·江漢》）

以上四句是限制語音節省略。限制語的省略也就是偏正結構中定語的省略，這種省略現象在《詩》中極爲少見，因爲它具有限制性，所以，往往在詩句中顯得至爲重要。如「先祖匪人」因省去了限制語「他」，就容易產生誤解，認爲先祖不是人，因此《詩》中的限制語省略，實際上是爲詩句四言所制，迫於無奈。例（50）是說春夏秋冬都祭祀，祭祀先公和先王。次句「公」之前省略了限制語（定語）音節「先」。《鄭箋》云：「公，先王也；先公，謂后稷也。」《正義》云：「言爲此禴祠烝嘗之祭于先公先王也。」例（51）詩意是先君賜你萬壽無疆。首句句首「君」之前省略了限制語「先」。《毛傳》云：「君，先君也。」例（52）詩道先祖不是別人，怎麼忍心讓我受煎熬？首句「人」之前省略了限制語「他」。《鄭箋》、《正義》均以爲是悖慢之言，罵先祖不是人，恐非原旨。例（53）是說統治四方，將成功告訴先王。次句句末「王」之前省略了限制語「先」。《正義》云：「以其成功告于先王。」

三、重複音節建構四言

音節重複在語法意義上具有強調作用，對某詞、某片語、某成分在句中的突出地位反覆強調，以抒發作者強烈的思想感情。而詩歌中的音節重複就不能單純地從語法性質上去考察，因爲詩歌形象是以語辭和音律雙重建構完成的，即不僅要以辭達意，而且需要以聲傳情。所以，詩歌的重複除語法意

義之外，還具有特殊的音律意義。《詩經》生成於特定的文化氛圍、特定歷史發展時期其音律性質比任何時代的詩歌均要突出，在雙重建構中尤其強調的是以聲傳情。相同的詞、片語、句子成分前後上下重複，構成了特殊的音律模式，產生了特殊的音律意義和審美意義。

　　音節重複是《詩經》諸詩用來生成四言的重要手段。從重複音節的語法性質上分析，它的相容性極強，可以是詞類，也可以是片語、甚至可以是句子成分。如：

　　　　①爲謀爲毖，亂況斯削。(《大雅・桑柔》)
　　　　②我理我疆，南東其畝。(《小雅・信南山》)
　　　　③無衣無褐，何以卒歲。(《豳風・七月》)
　　　　④于理于疆，至于南海。(《大雅・江漢》)
　　　　⑤碩鼠碩鼠，無食我黍。(《魏風・碩鼠》)
　　　　⑥樂土樂土，爰得我所。(《魏風・碩鼠》)
　　　　⑦采苓采苓，首陽之巔。(《唐風・采苓》)
　　　　⑧四海來假，來假祁祁。(《商頌・玄鳥》)
　　　　⑨卬盛于豆，于豆于登。(《大雅・生民》)
　　　　⑩無矢我陵，我陵我阿。(《大雅・皇矣》)

例①動詞「爲」重複，例②代詞「我」重複，例③副詞「無」重複，例④介詞「于」重複，例⑤偏正片語「碩鼠」重複，例⑥偏正片語「樂土」重複，例⑦動賓片語「采苓」重複，例⑧謂語「來假」重複，例⑨補語「于豆」重複，例⑩賓語「我陵」重複。從重複結構來分析，可以歸納爲相同音節一句之中隔字重複和相同音節一章之內跨句重複兩大類，下面從結構上分析其音律意特點。

（一）相同音節一句之中隔字重複

　　相同音節一句之中隔字重複，從音律上說是隔山呼應或前呼後應，即《詩經》四言句中某一相同音節在第一、第三字位或第二、第四字位回應重複，有〔A……A……〕、〔B……B……〕、〔ABAB〕三式。

　　1.〔A……A……〕、〔B……B……〕式

　　這種重複方式，相同音節落在四言的第一、第三或第二、第四字這一對

應位置上，也就是落在四言樂句的強音或弱音位〔註5〕上，相對位置相同音節的重複，旋律變中有化，異中求同，對立中求統一，不僅使整個樂句的節奏感加強（呼應產生的節奏），而且使整個樂句的協調性加強（重複產生的協調）；另外，這種重複方式，因重複音節的約期進退，對整個音勢有緩衝和調節作用。如：

　　①克明其類，克長克君。（《大雅·皇矣》）
　　②是伐是肆，是絕是忽。（《大雅·皇矣》）
　　③昊天疾威，弗慮弗圖。（《小雅·雨無正》）
　　④王命召虎，來旬來宣。（《小雅·江漢》）
　　⑤就其深矣，方之舟之。（《邶風·谷風》）
　　⑥猗與那與，置我鞉鼓。（《商頌·那》）
　　⑦恩斯勤斯，鬻子之閔斯。（《豳風·鴟鴞》）
　　⑧薈兮蔚兮，南山朝隮。（《曹風·候人》）

前四例都是言句的第一、第三字「克」、「是」、「弗」、「來」重複，對整個樂句有領起（起首音節）和過渡（第三音節）作用；後四例都是言句的第二、第四字「之」、「與」、「斯」、「兮」重複，對整個樂句有制約（第二音節）和回應（第四音節）作用。儘管兩者的作用不同，但因重複音節的對位相應，都產生了比非音節重複句更鮮明強烈的節奏感。例①、③、④、⑤第一樂句（首句）因每個音節的音值不斷變化，使整個樂句的高低強弱、輕重疾徐也在不斷地變化（四個音節、四個變化），節奏上給人以相當快捷而有應接不暇之感，而下一樂節（次句）因為「克」、「弗」、「來」、「之」的相應重複，穩住了音節急劇的峰值變化，音律平和舒遠，綿醇深厚，留下了迴旋的韻味，情緒張力得到了相應的調節。例⑥、⑦、⑧第一樂句（首句）因為「與」、「斯」、「兮」的相應重複，音律雅秀舒展，靈俏瀟灑，應之下一樂句（次句）的音值變化，旋律前有浮聲，後有切響，熱烈而明快，音律傳情意味深長。

　　《詩經》中這兩種重複模式（〔A……A……〕、〔B……B……〕），實詞以動詞重複比較常見，而且重複音節的應用上也非常靈活自由，不拘泥一體或

〔註5〕 四言四字按音值高低強弱來分，可分為強弱強弱、弱強弱強、強強弱弱、弱弱強強四種，詳見本書《構成論·輕重抑揚音律》。音節重複句式只會有強弱強弱、弱強弱強兩種，因為一、三或二、四字是相同音節。

幾體，隨意用字則就位重複。也就是說動詞重複不是固定的一個或幾個常用字，而是在語意表達上需要什麼行為動詞就在樂句句首音位用什麼行為動詞，而後，為構成四言在第三音位重複之。如：

①為鬼為蜮，則不可得。（《小雅·何人斯》）
②終南何有，有條有梅。（《秦風·終南》）
③無罪無辜，讒口囂囂。（《小雅·十月之交》）
④靡室靡家，侯作侯祝。（《大雅·蕩》）
⑤如山如阜，如岡如陵。（《小雅·天保》）
⑥王此大邦，克順克比。（《大雅·皇矣》）

動詞重複，從語法結構上看，動用都是在第一字位，復用在第三字位，動用生成動賓關係，「為鬼」、「有條」、「無罪」、「侯作」、「靡室」、「如山」、「如岡」、「克順」，復用生成四言詩句。從語意上分析，首用音節都有實義，而重複音節只起襯音作用，可稱之為音節襯詞。例①首句當為「為鬼蜮」（裝作鬼蜮），例②次句當為「有條梅」，例③首句當為「無罪辜」，次句當為「侯作祝」，例④首句當為「靡室家」例⑤首句當為「如山阜」，次句當為「如山陵」，例⑥次句當為「克順比」（能夠順民從善）。

《詩經》中這兩種重複方式，即使有部分動詞重複，但相對來說實詞重複並不太多，大概因為它們是四言的主建詞，過多重複會影響詩歌的傳情達意。而虛詞重複現象較為普遍，尤以助詞常見，這主要是因為虛詞是輔建詞，幫助完成整個四言結構，它們的重複在於調整主建詞的音律，使其適應整個音勢。以《邶風》19 首詩為證，足以說明這一點。

《邶風》虛、實詞重複音節一覽表：

詞別	詞　類	詞／重複次數	篇　目	詩　　句	百　分　比
虛 詞	助　詞	兮（6） 載（1） 爰（1） 式（1）	《綠衣》 《日月》 《簡兮》 《旄丘》 《泉水》 《擊鼓》 《式微》	綠兮衣兮　絺兮綌兮 父兮母兮 簡兮簡兮 叔兮伯兮　瑣兮尾兮 載脂載舝 爰居爰處 式微式微	19 首詩虛詞重複音節 23 個、次，占 89%

		以（2）	《柏舟》	以敖以遊	
	介詞		《谷風》	以陰以雨	
	副詞	不（1）	《雄雉》	不忮不求	
		莫（1）	《終風》	莫往莫來	
	代詞	之（2）	《谷風》	方之舟之　泳之遊之	
		何（1）	《谷風》	何有何亡	
		其（3）	《北風》	其虛其邪（重複）	
實詞	動詞形容詞	如（1）	《谷風》	如兄如弟	19 首詩實詞重複 3 個、次，占 11%
		簡（1）	《簡兮》	簡兮簡兮	
		微（1）	《式微》	式微式微	

其次，〔A……A……〕、〔B……B……〕這兩種重複模式，以〔A……A……〕比較普遍（除單純的音節襯詞之外）。領起和過渡音節的等值回應，成為整個樂句的主音，對整個樂句甚至幾個樂句的音勢起制約作用，其高低、輕重、長短、強弱決定了其他音位的高低、輕重、長短、強弱。

其三是助詞的重複與其他詞類的重複略有不同。其他詞類的重複前後相同的兩個音節必定有一個音節有意義。從語意關係上看，另一個音節可有可無，如「于以采蘩，于沼于沚」（《召南·采蘩》）、「蔽芾甘棠，勿剪勿伐」（《召南·甘棠》）等，即「于沼沚」、「勿剪伐」語意已明，無需在第三字位重複介詞「于」或副詞「勿」，純屬結構的需要。又如「其桐其椅，其實離離」（《小雅·湛露》）、「震驚徐方，如雷如霆」（《大雅·常武》）等，前例首句當為「其桐椅」（那桐樹椅樹）、後例次句當為「如雷霆」（言震響聲音之大），第三字位代詞「其」、動詞「如」的重複唯一的目的就是構成四言。助詞（只要是音節助詞）的重複，一般說來前後兩個相同音節都沒有意義，只起襯音足句作用，所以又叫它音節襯字。如「其虛其邪，既亟只且。」（《邶風·北風》）、「允文允武，昭假烈祖。」（《魯頌·泮水》等，其中「其」、「允」只起襯音作用（參見本章第一節中之「添加音節建構四言」），前例首句即為「虛邪」（即虛徐，從容緩慢貌，聯綿詞）、後例首句即為「文武」（文王、武王）。有人問，何不直接由「文王武王」構句呢？大概是因為與次句韻不協。

2.〔ABAB〕式

這種模式是指雙音節詞（如「委蛇」、「鴟鴞」等。）、單音節加音節助詞或雙音節片語緊相重複，實際上是〔A……A……〕、〔B……B……〕詩的一種特

殊形式，只不過前者第二字、第四字（〔A……A……〕式）或第一字、第三字（〔B……B……〕式）互不相同（非重複），而〔ABAB〕式則是第一、三字與二、四字相互重複，前後交錯演進、語序迴環，如「委蛇委蛇」、「碩鼠碩鼠」等，在音律的美學效應上更具有獨特性。因一、三與二、四兩個音質完全相同的音節進退相依、輕重有致，造成一種獨具風采的節奏感，承前啓後，有如閒庭信步，輕重嫋娜，使通章比較呆板平實的四言旋律富有變化、富有生命，猶如一位風姿綽約的少女款步穿過如茵綠草，賞心悅目。如《召南・羔羊》第二、三章：

> 羔羊之革，素絲五緘。委蛇委蛇，自公退食。

> 羔羊之縫，素絲五總。委蛇委蛇，退食自公。

前兩句音值不斷變化，使人有氣轉維艱之嫌，而第三句「委蛇委蛇」相同音節並踵相依，緩解了整個音勢，以小變（聲、韻母的交替變化）應大變（整個樂章的變化）、以小變藏大變，使整個旋律舒、促有致，變、化相諧，增強了整個樂章音律的活力，給人輕鬆安逸之感。就「委蛇委蛇」本樂句來說，相同峰值的音節間隔重複，一上一下，一進一退，音律圓實純美、妙趣無窮。從表意上看，這種蘊藉而舒緩的節奏，勾勒了那些穿著考究、飽食終日，出入衙門、搖搖擺擺、無爲享樂的公卿大夫形象，音律含蓄而幽默。

　　〔ABAB〕式從語法意義上考察，表現爲三種形式，一是單音節詞加音節襯字重複。單音節詞主要是實詞（（名詞、動詞、形容詞）。因爲它們是四言樂句的主建詞，整個樂句的語義表達全部依賴這兩個實義詞，離開了它們整個樂句就沒有什麼意義了。襯音助詞的位置也不固定，既可以在樂句的一、三音位，也可以在樂句的二、四音位。當然，不管音節襯字的位置如何，它對整個樂句音勢的制約作用比〔A……A……〕，〔B……B……〕重複式要小得多了，其原因是實義詞也是相互重複的，而一三、二四音位音值的相互制約，將音勢控制在一定準值範圍內，使樂句的音律變得和諧優美。如：

> ①蘀兮蘀兮，風其吹女。（《鄭風・蘀兮》）

> ②子兮子兮，如此良人何。（《唐風・綢繆》）

> ③振振君子，歸哉歸哉。（《王風・揚之水》）

> ④悠哉悠哉，輾轉反側。（《周南・關雎》）

> ⑤曰歸曰歸，歲亦莫止。（《小雅・采薇》）

> ⑥玼兮玼兮，其之翟也。（《鄘風・君子偕老》）

⑦簡兮簡兮，方將萬舞。(《邶風‧簡兮》)

⑧式微式微，胡不歸？(《邶風‧式微》)

例①、②是名詞「蘀」(《毛傳》:「蘀，槁也。」落葉。)、例②「子」(新郎)加襯音詞「兮」緊相重複。例③、④、⑤是動詞「歸」、「悠」(《毛傳》:「悠，思也。」)、「歸」加襯音詞「哉」、「曰」緊相重複。例⑥、⑦、⑧是形容詞「玼」(《毛傳》:「玼，鮮盛貌。」)、「簡」(言鼓聲之大)、「微」(《集傳》:「微，言衰之甚也。」)加襯音詞「兮」、「式」緊相重複。

第二是雙音節詞緊相重複。這種模式《詩經》諸詩中並不多見。如:

①委蛇委蛇，退食自公。(《召南‧羔羊》)

②鴟鴞鴟鴞，既取我子。(《豳風‧鴟鴞》)

③黃鳥黃鳥，無集于桑。(《小雅‧黃鳥》)

例①「委蛇」連綿詞重複，《韓詩》作「逶迤」，《傳箋》云:「委曲自得之貌。」即搖擺而行的樣子，例②「鴟鴞」鳥名重複，例③也是鳥名重複。

第三是雙音節片語緊相重複，以前偏後正的偏正片語和陳述說明的述賓片語常見。如:

①碩鼠碩鼠，無食我黍。(《魏風‧碩鼠》)

②樂土樂土，爰得我所。(《魏風‧碩鼠》)

③采苓采苓，首陽之顛。(《唐風‧采苓》)

④舍旃舍旃，苟亦無然。(《唐風‧采苓》)

⑤如何如何，忘我實多。(《秦風‧晨風》)

⑥敬之敬之，天維顯思。(《周頌‧敬之》)

例①、例②是偏正片語「碩鼠」和「樂土」前後重複，例③、例④、例⑤、例⑥都是述賓片語前後重複。「采苓」(採擷甘草)、「舍旃」(放棄偽言)、「如何」(為什麼)、「敬之」(敬畏天命)。雙音節片語重複，詩作者意在合成齊整的四言結構，以便前後協調，上下對稱。而實際上——重複於章中則具有整章音律的調節作用，重複於章首則具有整章音律的制約作用，既如樂章的主音牽前制後，又像樂章的前奏的調弦定調。

(二)相同音節一章之內跨句重複

相同音節一章之內跨句重複，或稱句子成分重複，即上句中的某一成分在次句或以後諸句的相應或相鄰位置上重複出現，這一重複現象，《詩》以後發展為修辭學上的兩大修辭手法——排比和頂針。而歷代學者對這一重複現

象的研究偏重於語法結構、表現手法的探討，而忽略了它的音律意義。實際上，這種重複除構成四言自身中和音律美以外，更重要的是具有自身而又影響整個樂章的音律特點和美學意義，可分為兩大類。

1. 前後言句相應位置重複

四言中相同音節相應位置重複，常見的是四言章節中前一句的第一字或第一二字或第一二三字具有的某成分音節與後句第一字或第一二字或第一二三字具有的某成分相應重複，而極少見四言後兩個音節或最後一個音節相重複的，（除韻腳襯字，亦稱富韻尾，即一首四言詩第三字押韻，則第四個音節往往是一個音節襯字。）這主要是因為四言詩韻腳主要落在第四個音節上的緣故。這種排比重複式與〔A……A……〕或、〔B……B……〕式比較而言，後者的重複限於本句，而前者通章達句；後者是相同音節本句隔字呼應，前者是相同音節本章隔句呼應。

詩歌一章（亦稱段）之內不同樂句（四言為一樂句）以相同樂音決定其起式，或平平而起，或突兀而起，均由其所制，將諸樂節控制在同一音頻之內，變中有化，異中求同。而相同樂音成為整個樂節、樂章的主音，前呼後應、此起彼伏，節奏鮮明強烈，氣勢沈渾雄厚，情感於反覆吟詠的樂音中得到淋漓盡致的抒發。如《小雅·巷伯》：

取彼譖人，投畀豺虎，豺虎不食；

投畀有北，有北不受。投畀有昊。

「投畀」是詩句的謂語，前後隔句而呼，排比重複具有排山倒海、一浪高過一浪的音律氣勢，表達了詩人對讒言者的深惡痛絕，忍無可忍，如果沒有「投畀」的反覆，就不會產生如此強烈的抒情效果，如此強烈的律場效應。又如：

①君子屢盟，亂是用長。君子信盜，亂是用暴。盜言孔甘，亂是用餤。（《小雅·巧言》）

②我生之初，尚無為。我生之後，逢此百罹。（《王風·兔爰》）

③衡門之下，可以棲遲；泌之洋洋，可以樂飢。（《陳風·衡門》）

④不敢暴虎，不敢馮河。（《小雅·小旻》）

⑤如跂斯翼，如矢斯棘，如鳥斯革，如翬斯飛。（《小雅·斯干》）

⑥或降于阿，或飲于池，或寢或訛。（《小雅·無羊》）

⑦言告師氏，言告言歸。（《周南·葛覃》）

⑧<u>武王</u>成之，<u>武王</u>烝哉。（《大雅·文王有聲》）

⑨<u>謂</u>天蓋高，<u>不敢</u>不局。<u>謂</u>地蓋厚，<u>不敢</u>不蹐。（《小雅·正月》）

⑩<u>徐方</u>來庭，<u>徐方</u>不回。（《大雅·常武》）

例①「禍亂因此產生」、「禍亂因此殘暴」、「禍亂因此超過以往」主語加狀語「亂是用」三個相同音節跨句重複，表達了詩人對亂禍並起的痛恨之情。例②「我生之初」、「我生之後」狀語跨句重複，詩人疊歎事過境遷，獨我罹難。例③、④是四言兩個相同謂語音節跨句重複。例③「可以」進退有序，則音律怡然自樂，說明了詩人安貧守賤，不慕權貴的品格。例④「不敢」長氣貫出，氣勢雄渾，旋律一步緊逼一步，人民在周幽王暴政下的極度恐懼描摹得聲色俱佳。例⑤、⑥是四言第一字跨句重複，亦即領字重複。（四言中每一句的前一個音節領起後三個音節爲領字重複，音頓一／二三四，如「或／降于阿」）領字重音不重義，重音則具有領袖作用，或高或低、或輕或重均不出領字之準值，正如合唱中的領唱，其氣勢強弱決定整個合唱隊的氣勢強弱。例⑤謂語「如」領句，音質幽遠而婉曲，樂勢綿遠而深長，排比句的音律變化純和而舒暢。例⑥主語「或」領句，音質清脆而嘹亮，勾畫出一幅牛羊百態圖：有的從山坡上下來；有的在池邊飲水；有的靜臥；有的徐行，因此而見「或」字之妙。例⑦是音節襯詞「言」加謂語動詞「告」上下句對位重複，把歸家的喜悅心情表現得迫切而活潑。例⑧是主語「武王」領句重複，情不自禁，激動不已，詩人對武王的尊敬之情躍然詩中。例⑨謂語「謂」和狀語加謂語「不敢」錯句重複，一隱一現，欲吐欲止，表達了人類在始初時期對天地的敬畏之情。例⑩主語「徐方」對位重複，把徐方對周天子的敬慕、來去趨庭的神情刻畫得微妙微肖。

2. 相同音節前後言句交尾重複

相同音節前後句交尾重複，即前句的第三、四字具有的某成分音節與後句的第一、二字具有的某成分音節相互重複，（前句的最後一個音節與後句的第一個音節重複不再論及）使一句的內容變爲兩句，前後句重複的音節成分相同，以重複加以強調（最爲普遍），或使相同音節由前句尾的某成分搖身一變成爲後句的新成分（比較少見），從而達到詩句整齊、節奏和諧的目的，這是所謂頂針重複式，它是《詩經》音律的一個重要特點，古代散文中極爲鮮見。它特殊的音律意義在於前句的收尾是後句的起始，句與句之間停頓時間本來是比較長的，但因爲相同音節構成的樂拍（兩個音節構成一個樂拍）只

有一聲一韻的變化，所以，在節奏的推進上就相對加快了，（比如上文討論的〔ABAB〕式就是如此）而在音值的高低（樂節中有兩種音值變化）上又相互約束，就像平川縱馬任意奔馳卻又韁不離手，顯得瀟灑自如，進退相宜。如《大雅・皇矣》：

　　　無矢我陵，我陵我阿；無飲我泉，我泉我池。

賓語「我陵」、「我泉」次句強調而重複，不許陣兵在我們的丘陵山坡，不許飲我們的泉水池水。音節複現承上而來，綿綿不斷，句句緊跟，情調上沒有迴旋餘地，語氣上無可商量，像連珠炮彈，將詩人的情感射了出來。既有四言的中和平實，又有疊音頂針的磅礴氣勢，使整個樂章音律色彩紛呈，雄奇壯實。常見的有謂語、賓語、補語重複，其中又以謂語重複居多。如：

　　①君子樂胥，萬邦之屏，之屏之翰。（《小雅・桑扈》）
　　②升彼虛矣，以望楚矣，望楚與堂。（《鄘風・定之方中》）
　　③來福無疆，四方之綱。之綱之紀，燕及朋友。（《大雅・假樂》）
　　④其德克明，克明其類，克長克君。（《大雅・皇矣》）
　　⑤戎車既安，如輊如軒。四牡既佶，既佶且閒。（《小雅・六月》）
　　⑥四海來假，來假祁祁，景員維河。（《商頌・玄鳥》）
　　⑦我有嘉賓，鼓瑟吹笙，吹笙鼓簧，承筐是將。（《小雅・鹿鳴》）
　　⑧誓將去女，適彼樂國，樂國樂國，爰得我直。（《魏風・碩鼠》）
　　⑨乃立皋門，皋門有伉。乃立應門，應門將將。（《大雅・縣》）
　　⑩卬盛于豆，于豆于登，其香始陞，上帝居歆。（《大雅・生民》）

例①到例⑦都是謂語交尾重複。例①「之屏」頂眞重複，強調了君子在國在邦的重要地位，他是萬國的屏障，萬國的棟樑。例②登上故城，是爲了眺望楚丘與堂邑，「望楚」「望楚」（交尾重複）表達了詩人對故國河山的深沈懷念，特別是在兩兩重複之間又添入一個「矣」字，更顯得愁憂眞切。例③「之紀」上下重複，反覆說明君子是四方的榜樣，是四方的楷模。例④：王季之德能明確是非善惡，能能夠統治四方八國，「其德」交尾重複，將一句拉長爲三句，三句音律一氣呵成，因上句三、四字與下句一、二字相同音節「克明」的對應重複而逶迤不息，旋律形象充滿活力，風采迷人。例⑤「既佶」既收，「既佶」又起，四馬強壯而又悠閒自得。例⑥「來假」（假，至也，言玄鳥至也。）越壑相連，言玄鳥生生不息，以頌美商祖之誕生，武丁之興盛。（此詩是歌頌武丁開天闢地的勳業）例⑦「吹笙」不止（言吹笙交尾重複），燕樂不休，賓

禮不絕。例⑧、例⑨是賓語交尾重複。例⑧這種重複方式《詩》中並不多見，它在音律上別有意趣，承上句賓語「樂國」下句一二三四言駢位重複，音律形象更加飽滿沈實，強調「碩鼠」的可憎，「樂國」的可求。（該詩另有二例：誓將去女，適彼樂土，樂土樂土，爰得我所。／誓將去女，適彼樂郊，樂郊樂郊，爲之永號。）例⑨詩意是說於是修建城郭外門，城郭外門高聳入雲天；於是修建宮殿正門，宮殿大門莊嚴又肅穆。賓語「皋門」、「應門」的交尾重複，展示了周太祖遷岐立國，轟轟烈烈動土興宮的歷史畫卷，該例賓語的交尾重複與其他 9 例不同之處在於上句用作賓語而次重複卻用作主語，這也是句子成分重複中極爲少見的。例⑩是補語「于豆」交尾重複，表達了后稷將祭品盛在木器、瓦器（《爾雅·釋器》：木豆謂之豆，瓦豆謂之登。）上的祈誠心態。

第二節　重言綿延音律

　　重言因爲由兩個結構相同、讀音相同的單字重疊組合而成，故又稱之爲「疊」字或「疊音詞」或「疊詞」。自劉勰《文心雕龍·聲律》開始注意《詩經》中的重言疊字以來，許多學者都對這種特殊的詞類進行了深入的探討，但不外乎重言重疊後的詞義變化和對物象的特殊描寫效果，以及重言在《詩經》諸詩中的使用數次、生存狀態、語音譜系等內容。在前人研究的基礎上，本節對重言產生的語言背景和重言生成後的表現特徵——衍生性、變異性、穩定性，以及重言爲什麼具有特殊音律美的音理——母音輔音的對立統一、聲母韻母的迴環統一進行了試探性分析，同時還例釋了杜其容《詩經》重言詞 A 譜，指明了詩經中重言詞的生存模式。

　　人類在進化過程中經歷了由動物語言到人類語言這樣一個漫長的時期，動物語言是人類尚處在類人猿階段的語言，有語言學者稱之爲「形體語言」，實際上是以呼叫輔之以形體構成的。在大約三百萬年前的遠古時代，生產力水準非常低下，強大的自然力給人類生存構成巨大的威脅，這種傳遞信息的方式當然有很大的侷限性。四時易節，滄海桑田，正是在求得生存的勞動過程中，類人猿的腦髓變成了人的腦髓，人類有了思維；類人猿的發音器官變成了人的發音器官，人類有了語言，「腦髓和爲它服務的感官、愈來愈清楚的意識以及抽象能力和推理能力的發展，又反過來對勞動和語言起作用，爲二

者的進一步發展提供愈來愈新的推動力。」〔註6〕人類語言的產生發展自然是由簡單到複雜的，首先是一個一個的單音節詞，接著有了一組一組的雙音節詞，然後有了一句一句的話，而雙音節片語中發音最簡單、表達最簡便、摹仿最容易的就是聲韻相同的重言詞，這從嬰兒學語就可以得到充分地證實，至於重言詞的音律意義則是在語言產生之初無意識生成後，在詩歌產生之初詩人有意識利用和創造的。

一、重言疊字的生成特徵

重言是指兩個相同的漢字重疊在一起。古人稱一字為一言，如《史記‧老莊申韓列傳》說老子著書五千言，五千言就是五千字。重言的名稱見於明代方以智《通雅‧釋詁》，後來一直沿用。清代王筠有《毛詩重言》一書，專講《詩經》中的重言。上古以單音節詞為主，為重言組合提供了重要條件，因此，重言疊字在《周易》〔註7〕、《詩經》等現存最早的文獻中已經十分發達了，其鮮明特徵也逐漸形成，主要表現在三大方面：

（一）組合上具有極強的衍生性

重言疊詞的衍生除了接受語境表意的制約外，可以說不受其他任何外在或內在因素的制約，順手拈來隨意重疊，無論是音位多少、音節聲韻、音調高低、言語序次都不會對它的生成產生任何影響。如《詩經‧衛風‧碩人》最後一章：「河水洋洋，北流活活。施罛濊濊，鱣鮪發發。葭菼揭揭，庶姜孽孽，庶士有朅。」共七句詩有六個重言詞，幾乎每句一個，當然不能說使用不普遍。從詞素的詞性上分析，大部分詞類包括名詞、動詞、形容詞、副詞、數詞、量詞等都能夠組合成疊詞。「燕燕」、「泥泥」、「子子」、「孫孫」、「夢夢」、（名詞重疊）等；「發發」、「奔奔」、「采采」、「增增」、「衝衝」、「躍躍」（動詞重疊）等；「平平」、「明明」、「濃濃」、「軟軟」、「薄薄」（形容詞重疊）等；「弗弗」、「莫莫」（副詞重疊）等。在諸詞類中以動詞重疊現象最為普遍。除如以上詞素構成的大量重言詞之外，還有以象聲音節構成的大量象聲疊詞。如「哼哼」、「噲噲」、「嗃嗃」、「嚶嚶」。〔註8〕至於數詞和量詞重疊在《詩經》

〔註6〕 恩格斯，《自然辯證法》，人民出版社，1995年版。
〔註7〕 參見本書《生成論‧周易隱詩為〈詩〉律生成提供了表現基礎》。
〔註8〕 象聲疊詞有兩類，一類是以純粹象聲音節構成的象聲詞，如「噲噲」、「嗃嗃」、「嚶嚶」，其次是以實詞重疊構成的象聲疊詞，如「關關」鳥叫聲，「坎坎」

中還沒發現，其中有後來用作量詞的「枚枚」、「斤斤」諸詞在《詩經》時代尚沒有作量詞的用法，前者作名詞「樹枝」，後者是名詞重疊生成的象聲詞「伐木」之聲。另外，《王風‧兔爰》有「有兔爰爰，雉離于羅」之「爰爰」重疊，「爰」在這裡並非是助詞，而是形容詞「緩」之假借。

（二）語意上具有合成變異性〔註9〕

合成變異性是指詞素重疊以後產生了形態變化，語意也隨之改變，主要表現在詞義的變異、感情色彩的變異等方面，如：

（1）蓼彼蕭斯，零露泥泥。（《小雅‧蓼蕭》）

（2）捷捷幡幡，謀欲譖言。（《小雅‧巷伯》）

（3）燕燕于飛，差池其羽。（《邶風‧綠衣》）

（4）敝笱在梁，其魚唯唯。（《齊風‧敝笱》）

（5）關關雎鳩，在河之洲。（《周南‧關雎》）

（6）宜爾子孫，振振兮。（《周南‧螽斯》）

（7）鶉之奔奔，鵲之彊彊。（《鄘風‧鶉之奔奔》）

（8）彼黍離離，彼稷之苗。（《王風‧黍離》）

（9）鴻雁于飛，肅肅其羽。（《小雅‧鴻雁》）

（10）無田甫田，維莠驕驕。（《齊風‧甫田》）

（11）倉庚喈喈，采蘩祁祁。（《小雅‧出車》）

（12）維葉莫莫，是刈是濩。（《周南‧葛覃》）

（13）行邁靡靡，中心如醉。（《王風‧黍離》）

例（1）「泥泥」，是名詞重疊，詞義新變，名詞動化，意為「濡濕貌」。《傳》曰：「泥泥，沾濡也。」例（2）「幡幡」，名詞重疊，「幡」本是旗幟的一種，重疊後則「猶翩翩也，往來貌」（《傳》）。例（3）「燕燕」，名詞重疊，意義雖然沒有發生變化，但增強了喜愛親切的感情色彩。例（4）「唯唯」，名詞重疊，「唯」本義是答應的聲音，重疊以後則為「隨行之貌」。《箋》云：「行相隨順之貌。」《傳》曰：「出入不制。」同時「唯唯」的重疊更加突出了詩人對魚兒自由隨行的羨慕之情。例（5）「關關」，是動詞重疊，詞性改變，詞義為二鳥和鳴。王先謙《三家詩義集疏》云：「《魯》說曰：『關關，音聲和也。……《玉篇》：關關，

伐木聲，「活活」流水聲等。

〔註9〕純粹象聲音節重疊構成的象聲詞例外。象聲音節的重疊只是聲音的延續，並不能使語意產生變化。

和鳴也。」例（6）「振振」，動詞重疊，化之爲形容詞。馬瑞辰《通釋》云：「振振，謂眾盛也。與下章繩繩、蟄蟄皆爲眾貌。」例（7）「奔奔」，動詞重疊，詞性變異爲形容詞，其意義則爲「居有長匹，飛則相隨之貌」（鄭《箋》注）。例（8）「離離」，動詞重疊，詞義變化，馬瑞辰《通釋》云：「狀其有行列也。」例（9）「肅肅」，形容詞重疊，變異爲象聲詞，《傳》曰：「肅肅，羽聲也。」例（10）「驕驕」，形容詞重疊，意爲「高大貌」，《法言》作「喬」，《爾雅》：「喬，高也。」例（11）「祁祁」，形容詞重疊，「祁」的常用義是「大也」，在該句中重疊後則在指戰爭勝利，人民安居樂業，《傳》云：「祁祁，舒遲也。」《爾雅》：「祁祁，徐也。」例（12）「莫莫」，副詞重疊，異化爲形容詞「茂盛」之意。《傳》云：「施（蔓延生長）也。」例（13）「靡靡」，副詞重疊，也異化爲形容詞，是行步遲緩的樣子。

（三）結構上具有相對穩定性

結構上具有相對穩定性是指詞素重疊以後大都被固定下來，並且以旺盛的生命力在語言中長期使用，延及至今。這主要是因爲疊詞除能豐富語意（如上所述）外，還因爲它具有豐富的表現力和優美的音律感（下文將論及）。《詩經》中的疊詞雖然有一部分生僻的被後人淘汰，但大多數疊詞都被繼承沿用。如「靡靡」（靡靡之音）、「平平」（平平常常、平平坦坦）、「番番」（番番教誨）、「翩翩」（翩翩起舞）、「板板」（板板有眼）、「綿綿」（綿綿不斷）、「明明」（明明白白）「滔滔」（滔滔不絕）、「忡忡」（憂心忡忡）、「唯唯」（唯唯諾諾）、「悠悠（悠悠鄉情）等等。

二、《詩經》重言疊字的譜系

《詩經》中的重言疊字很多，程湘清《漢語史專書複音詞研究》認爲絕大多數是不能拆開的單純雙音詞。朱廣祁《詩經雙音詞論稿》、馬眞《先秦複音詞初探》等著作都較爲全面地研究了《詩經》中的重言疊字現象。據王顯《在〈詩經〉中跟重言詞相當的「有」字式、「其」字式、「斯」字式》一文中統計共 547 個（含重言變體，即「其」字式、「有」字式，如「擊鼓其鏜」、「庶士有朅」，「其鏜」即「鏜鏜」、「有朅」即「朅朅」。）使用 678 次（不含帶「有」、「其」、「斯」字的變體），三詩分別是：

國風　共 168 個　　使用 232 次

雅詩　共 310 個　　使用 368 次

頌詩　共 69 個　　使用 78 次

杜其容在《毛詩連綿詞譜》(《國立臺灣大學文史哲學報》第 9 期)中按其發音部位建立了《詩經》重言譜系。杜譜 A，列舉了《詩經》中 362 個疊音詞，按發音部位分為 10 組。杜譜又將間隔重疊形式「玭－玭－」、「瑳－瑳－」、「哆－哆－」亦歸屬譜中，表中以「－※－※」別於緊相重疊的疊詞。杜譜例釋：

譜 Aa

1. 伾伾《魯頌·駉》　有駓有駓，以車伾伾。
   《毛傳》：伾伾，有力也。

2. 浮浮《小雅·江漢》　江漢浮浮，武夫滔滔。
   《毛傳》：浮浮，眾強貌。

3. 鑣鑣《衛風·碩人》　四牡有驕，朱幩鑣鑣。
   《毛傳》：鑣鑣，盛貌。

4. 儦儦《齊風·載馳》　汶水滔滔，行人儦儦。
   《毛傳》：儦儦，眾貌。

5. 麃麃《鄭風·清人》　清人在消，駟介麃麃。
   《毛傳》：麃麃，武貌。

6. 瀌瀌《小雅·角弓》　雨雪瀌瀌，見晛曰消。
   《集傳》：瀌瀌，眾貌。

7. 甫甫《大雅·韓奕》　川澤吁吁，魴鱮甫甫。
   《毛傳》：甫甫然，大也。

8. 薄薄《齊風·載馳》　載驅薄薄，簟茀朱鞹。
   《毛傳》：薄薄，疾驅聲也。

9. 苾苾《小雅·信南山》　是烝是享，苾苾芬芬。
   《鄭箋》：苾苾芬芬然香。

10. 怭怭《小雅·賓之初筵》　曰既醉止，威儀怭怭。
    《毛傳》：怭怭，媟嫚也。

11. 騑騑《小雅·四牡》　四牡騑騑，周道倭遲。
    《毛傳》：騑騑，行不止之貌。

12. 霏霏《小雅·采薇》　今我來思，雨雪霏霏。
    《集傳》：霏霏，雪盛貌。

13. 雰雰《小雅·信南山》　上天同雲，雨雪雰雰。
《毛傳》：雰雰，雪貌。

14. 渜渜《小雅·小弁》　有漼者淵，萑葦渜渜。
《毛傳》：渜渜，眾也。

15. 弗弗《小雅·蓼莪》　南山律律，飄風弗弗。
《毛傳》：弗弗，猶發發也。

16. 發發《小雅·蓼莪》　南山烈烈，飄風發發。
《毛傳》：發發，疾貌。

17. 茀茀《大雅·皇矣》　臨沖茀茀，崇墉仡仡。
《毛傳》：茀茀，強盛也。

18. 肺肺《陳風·東門之楊》　東門之楊，其葉肺肺。
《毛傳》：肺肺，猶牂牂然，盛貌。

19. 旆旆《小雅·出車》　彼旟旐斯，胡不旆旆。
《集傳》：旆旆，飛揚之貌。

20. 茷茷《魯頌·泮水》　其旗茷茷，鸞聲噦噦。
《集傳》：茷茷，飛揚也。

21. 番番《大雅·崧高》　申伯番番，既入于謝。
《毛傳》：番番，勇武貌。

22. 反反《小雅·賓之初筵》　其未醉止，威儀反反。
《毛傳》：反反，言慎重也。

23. 板板《大雅·板》　上帝板板，下民卒癉。
《毛傳》：板板，反也。

24. 幡幡《小雅·瓠葉》　幡幡瓠葉，采之亨之。
《毛傳》：幡幡，瓠葉貌。

25. 奔奔《鄘風·鶉之奔奔》　鵲之彊彊，鶉之奔奔。
《鄭箋》：奔奔、彊彊，言其居有常匹飛相隨之貌。

26. 芬芬《大雅·鳧鷖》　旨酒欣欣，燔炙芬芬。
《毛傳》：芬芬，香也。

27. 翩翩《小雅·四牡》　翩翩者鵻，載飛載下。
《集傳》：翩翩，飛貌。

28. 平平《小雅·采菽》　平平左右，亦是率從。

《毛傳》：平平，辯治也。

29. 怲怲《小雅・頍弁》　未見君子，憂心怲怲。
　　《毛傳》：怲怲，憂盛滿也。

30. 旁旁《鄭風・清人》　清人在彭，駟介旁旁。
　　《釋文》：旁旁，強也。

31. 傍傍《小雅・北山》　四牡彭彭，王事傍傍。
　　《毛傳》：傍傍然，不得已。

32. 彭彭《齊風・載驅》　汶水湯湯，行人彭彭。
　　《毛傳》：彭彭，多貌。

33. 菶菶《大雅・卷阿》　菶菶萋萋，雝雝喈喈。
　　《毛傳》：菶菶，梧桐盛也，鳳凰鳴也。

34. 幪幪《大雅・生民》　麻麥幪幪，瓜瓞唪唪。
　　《毛傳》：唪唪然，多實也。

35. 蓬蓬《小雅・采菽》　維柞之枝，其葉蓬蓬。
　　《毛傳》：蓬蓬，盛貌。

36. 逢逢《大雅・靈臺》　鼉鼓逢逢，矇瞍奏公。
　　《集傳》：逢逢，和也。

37. 馮馮《大雅・緜》　築之登登，削屢馮馮。
　　《毛傳》：馮馮，用力也。

38. 泛泛《小雅・青青者莪》　泛泛揚舟，載沈載浮。
　　《傳疏》：泛泛，流貌。

39. 芃芃《鄘風・載馳》　我行其野，芃芃其麥。
　　《毛傳》：芃芃然方盛長。

譜 Ab

1. 穆穆《大雅・文王》　穆穆文王，於緝熙敬止。
　　《通釋》：據下言敬止，則穆穆為敬貌。

2. 蘒蘒《大雅・崧高》　寢廟既成，既成蘒蘒。
　　《毛傳》：蘒蘒，美貌。

3. 莫莫《周南・葛覃》　施于中谷，維葉莫莫。
　　《集傳》：莫莫，成就之貌。

4. 膴膴《大雅・緜》　周原膴膴，堇荼如飴。

　　《毛傳》：膴膴，美也。

5. 瀰瀰《邶風‧新臺》　新臺有泚，河水瀰瀰。
　　《毛傳》：瀰瀰，盛貌。

6. 浼浼《邶風‧新臺》　新臺有灑，河水浼浼。
　　《集傳》：浼浼，平也。

7. 枚枚《魯頌‧閟宮》　閟宮有侐，實實枚枚。
　　《毛傳》：枚枚，礱密也。

8. 靡靡《王風‧黍離》　行邁靡靡，中心搖搖。
　　《毛傳》：靡靡，猶遲遲貌。

9. 綿綿《王風‧葛藟》　綿綿葛藟，在河之滸。
　　《毛傳》：綿綿，長不絕之貌。

10. 勉勉《大雅‧棫樸》　勉勉我王，綱紀四方。
　　《韓詩》：「勉勉」作「亹亹」。

11. 亹亹《大雅‧崧高》　亹亹申伯，王纘之事。
　　《鄭箋》：亹亹，勉也。

12. 冥冥《小雅‧無將大車》　無將大車，維塵冥冥。
　　《集傳》：冥冥，昏昧貌。

13. 明明《小雅‧小明》　明明上天，照臨下土。
　　《毛傳》：明明然，察也。

14. 芒芒《商頌‧長發》　洪水芒芒，禹敷下土方。
　　《傳疏》：芒芒，猶湯湯也。

15. 幪幪《大雅‧生民》　麻麥幪幪，瓜瓞唪唪。
　　《毛傳》：幪幪然，茂盛也。

16. 夢夢《小雅‧正月》　民今方殆，視天夢夢。
　　《集傳》：夢夢，不明也。

17. 薨薨《齊風‧雞鳴》　蟲飛薨薨，甘與子同夢。
　　《集傳》：薨薨，群飛聲。

18. 邁邁《小雅‧白華》　念子懆懆，視我邁邁。
　　《毛傳》：邁邁，不說也。

譜 Ac

1. 翼翼《大雅‧文王》　世之丕顯，厥猶翼翼。

《毛傳》：翼翼，恭敬也。

2. 滔滔 《大雅・江漢》　江漢滔滔，武夫浮浮。
《毛傳》：滔滔，廣大貌。

3. 慆慆 《豳風・東山》　我徂東山，慆慆不歸。
《毛傳》：慆慆，言久也。

4. 悠悠 《邶風・雄雉》　瞻彼日月，悠悠我思。
《毛傳》：悠悠，憂也。

5. 瀟瀟 《衛風・竹竿》　淇水瀟瀟，檜楫松舟。
《毛傳》：瀟瀟，流貌。

6. 陶陶 《王風・君子陽陽》　君子陶陶，左執翿。
《毛傳》：陶陶，和樂貌。

7. 踧踧 《小雅・小弁》　踧踧周道，鞠為茂草。
《毛傳》：踧踧，平易也。

8. 滌滌 《大雅・雲漢》　旱既太甚，滌滌山川。
《毛傳》：滌滌，旱氣也。

9. 忉忉 《齊風・甫田》　無思遠人，勞心忉忉。
《毛傳》：忉忉，憂勞也。

10. 愈愈 《小雅・正月》　憂心愈愈，是以有侮。
《毛傳》：愈愈，憂懼也，

11. 罩罩 《小雅・南有嘉魚》　南有嘉魚，烝然罩罩。
《正義》：蓋魚游水之貌。

12. 趯趯 《召南・草蟲》　喓喓草蟲，趯趯阜螽。
《毛傳》：趯趯，躍也。

13. 躍躍 《小雅・巧言》　躍躍毚兔，遇犬獲之。
《集傳》：躍躍，跳疾貌。

14・籊籊 《衛風・竹竿》　籊籊竹竿，以釣於淇。
《毛傳》：籊籊，長而殺也。

15・濯濯 《大雅・崧高》　四牡蹻蹻，鉤膺濯濯。
《毛傳》：濯濯，光明也。

16・佻佻 《小雅・大東》　佻佻公子，行彼周行。
《毛傳》：佻佻，獨行貌。

17. 奕奕《小雅・巧言》　奕奕寢廟，君子作之。
《毛傳》：奕奕，大貌。

18. 弈弈《小雅・頍弁》　未見君子，憂心弈弈。
《毛偉》：弈弈然無所薄也。

19. 驛驛《周頌・載芟》　驛驛其達，有厭其傑。
《集傳》：驛驛，苗生也。

20. 繹繹《魯頌・駉》　有驒有魚，以車繹繹。
《毛傳》：繹繹，善走也。

21. 橐橐《小雅・斯干》　約之閣閣，椓之橐橐。
《毛傳》：橐橐，用力也。

22. 惕惕《陳風・防有鵲巢》　誰侜予美，心焉惕惕。
《毛傳》：惕惕，猶忉忉也。

23. 提提《小雅・小弁》　弁彼鸒斯，歸飛提提。
《毛傳》：提提，群飛貌。

24. 遲遲《邶風・谷風》　行道遲遲，中心有違。
《毛傳》：遲遲，舒行貌也。

25. 挃挃《周頌・良耜》　穫之挃挃，積之栗栗。
《毛傳》：挃挃，穫聲也。

26. 逸逸《小雅・賓之初筵》　鐘鼓既設，舉酬逸逸。
《毛傳》：逸逸，往來次序也。

27. 秩秩《小雅・賓之初筵》　賓之初筵，左右秩秩。
《毛傳》：秩秩然肅敬也。

28. 啍啍《王風・大車》　大車啍啍，毳衣如璊。
《毛傳》：啍啍，重遲之貌。

29. 焞焞《小雅・采芑》　嘽嘽焞焞，如霆如雷。
《毛傳》：焞焞，盛也。

30. 唯唯《齊風・敝笱》　敝笱在梁，其魚唯唯。
《毛傳》：唯唯，出入不制也。

31. 棣棣《邶風・柏舟》　威儀棣棣，不可選也。
《毛傳》：棣棣，富而閑習也。

32. 脫脫《召南・野有死麕》　舒而脫脫兮，無感我帨兮。

《毛傳》：脫脫，舒遲也。

33. 泄泄 《大雅・板》　　天之方蹶，無然泄泄。
《毛傳》：泄泄，猶遝遝也。

34. 惙惙 《召南・草蟲》　　未見君子，憂心惙惙。
《毛傳》：惙惙，憂也。

35. 怛怛 《齊風・甫田》　　無思遠人，勞心怛怛。
《毛傳》：怛怛，猶忉忉也。

36. 慱慱 《檜風・素冠》　　棘人欒欒兮，勞心慱慱兮。
《毛傳》：慱慱，憂勞也。

37. 蛇蛇 《小雅・巧言》　　蛇蛇碩言，出自口矣。
《毛傳》：蛇蛇，淺意也。

38. 佗佗 《鄘風・君子偕老》　　委委佗佗，如山如河。
《釋訓》：委委佗佗，美也。

39. 旦旦 《衛風・氓》　　言笑宴宴，信誓旦旦。
《鄭箋》：言其懇惻款誠。

40. 嘽嘽 《小雅・四牡》　　四牡騑騑，嘽嘽駱馬。
《毛傳》：嘽嘽，喘息之貌。

41. 闐闐 《小雅・采芑》　　伐鼓淵淵，振旅闐闐。
《集傳》：闐闐，亦鼓聲也。

42. 丁丁 《小雅・伐木》　　伐木丁丁，鳥鳴嚶嚶。
《毛傳》：丁丁，伐木聲也。

43. 陽陽 《王風・君子陽陽》　　君子陽陽，左執簧。
《爾雅》：陽陽亦樂意。

44. 蕩蕩 《大雅・蕩》　　蕩蕩上帝，下民之闢。
《鄭箋》：蕩蕩，法度廢壞之貌。

45. 僮僮 《召南・采蘩》　　被之僮僮，夙夜在公。
《經義述聞》：僮僮形容首飾之盛。

46. 忡忡 《召南・草蟲》　　未見君子，憂心忡忡。
《傳疏》：忡忡，憂也。

47. 衝衝 《小雅・蓼蕭》　　既見君子，鞗革衝衝。
《集傳》：衝衝，垂貌。

48. 蟲蟲《大雅・雲漢》　旱既太甚，蘊隆蟲蟲。
　　《毛傳》：蟲蟲而熱。

49. 登登《大雅・緜》　築之登登，削屢馮馮。
　　《毛傳》：登登，用力也。

50. 湛湛《小雅・湛露》　湛湛露斯，匪陽不晞。
　　《毛傳》：湛湛，露茂盛也。

譜 Ad

1. 濃濃《小雅・蓼蕭》　蓼彼蕭斯，零露濃濃。
　　《毛傳》：濃濃，厚貌。

2. 濔濔《齊風・載驅》　四驪濟濟，垂轡濔濔。
　　《集傳》：濔濔，柔貌。

3. 泥泥《小雅・蓼蕭》　蓼彼蕭斯，零露泥泥。
　　《毛傳》：泥泥，沾露也。

4. 耳耳《魯頌・閟宮》　龍旂承祀，六轡耳耳。
　　《毛傳》：耳耳然，至盛也。

5. 陾陾《大雅・緜》　捄之陾陾，度之薨薨。
　　《毛傳》：陾陾，眾也。

6. 瀼瀼《小雅・蓼蕭》　蓼彼蕭斯，零露瀼瀼。
　　《毛傳》：瀼瀼，盛貌。

7. 穰穰《周頌・執競》　磬筦將將，降福穰穰。
　　《毛傳》：穰穰，眾也。

譜 Ae

1. 蓼蓼《小雅・蓼莪》　蓼蓼者莪，匪莪伊蒿。
　　《毛傳》：蓼蓼，長大貌。

2. 盧旅《大雅・公劉》　於時處處，於時盧旅。
　　《通釋》：盧旅，即「盧盧」或「旅旅」。
　　《毛傳》：盧旅，寄也。

3. 栗栗《周頌・良耜》　穫之挃挃，積之栗栗。
　　《毛傳》：栗栗，眾多也。

4. 烈烈《小雅・蓼莪》　南山烈烈，飄風發發。
　　《毛傳》：烈烈，至難也。

5. 離離《王風·黍離》　彼黍離離，彼稷之苗。
《集傳》：離離，垂貌。

6. 漣漣《衛風·氓》　不見復關，泣涕漣漣。
《集疏》：漣漣，流貌。

7. 連連《大雅·皇矣》　執訊連連，攸馘安安。
《集傳》：連連，屬續貌。

8. 欒欒《檜風·素冠》　庶見素冠兮，棘人欒欒兮。
《毛傳》：欒欒，瘠貌。

9. 令令《齊風·盧令》　盧令令，其人美且仁。
《毛傳》：令令，纓環聲。

10. 鄰鄰《秦風·車鄰》　有車鄰鄰，有馬白顛。
《毛傳》：鄰鄰，眾車聲。

11. 粼粼《唐風·揚之水》　揚之水，白石粼粼。
《毛傳》：粼粼，清澈也。

12. 龐龐《小雅·車攻》　四牡龐龐，駕言徂東。
《毛傳》：龐龐，充實貌。

13. 律律《小雅·蓼莪》　南山律律，飄風弗弗。
《毛傳》：律律，猶烈烈也。

譜 Af

1. 采采《周南·卷耳》　采采卷耳，不盈頃筐。
《集傳》：采采，非一采也。

2. 俟俟《小雅·吉日》　儦儦俟俟，或群或友。
《毛傳》：行則俟俟。

3. 增增《魯頌·閟宮》　貝胄朱綅，烝徒增增。
《毛傳》：增增，眾也。

4. 畟畟《周頌·良耜》　畟畟良耜，俶載南畝。
《毛傳》：畟畟，猶測測也。

5. 瀟瀟《鄭風·風雨》　風雨瀟瀟，雞鳴膠膠。
《毛傳》：瀟瀟，暴疾也。

6. 蕭蕭《小雅·車攻》　蕭蕭馬鳴，悠悠旆旌。
《集傳》：蕭蕭，悠悠，皆閒暇貌。

7. 叟叟《大雅・生民》　釋之叟叟，烝之浮浮。
《毛傳》：叟叟，聲也。

8. 肅肅《大雅・思齊》　雝雝在宮，肅肅在廟。
《毛傳》：肅肅，敬也。

9. 宿宿《周頌・有客》　有客宿宿，有客信信。
《集疏》：宿宿，言再宿也。

10. 翛翛《豳風・鴟鴞》　予羽譙譙，予尾翛翛。
《毛傳》：翛翛，敝也。

11. 譙譙《豳風・鴟鴞》　予羽譙譙，予尾翛翛。
《毛傳》：譙譙，殺也。

12. 鑿鑿《唐風・揚之水》　揚之水，白石鑿鑿。
《毛傳》：鑿鑿然，鮮明貌。

13. 戚戚《大雅・行葦》　戚戚兄弟，莫遠具爾。
《毛傳》：戚戚，內相親也。

14. 蹙蹙《小雅・節南山》　我瞻四方，蹙蹙靡所騁。
《鄭箋》：蹙蹙，縮小之貌。

15. 草草《小雅・巷伯》　驕人好好，勞人草草。
《集傳》：草草。憂也。

16. 懆懆《小雅・白華》　念子懆懆，視我邁邁。
《集傳》：懆懆，憂也。

17. 悄悄《邶風・柏舟》　憂心悄悄，慍於群小。
《毛傳》：悄悄，憂貌。

18. 蔌蔌《小雅・正月》　佌佌彼有屋，蔌蔌方有谷。
《毛傳》：蔌蔌，陋也。

19. 楚楚《小雅・楚茨》　楚楚者茨，言抽其棘。
《毛傳》：楚楚，茨棘也。

20. 湑湑《唐風・杕杜》　有杕之杜，其葉湑湑。
《正義》：其葉湑湑然而盛。

21. 牂牂《陳風・東門之楊》　東門之楊，其葉牂牂。
《毛傳》：牂牂，盛貌。

22. 蒼蒼《秦風・蒹葭》　蒹葭蒼蒼，白露爲霜。

《毛傳》：蒼蒼，盛也。

23. 蹱蹱 《小雅‧楚茨》　執爨蹱蹱，爲俎孔碩。
　　《毛傳》：蹱蹱，言爨竈有容也。

24. 蹌蹌 《小雅‧楚茨》　濟濟蹌蹌，絜爾牛羊。
　　《毛傳》：濟濟蹌蹌言有容也。

25. 訿訿 《小雅‧小旻》　潝潝訿訿，亦孔之哀。
　　《集傳》：訿訿，相詆也。

26. 玼—玼— 《鄘風‧君子偕老》　玼兮玼兮！其之翟也。
　　《毛傳》：玼，鮮盛貌。

27. 佌佌 《小雅‧正月》　佌佌彼有屋，蔌蔌方有谷。
　　《毛傳》：佌佌，小也。

28. 濟濟 《小雅‧楚茨》　濟濟蹌蹌，絜爾牛羊。
　　《毛傳》：濟濟蹌蹌言有容也。

29. 淒淒 《鄭風‧風雨》　風雨淒淒，雞鳴喈喈。
　　《正義》：淒淒，寒涼之意。

30. 萋萋 《秦風‧蒹葭》　蒹葭萋萋，白露未晞。
　　《毛傳》：萋萋，猶蒼蒼也。

31. 蓁蓁 《周南‧桃夭》　桃之夭夭，其葉蓁蓁。
　　《毛傳》：蓁蓁，至盛貌。

32. 溱溱 《小雅‧無羊》　旐維旟矣，室家溱溱。
　　《毛傳》：溱溱，眾也。

33. 甡甡 《大雅‧桑柔》　瞻彼中林，甡甡其鹿。
　　《毛傳》：甡甡，眾多也。

34. 駪駪 《小雅‧皇皇者華》　駪駪征夫，每懷靡及。
　　《毛傳》：駪駪，眾多之貌。

35. 詵詵 《周南‧螽斯》　螽斯羽，詵詵兮。
　　《毛傳》：詵詵，眾多也。

36. 菁菁 《唐風‧杕杜》　有杕之杜，其葉菁菁。
　　《毛傳》：菁菁，葉盛貌。

37. 青青 《小雅‧苕之華》　苕之華，其葉青青。
　　《集傳》：青青，盛貌。

38. 棲棲《小雅・六月》　六月棲棲，戎車既飭。
《集傳》：棲棲，猶皇皇，不安之貌。

39. 崔崔《齊風・南山》　南山崔崔，雄狐綏綏。
《毛傳》：崔崔，高大也。

40. 綏綏《衛風・有狐》　有狐綏綏，在彼淇梁。
《毛傳》：綏綏，匹行貌。

41. 穟穟《大雅・生民》　荏菽旆旆，禾役穟穟。
《毛傳》：穟穟，苗好美也。

42. 嗟嗟《商頌・烈祖》　嗟嗟烈祖！有秩斯祜。
《鄭箋》：重言嗟嗟，美歎之深。

43. 傞傞《小雅・賓之初筵》　側弁之俄，屢舞傞傞。
《毛傳》：傞傞，舞不止也。

44. 瑳―瑳―《鄘風・君子偕老》　瑳兮瑳兮！其之展也。
《說文》：瑳，白色玉也。

45. 瑣瑣《小雅・節南山》　瑣瑣姻亞，則無膴仕。
《毛傳》：瑣瑣，小貌。

46. 粲粲《小雅・大東》　西人之子，粲粲衣服。
《毛傳》：粲粲，鮮盛貌。

47. 汕汕《小雅・南有嘉魚》　南有嘉魚，烝然汕汕。
《說文》：汕，魚游水貌。

48. 僊僊《小雅・賓之初筵》　舍其坐遷，屢舞僊僊。
《集傳》：僊僊，軒舉之貌。

49. 蹲蹲《小雅・伐木》　坎坎鼓我，蹲蹲舞我。
《毛傳》：蹲蹲，舞貌。

50. 孫孫《小雅・楚茨》　子子孫孫，勿替引之。
《爾雅・釋詁》：子子孫孫，引無極也。

51. 信信《周頌・有客》　有客宿宿，有客信信。
《毛傳》：再宿曰信。

52. 騂騂《小雅・角弓》　騂騂角弓，翩其反矣。
《毛傳》：騂騂，調利也。

53. 將將《魯頌・閟宮》　白牡騂剛，犧尊將將。

《正義》：將將然而盛美也。

54. 鏘鏘《大雅·烝民》 四牡彭彭，八鸞鏘鏘。
《鄭箋》：鏗鏗，鳴聲。

55. 瑲瑲《小雅·采芑》 約軝錯衡，八鸞瑲瑲。
《毛傳》：瑲瑲，聲也。

56. 鶬鶬《商頌·烈祖》 八鸞鶬鶬，以假以享。
《鄭箋》：其鸞鶬鶬然聲和。

57. 慘慘《小雅·正月》 憂心慘慘，念國之爲虐。
《毛傳》：慘慘，猶戚戚也。

58. 懆懆《小雅·雨無正》 曾我暬御，懆懆日瘁。
《集傳》：懆懆，憂貌。

59. 駸駸《小雅·四牡》 駕彼四駱，載驟駸駸。
《毛傳》：駸駸，驟貌。

60. 摻摻《魏風·葛屨》 摻摻女手，可以縫裳。
《毛傳》：摻摻，猶纖纖也。

61. 漸漸《小雅·漸漸之石》 漸漸之石，維其高矣。
《毛傳》：漸漸，山石高峻。

62. 捷捷《大雅·烝民》 征夫捷捷，每懷靡及。
《毛傳》：捷捷，言樂事也。

63. 緝緝《小雅·巷伯》 緝緝翩翩，謀欲譖人。
《毛傳》：緝緝，口舌也。

64. 揖揖《周南·螽斯》 螽斯羽，揖揖兮。
《毛傳》：揖揖，會聚也。

65. 濈濈《小雅·無羊》 爾羊來思，其角濈濈。
《毛傳》：濈濈。聚集貌。

66. 習習《邶風·谷風》 習習谷風，以陰以雨。
《毛傳》：習習，和舒貌。

67. 子子《小雅·楚茨》 子子孫孫，勿替引之。
《爾雅·釋詁》：子子孫孫，引無極也。

譜 Ag

1. 蚩蚩《衛風·氓》 氓之蚩蚩，抱布貿絲。

《毛傳》：蚩蚩，敦厚貌。

2. 殖殖《小雅・斯干》　殖殖其庭，有覺其楹。
　《毛傳》：殖殖，言平正也。

3. 招招《邶風・匏有苦葉》　招招舟子，人涉卬否。
　《毛傳》：招招，號召之貌。

4. 昭昭《魯頌・泮水》　其馬昭昭，其音昭昭。
　《鄭箋》：其音昭昭，僖公之德音。

5. 灼灼《周南・桃夭》　桃之夭夭，灼灼其華。
　《毛傳》：灼灼，花之盛也。

6. 綽綽《小雅・角弓》　此令兄弟，綽綽有裕。
　《毛傳》：綽綽，寬也。

7. 澤澤《周頌・載芟》　載芟載柞，其耕澤澤。
　《鄭箋》：和耕之，則澤澤然解散。

8. 湜湜《邶風・谷風》　涇以渭濁，湜湜其止。
　《說文》：湜湜，水清到底也。

9. 實實《魯頌・閟宮》　閟宮有侐，實實枚枚。
　《毛傳》：實實，廣大也。

10. 晢晢《陳風・東門之楊》　昏以為期，明星晢晢。
　《毛傳》：晢晢，猶煌煌也。

11. 惴惴《小雅・小宛》　惴惴小心，如臨于谷。
　《毛傳》：惴惴，懼也。

12. 戰戰《小雅・小旻》　戰戰兢兢，如臨深淵，如履薄冰。
　《毛傳》：戰戰，恐也。

13. 哆—侈—《小雅・巷伯》　哆兮侈兮，成是南箕。
　《經義述聞》：哆、侈，皆張大之貌。

14. 施施《王風・丘中有麻》　彼留子嗟，將其來施施。
　《毛傳》：施施，難進之意。

15. 嘽嘽《小雅・杕杜》　檀車嘽嘽，四牡痯痯，征夫不遠！
　《毛傳》：嘽嘽，敝貌。

16. 諄諄《大雅・抑》　誨爾諄諄，聽我藐藐。
　《集傳》：諄諄，詳熟也。

17. 振振《魯頌·有駜》　振振鷺，鷺於下。
《毛傳》：振振，群飛貌。

18. 湯湯《衛風·氓》　淇水湯湯，漸車帷裳。
《毛傳》：湯湯，水盛貌。

19. 裳裳《小雅·裳裳者華》　裳裳者華，其葉湑兮。
《毛傳》：裳裳，猶堂堂也。

20. 繩繩《大雅·抑》　子孫繩繩，萬民靡不承。
《鄭箋》：繩繩，戒也。

21. 蟄蟄《周南·螽斯》　螽斯羽，揖揖兮。宜爾子孫蟄蟄兮。
《毛傳》：蟄蟄，和集也。

譜 Ah

1. 烝烝《魯頌·泮水》　烝烝皇皇，不吳不揚。
《毛傳》：烝烝，厚也。

2. 處處《大雅·公劉》　京師之野，于時處處。
《集傳》：處處，居室也。

3. 濕濕《小雅·無羊》　爾牛來思，其耳濕濕。
《傳疏》：濕濕，耳動之貌。

譜 Ai

1. 傲傲《小雅·賓之初筵》　亂我籩豆，屢舞傲傲。
《毛傳》：傲傲舞不能自正也。

2. 薿薿《小雅·甫田》　或耘或耔，黍稷薿薿。
《鄭箋》：薿薿然而茂盛也。

3. 皓皓《唐風·揚之水》　揚之水，白石皓皓。
《毛傳》：皓皓，潔白也。

4. 皋皋《大雅·召旻》　皋皋訿訿，曾不知其玷。
《通釋》：皋皋，相欺也。

5. 赳赳《周南·兔罝》　赳赳武夫，公侯干城。
《毛傳》：赳赳，武貌。

6. 糾糾《魏風·葛屨》　糾糾葛屨，可以履霜。
《通釋》：糾糾蓋繆結之狀。

7. 究究《唐風·羔裘》　羔裘豹褎，自我人究究。

《通釋》：究究猶居居，蓋窮極奢侈之意

8. 仇仇《小雅・正月》　執我仇仇，亦不我力。
《釋訓》：仇仇，傲也。

9. 俅俅《周頌・絲衣》　絲衣其紑，載弁俅俅。
《毛傳》：俅俅，恭順貌。

10. 好好《小雅・巷伯》　驕人好好，勞人草草。
《毛傳》：好好，喜也。

11. 謔謔《大雅・板》　天之方虐，無然謔謔。
《毛傳》：謔謔然，喜樂也。

12. 休休《唐風・蟋蟀》　好樂無荒，良士休休。
《鄭箋》：休休，樂道之心。

13. 浩浩《小雅・雨無正》　浩浩昊天，不駿其德。
《集傳》：浩浩，廣大也。

14. 杲杲《衛風・伯兮》　其雨其雨？杲杲出日。
《毛傳》：杲杲然日復出矣。

15. 高高《周頌・敬之》　無曰高高在上。
《詩經詞典》：指上帝高高住在天上。

16. 交交《秦風・黃鳥》　交交黃鳥，止於棘。
《通釋》：交交，通作咬咬，鳥聲也。

17. 皎皎《小雅・白駒》　皎皎白駒，食我場苗。
《集傳》：皎皎，潔白也。

18. 驕驕《齊風・甫田》　無田甫田，維莠驕驕。
《集傳》：驕驕，張王之意。

19. 矯矯《魯頌・泮水》　矯矯虎臣，在泮獻馘。
《鄭箋》：矯矯，武貌。

20. 蹻蹻《大雅・崧高》　四牡蹻蹻，鉤膺濯濯。
《毛傳》：蹻蹻，武貌。

21. 搖搖《王風・黍離》　行邁靡靡，中心搖搖。
《集傳》：搖搖，無所定也。

22. 翹翹《周南・漢廣》　翹翹錯薪，言刈其楚。
《毛傳》：翹翹，薪貌。

23. 囂囂《小雅・車攻》 之子于苗,選徒囂囂。
《毛傳》:囂囂,聲也。

24. 嗷嗷《小雅・鴻雁》 鴻雁于飛,哀鳴嗷嗷。
《毛傳》:未得所安集,則嗷嗷然。

25. 敖敖《衛風・碩人》 碩人敖敖,說于農郊。
《毛傳》:敖敖,長貌。

26. 嘵嘵《豳風・鴟鴞》 風雨所飄搖,予維音嘵嘵。
《毛傳》:嘵嘵,懼也。

27. 熇熇《大雅・板》 多將熇熇,不可救藥。
《毛傳》:熇熇然,熾盛也。

28. 翯翯《大雅・靈臺》 麀鹿濯濯,白鳥翯翯。
《毛傳》:翯翯,肥澤也。

29. 閣閣《小雅・斯干》 椓之橐橐,約之閣閣。
《毛傳》:閣閣,猶歷歷也。

30. 踽踽《唐風・杕杜》 獨行踽踽,豈無他人?
《毛傳》:踽踽,無所親也。

31. 居居《唐風・羔裘》 羔裘豹褎,自我人居居。
《毛傳》:懷惡不相親比之貌。

32. 瞿瞿《齊風・東方未明》 折柳樊圃,狂夫瞿瞿。
《集傳》:瞿瞿,驚顧之貌。

33. 祛祛《魯頌・駉》 有驒有駱,以車祛祛。
《毛傳》:祛祛,強健也。

34. 渠渠《秦風・權輿》 於我乎夏屋渠渠,今也每食無餘。
《集傳》:渠渠,深廣貌。

35. 與與《小雅・楚茨》 我黍與與,我稷翼翼。
《集傳》:與與、翼翼,皆番盛貌。

36. 語語《大雅・公劉》 于時言言,于時語語。
《毛傳》:直言曰言,論難曰語。

37. 麌麌《小雅・吉日》 獸之所同,麀鹿麌麌。
《毛傳》:麌麌,眾多也。

38. 噳噳《大雅・韓奕》 魴鱮甫甫,麀鹿噳噳。

《毛傳》：嘆嘆然，眾也。

39. 俁俁《邶風‧簡兮》　碩人俁俁，公庭萬舞。
《毛傳》：俁俁，容貌大也。

40. 吁吁《大雅‧韓奕》　孔樂韓土，川澤吁吁。
《毛傳》：吁吁，大也。

41. 赫赫《小雅‧節南山》　赫赫師尹，民具爾瞻。
《毛傳》：赫赫，顯盛也。

42. 許許《小雅‧伐木》　伐木許許，釃酒有藇。
《集傳》：眾人共力之聲。

43. 伎伎《小雅‧小弁》　鹿斯之奔，維足伎伎。
《毛傳》：伎伎，舒貌。

44. 喈喈《小雅‧出車》　倉庚喈喈，采蘩祁祁。
《毛傳》：喈喈，聲之和也。

45. 湝湝《小雅‧鼓鍾》　鼓鍾喈喈，淮水湝湝，憂心且悲。
《毛傳》：湝湝，猶湯湯也。

46. 偕偕《小雅‧北山》　偕偕士子，朝夕從事。
《毛傳》：偕偕，強壯貌。

47. 几几《豳風‧狼跋》　公孫碩膚，赤舄几几。
《通釋》：蓋以狀盛服之貌。

48. 祁祁《小雅‧出車》　倉庚喈喈，采蘩祁祁。
《毛傳》：祁祁，眾多也。

49. 騤騤《小雅‧采薇》　駕彼四牡，四牡騤騤。
《毛傳》：騤騤，強也。

50. 仡仡《大雅‧皇矣》　臨沖茀茀，崇墉仡仡。
《毛傳》：仡仡，猶言言也。

51. 虺虺《邶風‧終風》　曀曀其陰，虺虺其雷。
《集傳》：虺虺，雷將發而未震之聲。

52. 潰潰《大雅‧召旻》　潰潰回遹，實靖夷我邦。
《毛傳》：潰潰，亂也。

53. 韡韡《小雅‧常棣》　常棣之華，鄂不韡韡。
《毛傳》：韡韡，光明貌。

54. 孑孑《鄘風・干旄》　孑孑干旄，在浚之郊。
《毛傳》：孑孑，干旄之貌。
55. 揭揭《衛風・碩人》　葭菼揭揭，庶姜孽孽。
《毛傳》：揭揭，長也。
56. 桀桀《齊風・甫田》　無田甫田，維莠桀桀。
《毛傳》：桀桀，猶驕驕也。
57. 活活《衛風・碩人》　河水洋洋，北流活活。
《毛傳》：活活，流也。
58. 蹶蹶《唐風・蟋蟀》　好樂無荒，良士蹶蹶。
《毛傳》：蹶蹶，動而敏於事。
59. 噲噲《小雅・斯干》　噲噲其正，噦噦其冥。
《鄭箋》：噲噲，猶快快也。
60. 契契《小雅・大東》　契契寤歎，哀我憚人。
《毛傳》：契契，憂苦也。
61. 孽孽《衛風・碩人》　庶姜孽孽，庶士有朅。
《毛傳》：孽孽，盛飾也。
62. 濊濊《衛風・碩人》　施罛濊濊，鱣鮪發發。
《集傳》：罟入水聲也。
63. 翽翽《大雅・卷阿》　翽翽其羽，亦集爰止。
《毛傳》：翽翽，眾多也。
64. 噦噦《小雅・庭燎》　君子至止，鸞聲噦噦。
《毛傳》：噦噦，徐行有節也。
65. 嘒嘒《小雅・小弁》　菀彼柳斯，鳴蜩嘒嘒。
《毛傳》：嘒嘒，聲也。
66. 關關《周南・關雎》　關關雎鳩，在河之洲。
《毛傳》：關關，和聲也。
67. 峨峨《大雅・棫樸》　奉璋峨峨，髦士攸宜。
《毛傳》：峨峨，盛壯也。
68. 簡簡《周頌・執》　降福簡簡，威儀反反。
《毛傳》：簡簡，大也。
69. 管管《大雅・板》　靡聖管管，不實於亶。

《毛傳》：管管，無所依也。

70. 痯痯《小雅・杕杜》　檀車幝幝，四牡痯痯，征夫不遠。
《毛傳》：痯痯，罷貌。

71. 睠睠《小雅・小明》　念彼共人，睠睠懷顧。
《集傳》：睠睠，勤厚之意。

72. 灌灌《大雅・板》　老夫灌灌，小子蹻蹻。
《毛傳》：灌灌，猶款款也。

73. 渙渙《鄭風・溱洧》　溱與洧，方渙渙兮。
《毛傳》：渙渙，春水盛也。

74. 言言《大雅・皇矣》　臨沖閑閑，崇墉言言。
《毛傳》：言言，高大貌。

75. 顯顯《大雅・假樂》　假樂君子，顯顯令德。
《鄭箋》：顯顯，顯顯，光也。

76. 憲憲《大雅・板》　天之方難，無然憲憲。
《毛傳》：憲憲，猶欣欣也。

77. 閑閑《大雅・皇矣》　臨沖閑閑，崇墉言言。
《毛傳》：閑閑，動搖也。

78. 鞙鞙《小雅・大東》　鞙鞙佩璲，不以其長。
《毛傳》：玉貌。

79. 桓桓《魯頌・泮水》　桓桓於徵，狄彼東南。
《毛傳》：桓桓，威武貌。

80. 丸丸《魯頌・殷武》　陟彼景山，松柏丸丸。
《毛傳》：易直也。

81. 睍睆《邶風・凱風》　睍睆黃鳥，載好其音。
《毛傳》：睍睆，好貌。段注：《說文》無「睆」字，疑此本作「睍睍」黃鳥。
《說文》無睆字，故睍睆當爲睍睍。

82. 爰爰《王風・兔爰》　有兔爰爰，雉離於羅。
《毛傳》：爰爰，緩也。

83. 矜矜《小雅・無羊》　爾羊來思，矜矜兢兢。
《毛傳》：矜矜兢兢，以言堅強也。

84. 祈祈《小雅・大田》　有渰萋萋，興雨祈祈。
　　《毛傳》：祈祈，徐也。

85. 斤斤《周頌・執競》　奄有四方，斤斤其明。
　　《毛傳》：斤斤，明察也。

86. 欣欣《大雅・鳧鷖》　旨酒欣欣，燔炙芬芬。
　　《毛傳》：欣欣然樂也。

87. 熏熏《大雅・鳧鷖》　鳧鷖在亹，公尸來止熏熏。
　　《毛傳》：熏熏，和說也。

88. 耿耿《邶風・柏舟》　耿耿不寐，如有隱憂。
　　《毛傳》：耿耿，猶儆儆也。

89. 駉駉《魯頌・駉》　駉駉牡馬，在坰之野。
　　《毛傳》：駉駉，良馬腹幹肥張也。

90. 營營《小雅・青蠅》　營營青蠅，止於樊。
　　《毛傳》：營營，往來飛貌。

91. 睘睘《唐風・杕杜》　獨行睘睘，豈無他人？
　　《毛傳》：睘睘，無所依也。

92. 嬛嬛《周頌・閔予小子》　閔予小子，遭家不造，嬛嬛在疚。
　　《鄭箋》：嬛嬛特在憂病之中。

93. 惇惇《小雅・正月》　憂心惇惇，念我無祿。
　　《毛傳》：惇惇，憂意也。

94. 彊彊《鄘風・鶉之奔奔》　鶉之奔奔，鵲之彊彊。
　　《鄭箋》：奔奔、彊彊，言其居有常匹，飛則相隨之貌。

95. 洸洸《大雅・江漢》　江漢湯湯，武夫洸洸。
　　《毛傳》：洸洸，武貌。

96. 養養《邶風・二子乘舟》　願言思子，心中養養。
　　《毛傳》：養養，憂不知所定。

97. 洋洋《衛風・碩人》　河水洋洋，北流活活。
　　《毛傳》：洋洋，盛大也。

98. 卬卬《大雅・卷阿》　顒顒卬卬，如圭如璋。
　　《毛傳》：卬卬，盛貌。

99. 煌煌《陳風・東門之楊》　昏以為期，明星煌煌。

《集傳》：煌煌，大明貌。

100. 皇皇《大雅・假樂》 穆穆皇皇，宜君宜王。
《集傳》：皇皇，美也。

101. 喤喤《周頌・執競》 鐘鼓喤喤，磬筦將將。
《毛傳》：喤喤，和也。

102. 黃黃《小雅・都人士》 彼都人士，狐裘黃黃。
《集傳》：黃黃，狐裘色也。

103. 顒顒《大雅・卷阿》 顒顒卬卬，如圭如璋。
《毛傳》：顒顒，溫貌。

104. 兢兢《小雅・小旻》 戰戰兢兢，如臨深淵。
《毛傳》：兢兢，戒也。

105. 行行《邶風・谷風》 行行遲遲，中心有違。
《集傳》：行行，行不止也。

106. 坎坎《小雅・伐木》 坎坎鼓我，蹲蹲舞我。
《鄭箋》：爲我擊鼓坎坎然。

107. 岩岩《小雅・節南山》 節彼南山，維石岩岩。
《毛傳》：積石貌。

108. 炎炎《大雅・雲漢》 赫赫炎炎，云我無所。
《毛傳》：熱氣也。

109. 業業《小雅・采薇》 戎車既駕，四牡業業。
《毛傳》：業業，壯也。

110. 爗爗《小雅・十月之交》 爗爗震電，不寧不令。
《毛傳》：爗爗，震電貌。

111. 潝潝《小雅・小旻》 潝潝訿訿，亦孔之哀。
《集傳》：潝潝，相和也。

112. 膠膠《鄭風・風雨》 風雨瀟瀟，鷄鳴膠膠。
《毛傳》：膠膠，猶喈喈也。

113. 京京《小雅・正月》 念我獨兮，憂心京京。
《毛傳》：京京，憂不去也。

114. 檻檻《王風・大車》 大車檻檻，毳衣如菼。
《毛傳》：車行聲也。

譜 Aj

1. 彧彧 《小雅‧信南山》　疆埸翼翼，黍稷彧彧。
   《毛傳》：彧彧，茂盛貌。

2. 呦呦 《小雅‧鹿鳴》　呦呦鹿鳴，食野之蘋。
   《說文》：呦呦，鹿鳴聲。

3. 喓喓 《召南‧草蟲》　喓喓草蟲，趯趯阜螽。
   《毛傳》：喓喓，聲也。

4. 幽幽 《小雅‧斯干》　秩秩斯干，幽幽南山。
   《毛傳》：幽幽，深遠也。

5. 優優 《商頌‧長發》　敷政優優，百祿是遒。
   《毛傳》：優優，和也。

6. 沃沃 《檜風‧隰有萇楚》　天之沃沃，樂子之無知。
   《毛傳》：壯佼也。

7. 夭夭 《周南‧桃夭夭》　桃之夭夭，灼灼其華。
   《毛傳》：夭夭，其少壯也。

8. 抑抑 《小雅‧賓之初筵》　其醉未止，威儀抑抑。
   《毛傳》：抑抑，慎密也。

9. 曀曀 《邶風‧終風》　曀曀其陰，虺虺其雷。
   《集傳》：曀曀，陰貌。

10. 哀哀 《小雅‧蓼莪》　哀哀父母，生我劬勞。
    《鄭箋》：哀哀者，恨不得終養父母，恨其生長己之苦。

11. 依依 《小雅‧采薇》　昔我往矣，揚柳依依。
    《正義》：揚柳依依然。

12. 委委 《鄘風‧君子偕老》　委委佗佗，如山如河。
    《釋訓》：委委佗佗，美也。

13. 藹藹 《大雅‧卷阿》　藹藹王多吉士，維君子使。
    《毛傳》：藹藹，猶濟濟也。

14. 猗猗 《衛風‧淇奧》　瞻彼淇奧，綠竹猗猗。
    《毛傳》：猗猗，美盛貌。

15. 安安 《大雅‧皇矣》　執訊連連，攸馘安安。
    《集傳》：安安，不輕暴也。

16. 晏晏《衛風・氓》　言笑晏晏，信誓旦旦。
《毛傳》：晏晏，和柔也。

17. 燕燕《小雅・北山》　或燕燕居息，或盡瘁事國。
《毛傳》：燕燕，安息貌。

18. 悁悁《陳風・澤陂》　寤寐無爲，中心悁悁。
《毛傳》：悁悁，憂悒悒也。

19. 蜎蜎《豳風・東山》　蜎蜎者蠋，烝在桑野。
《集傳》：蜎蜎，動貌。

20. 溫溫《小雅・小宛》　溫溫恭人，如集于木。
《毛傳》：溫溫，和柔貌。

21. 慇慇《邶風・北門》　出自北門，憂心慇慇。
《集傳》：慇慇，憂傷貌。

22. 欽欽《秦風・晨風》　未風君子，憂心欽欽。
《毛傳》：思望之，心中欽欽然。

23. 咽咽《魯頌・有駜》　鼓咽咽，醉言舞，于胥樂兮。
《毛傳》：咽咽，鼓節也。

24. 淵淵《小雅・采芑》　伐鼓淵淵，振旅闐闐。
《毛傳》：淵淵，鼓聲也。

25. 嚶嚶《小雅・伐木》　伐木丁丁，鳥鳴嚶嚶。
《鄭箋》：嚶嚶，兩鳥聲也。

26. 雝雝《邶風・匏有苦葉》　雝雝鳴雁，旭日始旦。
《毛傳》：雝雝，雁聲和也。

27. 央央《小雅・出車》　出車彭彭，旗旐央央。
《毛傳》：央央，鮮明貌。

28. 英英《小雅・白華》　英英白華，露彼菅茅。
《毛傳》：英英，白雲貌。

29. 泱泱《小雅・瞻彼洛矣》　瞻彼洛矣，維水泱泱。
《毛傳》：泱泱，深廣貌。

30. 厭厭《周頌・載芟》　厭厭其苗，綿綿其麃。
《毛傳》：厭厭，安靜也。

三、重言疊字的美感音理

重言疊字其所以一旦生成後就廣爲使用、日漸固化，並且在《詩經》中得到充分體現，主要是因爲重言詞具有特殊的音質、特殊的音律效應、特殊的音樂美感。其美感音理表現在如下兩個方面：

（一）母音輔音的對立統一

語言中一個音節是由功能、作用不同的母音和輔音兩類因素構成的。在物理上，母音是樂音，輔音是噪音，因爲發輔音時氣流在其通道的特定部分會遇到引起噪音的阻礙，如唇、齒、舌的開闔升降，發母音時帶樂音的氣流在其通道上就遇不到阻礙，只能受到咽腔、口腔、鼻腔等部分的共鳴，這就產生了樂音和噪音的對立。其次，發輔音時爲了要通過各器官的重重阻礙，氣流相對比較強，而發母音時無需克服器官阻礙，氣流相對比較弱，這就產生了強音和弱音的對立。第三，發輔音時既然有一定的阻礙，阻礙部分的發音器官就明顯地緊張局促，發母音時沒有發音部分製造的阻礙，氣流順暢，發音器官就沒有明確的部位感，這就產生了發音時發音器官肌肉緊張與鬆弛的對立。這種對立的有機統一、延續，就導致了重言疊字特殊的音質和音效，「樂音噪音樂音噪音」、「強音弱音強音弱音」、「緊張鬆弛緊張鬆弛」就衍生了重言組合的內在節奏、內在和諧。

（二）聲母韻母的迴環統一

語言中一個音節是由發音不同的聲母和韻母構成的。關於聲母，自古以來有清音、濁音之辯，唐代音韻學家孫緬《唐韻序後論》云：「切韻者，本乎四聲，引字調音，各自有清濁。」清音發音時聲帶不會產生顫動，音質清麗嘹亮，純正有力，如塞音、擦音等。濁音發音時聲帶顫動，音質渾濁虛渺，輕鬆自然，如鼻音、邊音等。重言兩個音節聲母相同，發聲時就更生相同清音或相同濁音的相同音質的前後呼應。至於韻母，自古以來也有洪細之別，清代音韻學家江永《音學辨微》云：「音韻有四等，一等洪大，二等次大，三等皆細，四等尤細。」洪音音質洪大響亮，渾重強硬，爆發力強，如開口呼韻母、合口呼韻母；細音音質細貼迂滯，氣虛勢窘，衝擊力弱，如齊齒呼韻母、撮口呼韻母。重言兩個音節相同，發音時就會更生相同洪音或相同細音的相同音質的前後呼應，也就是清濁和洪細的對立統一。

正因爲重言天生麗質，所以翁方綱在《石洲詩話》中記載了一則唐代詩

人王維點石成金的故事。「昔人李嘉祐（唐代詩人，字從一，趙州人。天寶七年進士。）詩『水田飛白鷺，夏木囀黃鸝』，右丞（王維）加『漠漠』、『陰陰』字，精彩數倍。……右丞此句，精彩在『漠漠』、『陰陰』字上。」南宋葉夢得也贊之曰：「此乃摩詰（王維）為李嘉祐點化以自見其妙，如李光弼將郭子儀軍，一號令之，精彩數倍。」〔註10〕其實，關於《詩經》重言的音律特點劉勰在《文心雕龍·物色》中已有精彩的分析。他說：

> 是以詩人感物，聯類不窮。流連萬象之際，沈吟視聽之區，寫氣圖貌，既隨物以宛轉；屬采附聲，亦與心而徘徊。故灼灼〔註11〕狀桃花之鮮，依依〔註12〕盡楊柳之貌，杲杲〔註13〕為日出之容，瀌瀌〔註14〕擬雨雪之狀，喈喈〔註15〕逐黃鳥之聲，喓喓〔註16〕學草蟲之韻。……以少總多，情貌無遺矣。雖復思千載，將何易奪？

劉勰認為《詩經》的作者在寫物圖貌時總是流連於物象，仔細琢磨玩味，以期氣貌相得，聲情並茂。因此，能以「灼灼」來形容桃花的鮮豔，以「依依」來表現楊柳的情貌，以「杲杲」來刻畫日出的姿容，以「瀌瀌」來描寫雨雪的形態，以「喈喈」來模倣黃鳥的歌唱，以「喓喓」來擬寫草蟲的鳴叫，等等，總是以極少的文字表達豐富的內容，描摹逼真的情態，這就是重言在詩歌形象刻畫中的非凡功效，也就是說疊詞的形象概括性特別強，讀之，如聞其聲，視之，如見其象，感之，如臨其境。

　　由劉氏的分析可以知道重言疊字鮮明的形象性，是在語義和音律的共同建構中產生的。離開了音律的美感效應，語詞圖貌摹聲的形象性就會受到影響，離開了語詞的內在含義，也就失去了重言疊字存在的可能性，當然也無所謂音律美。其藝術功能主要表現在寫貌和擬聲兩方面。

　　寫貌，〔註17〕即對事物形象的逼真描摹，是詩歌形象思維最基本的手段，

〔註10〕王維詩，《積雪輞川莊作》：積雨空林煙火遲，蒸藜炊黍餉東菑。漠漠水田飛白鷺，陰陰夏木囀黃鸝。山中習靜觀朝槿，松下清齋折露葵。野老與人爭席罷，海鷗何事更相疑。
〔註11〕《周南·桃夭》：桃之夭夭，灼灼其華。
〔註12〕《小雅·采薇》：昔我往矣，楊柳依依。
〔註13〕《衛風·伯兮》：其雨其雨，杲杲日出。
〔註14〕《小雅·角弓》：雨雪瀌瀌，見晛曰消。
〔註15〕《周南·葛覃》：黃鳥于飛，集于灌木，其鳴喈喈。
〔註16〕《召南·草蟲》：喓喓草蟲，趯趯阜螽。
〔註17〕以下寫貌、摹聲諸例均轉引夏傳才先生《詩經語言藝術》，語文出版社，1985

在描形寫象的語言材料中以重言的表現力最強，因此，《詩經》充分利用重言來描形寫物，取得了非常突出的審美效果。描寫大河、小河、大水、小水、靜水、流水形態的，如：

河水洋洋　　河水浼浼　　河水漲漲　　洪水芒芒　　維水泱泱

方渙渙兮　　北流活活　　汶水滔滔　　淮水湯湯　　淮水湝湝

淇水悠悠　　江漢浮浮

描寫各種草木枝葉、花卉、果實形狀、顏色、神態的重言詞，如：

桃之夭夭　　灼灼其華　　楊柳依依　　綠竹猗猗　　皇皇者華

維葉莫莫　　其葉蓁蓁　　其葉湑湑　　其葉牂牂　　其葉肺肺

其葉蓬蓬　　其葉青青　　綿綿葛藟　　厭厭其苗　　幡幡瓟葉

芃芃黍苗　　彼黍離離　　我稷翼翼　　蒹葭蒼蒼　　蒹葭揭揭

松柏丸丸　　卉木萋萋　　菁菁者莪　　楚楚者茨　　荏菽旆旆

禾役穟穟　　麻麥懞懞　　瓜瓞唪唪　　翹翹錯薪　　蒹葭淒淒

蒹葭采采　　蓼蓼者莪

描寫日出氣勢、蒼天深遠、南山幽峻、衣裳色彩等等物態的重言詞，如：

杲杲日出　　青青子衿　　明明上天　　悠悠蒼天　　南山崔崔

幽幽南山　　狐裘黃黃　　臨間衝衝　　崇墉言言

描寫人物小心翼翼、憂愁苦悶、驚慌恐懼、相思勞頓等心理狀態的重言詞，如：

憂心忡忡　　憂心惙惙　　憂心欽欽　　憂心慇慇　　憂心悄悄

憂心慘慘　　憂心驚驚　　憂心愈愈　　憂心惮惮　　憂心烈烈

中心養養　　中心搖搖　　勞心怛怛　　勞心忉忉　　心焉惕惕

耿耿不寐　　惴惴其慄　　兢兢業業　　戰戰兢兢

描寫武夫、君子、小人、公子、老夫、良士、勞人、好人、驕人、桑人等不同特徵的重言詞，如：

赳赳武夫　　佻佻公子　　狂夫瞿瞿　　君子陽陽　　君子陶陶

老夫灌灌　　小子蹻蹻　　驕人好好　　勞人草草　　好人提提

威儀棣棣　　威儀反反　　威儀幡幡　　威儀抑抑　　氓之蚩蚩

桑者閑閑　　言笑晏晏　　良士蹶蹶

描寫婦人、男人、動物、鳥類行為動態的重言詞，如：

年 4 月版，第 26～29 頁。

采采卷耳　肅肅宵徵　舒而脫脫　獨行踽踽　征夫捷捷

行道遲遲　行邁靡靡　翩翩者鵻　有兔爰爰　鶉之奔奔

鵲之強強　四牡騤騤　予室翹翹　蜎蜎者蠋

擬聲，是通過重言詞特殊的聲韻組合產生的語音來摹擬事物發出的各種聲音，使詩歌所描寫的物象形聲具備，造化傳神。摹擬鳥類、蟲類、家禽等鳴叫聲的重言詞，如：

關關雎鳩　交交黃鳥　雞鳴喈喈　雞鳴膠膠　雞鳴嚶嚶

維聲嘵嘵　喓喓草蟲　蟲飛薨薨

摹擬車行鼓磬的重言詞，如：

有車鄰鄰　大車檻檻　大車哼哼　鐘鼓喤喤　磬莞將將

伐鼓淵淵

摹擬勞動過程中勞動者與勞動對象發生聯繫而發聲的重言詞，如：

坎坎伐檀　伐木丁丁　椓木彙彙　度之薨薨　築之登登

剝屢馮馮　鑿冰衝衝　穫之挃挃

摹擬颶風下雨打雷發出的聲音的重言詞，如：

風雨淒淒　風雨瀟瀟　習習谷風　虺虺其雷

四、《詩經》重言疊字的生存模式

《詩經》中雖然重言眾多，開卷可見，但因為四言句式的約束，重言在句中的存在形式也不外乎四種。

1. AACD

①翩翩者鵻，載飛載止。(《小雅・四牡》)

②皇皇者華，于彼原隰。(《小雅・皇皇者華》)

③坎坎鼓我，蹲蹲舞我。(《小雅・伐木》)

④赫赫南仲，薄伐西戎。(《小雅・出車》)

⑤湛湛露斯，在彼豐草。(《小雅・湛露》)

⑥蕭蕭馬鳴，悠悠旆旌。(《小雅・車攻》)

⑦哀哀父母，生我劬勞。(《小雅・蓼莪》)

⑧明明在上，赫赫在下。(《大雅・大明》)

例①「翩翩」，音質飄逸，言斑鳩飛翔集止的瀟灑。例②「皇皇」，音質華麗，《傳》云：「猶煌煌也，言草木之花光彩耀眼。」例③「坎坎」，音質渾沈，

狀鼓聲之磅礴，「蹲蹲」，音質敦厚，狀舞姿之古樸。例④「赫赫」，質驚而無恐，言南仲之威武。例⑤「湛湛」，音質危而不險，有晨露濃掛欲滴之態。例⑥「蕭蕭」，音質豪邁，狀馬鳴聲遠，「悠悠」音質優雅，狀旗幟隨風飄舞之容。例⑦「哀哀」，音質傷悲而苦澀，言父母生我養我之辛勞。例⑧「明明」，音質開朗，《箋》云：「明明者，文王、武王施明德於天下。」

2. ABCC

①四牡騑騑，周道倭遲。（《小雅·四牡》）
②伐木丁丁，鳥鳴嚶嚶。（《小雅·伐木》）
③憂心烈烈，載飢載渴。（《小雅·采薇》）
④南有嘉魚，烝然罩罩，（《小雅·南有嘉魚》）
⑤蓼彼蕭斯，零露濃濃。（《小雅·蓼蕭》）
⑥織文鳥章，白旆央央。（《小雅·六月》）
⑦四牡龐龐，駕言徂東。（《小雅·車攻》）
⑧爾牛來思，其耳濕濕。（《小雅·無羊》）

例①「騑騑」，音質輕逸，言馬兒奔跑之歡。例②「丁丁」，音質清亮，狀伐木聲之悅耳。「嚶嚶」，音質清純，狀鳥鳴聲之動聽。例③「烈烈」，音質拮据，言憂心慘烈。例④「罩罩」，音質窈窕，言捕魚忙而有序。例⑤「濃濃」，音質朦朧，狀零露之重重。例⑥「央央」，音質徜徉，言旗幟之鮮亮。例⑦「龐龐」，音質綢繆，言四牡之壯實。例⑧「濕濕」，音質昵近，狀羊兒耳角搖動貌。

3. ABBD

①母教猱升木，如塗塗附。（《小雅·角弓》）
②溱與洧，方渙渙兮。（《鄭風·溱洧》）

ABBD 式在《詩》中並不常見，這是因為漢語一般以兩個音節為一個音步，而《詩經》四言以前後兩音步組合為常，該式因四言第二和第三音節重疊而破壞了這種恒定模式，因此，非特殊語境，極少使用。例①「塗塗」音質委蛇，言人之趨炎附勢，用不著教，也會結巴，如塗泥一樣，塗了還要塗。例②「渙渙」音質蕩漾，狀寫春水之盛。

4. AABB

①嘽嘽焞焞，如雷如霆。（《小雅·采芑》）

　②儦儦俟俟，或群或友。(《小雅‧吉日》)

　③矜矜兢兢，不騫不崩。(《小雅‧無羊》)

　④戰戰兢兢，如履薄冰。(《小雅‧小宛》)

　⑤緝緝翩翩，某欲譖人。(《小雅‧巷伯》)

　⑥濟濟蹌蹌，絜爾牛羊。(《小雅‧楚茨》)

　⑦子子孫孫，勿替引之。(《小雅‧楚茨》)

　⑧穆穆皇皇，宜君宜王。(《大雅‧假樂》)

AABB 是由兩組重言詞構成一個四言詞，所以，重言不僅僅以本身特殊音效寫貌摹聲，而且還優化了整個樂章的音律結構。例①「嘽嘽焞焞」，兩組疊詞並肩而立，音質婆娑搖曳，盡力渲染車輛之多，車飾之華麗。例②「儦儦俟俟」，兩相重疊，音質逶迤昵秀，描寫各種野獸行行走走，親密相隨的昵態。例③「矜矜兢兢」，重疊生句，音質夭紹飄忽，描寫牛羊的膘肥體壯。例④「戰戰兢兢」，音質搖擺虛浮，謂行止之提心弔膽。例⑤「緝緝翩翩」，躊躇而輕率，狀進譖者言語遮遮掩掩，來往行色匆匆。例⑥「濟濟蹌蹌」，音質輾轉相隨，言牛羊群趁不亂。例⑦「子子孫孫」，音質綿遠持重，言家族之繁榮昌盛。例⑧「穆穆皇皇」，音質矜持莊重，言王室子孫的超凡出俗。

第三節　輕重抑揚音律

　　在語音學上，現代漢語有陰平、陽平、上聲、去聲四聲調，中古漢語有平、上、去、入四聲調，上古漢語聲調就更複雜了。因缺乏確鑿可信的論證資料，對上古漢語聲調的擬定一般以中古四聲為基礎，佐以現存地域方言求之，自然帶有很強的假定性。所以「輕重抑揚音律」對《詩經》言字平仄聲調的分析乾脆以現代漢語之讀音確定之。不同聲調有不同的輕重，不同的輕重有不同的音質，不同的音質有不同的表情效果。而輕重區別、表現區別尤為明顯的就是中古詩律學上把平上去入類分的平、仄兩聲。平聲輕、仄聲重，輕重相隨則謂之和，在語音輕重律上，「和」就是一種輕重有機融和之美。《詩經》四言不似後世的律詩，平仄有定格，輕重有定體，而是隨意組合，自由天成的，四言句具有十六種平仄自然融合的模式，而且每一種模式都具有不同音律效應。

　　聲音的延續如果有了一個基本條件，即構成了時間上的段落（timiinte

rvals），就會產生節奏，其節奏的高低相傾、長短相隨、輕重相依就產生了旋律。旋律肇生於自然，是自然的潛能創造和孕育的，嘩嘩流水、啾啾鳥鳴、瀝瀝小雨、得得馬蹄等等，稱之為自然旋律，人類通過感官和心靈在感知、頓悟它們的同時就產生了口語的旋律。薩波奇‧本采說：「在中文裏，『字』和『詞』的旋律更為廣泛，所以口語形成了本身完備的音樂實體，它們是些真正的旋律體系。」〔註 18〕當然，要構成語言旋律體系有一個最基本的前提就是把「字」或「詞」的高低、長短、輕重固定下來，這就離不開樂律。「作為中國古代音樂體系的基礎音『黃鍾』（一種音高標準，『王者之音』或『黃色的鍾』），是一個固定不變的基礎音，似乎有了它中國人在使用統一調音法方面比其他民族遙遙領先，就是這樣，通過調音來固定音高和把人聲的發音固定起來的做法都首先出現在這同一文化區域。」〔註 19〕因此，在漢語四聲平、上、去、入尚未產生之前，以樂律五音宮、商、角、徵、羽來充當口語聲調確立其高低輕重的做法一直延續到漢魏六朝的齊梁時期。江永《音學辨微》說：「前人以宮、商、角、徵、羽五字狀五音之高下大小，後人以平、上、去、入四字狀四聲之陰陽流轉。」阮元《文韻說》亦云：「古人所言之宮、羽，今人所言之平、仄也。」另外還有一些資料亦可以說這種可能性。日本遍照金剛《文鏡秘府論》天卷引唐遠崿《詩髓腦》認為「聲有五聲，角、徵、宮、商、羽也，分於文字四聲，平上去入也，宮、商為平，徵為上聲，羽為去聲、角為入聲。」又《玉海》卷七引唐徐景安《新纂樂書》卷三《五音旋宮》云：「凡宮為上平聲，商為下平聲，角為入，徵為上，羽為去聲。」直至魏時李登撰《聲類》仍以五聲命字，唐代封演《封氏聞見記》記載：「魏有李登者，撰《聲類》五卷，凡一萬一千五百二十八字，皆以五聲命字。」可惜《聲類》亡佚，不窺體貌。

齊梁許多文人開始詩對律學的研究，因而有了漢語平上去入四聲調的確立，從而結束了長期以來漢語以五音調聲、聲調懸議的歷史。《南史‧陸厥傳》云：

> 永明末盛為文章，吳興沈約、陸郡謝朓、琅琊王融以氣類相投轂。
>
> 汝南周顒善識聲韻，為文皆用宮商，以平上去入為四聲。

據傳當時沈約著有《四聲譜》、王斌著有《四聲論》，但均未流於後世，不過，

〔註 18〕薩波奇‧本采，《旋律史》，人民音樂出版社，1983 年版，第 4 頁。
〔註 19〕薩波奇‧本采，《旋律史》，人民音樂出版社，1983 年版，第 6 頁。

自齊梁始，漢語詩律中有了四聲是不用懷疑的。

一、漢語四聲產生之後的平仄輕重論

　　四聲既生，對四聲音質的研究也隨之興起，其中，四聲的輕重問題一直為音律學家所重視。輕重是音響節奏構成的重要因素，所以以聲響作為表現手段的藝術都是由某些樂音一輕一重有規律的演進形成輕重律的。最早觸及漢語四聲輕重問題的是沈約《宋書‧謝靈運傳論》：

　　　　欲使宮羽相變，低昂互節，若前有浮聲，後有切響；一簡之內，音
　　　　韻盡殊，兩句之中，輕重悉異。

我們沒有理由懷疑沈約所言之「輕重」即四聲之輕重。如下材料可以充分證實這一點。

　　　　平聲者哀而安，上聲者厲而舉，
　　　　去聲者清而遠，入聲者直而突。（《元和韻譜》）
　　　　平聲平道莫低昂，上聲高呼猛烈強，
　　　　去聲分明哀遠道，入聲短促急收藏。（《貫珠集》）
　　　　平聲長空，如擊鐘鼓；上去入切實，如擊木石。
　　　　（江永《音學辨微》）
　　　　其重其急則為入為上為去，其輕其遲則為平。
　　　　（顧炎武《音論》）

從前人對四聲音質的描述可知平聲相對較輕，上聲入聲相對較重，所以，詩律學上開始有所謂平聲、仄聲的區別。平仄一詞出現於何時已無從考證，按理說它是隨格律詩的產生而產生的，但最早的記載卻是在宋代。陳鵠《西塘集耆‧續聞》：「近代聲律尤嚴，或乖平仄，則謂之失黏。」平仄何時出現我們暫且擱置不論。從上文所引用的資料來分析，平聲音輕而仄聲音重，這已經是不可爭辯的事實。然而，王光祈在《中國詩詞曲之輕重律》說：

　　　　在質的方面，平聲則強於仄聲。按平聲之字，其發音之初，既極宏
　　　　壯而繼續延長之際，又能始終保持固有之強度。因此，余將中國平
　　　　聲之字，比之近西洋言語之「重音」（Accent），以及古希臘之長音，
　　　　而提出平仄二聲造成中國詩詞曲「輕重律」（Mtraik）之說。

王氏以西語之輕重比及漢語之輕重，認為平聲重而仄聲輕，朱光潛先生首先

在《詩論》中對這一論說提出批判，認為將西語的輕音重音同漢語的平仄四聲相提並論，混為一談，「其言殊令人失望」。〔註20〕當代語言學大師張世祿先生的批評就說得更加明白了，他說：「中國詩歌當中，是依據沈約以來所定四聲的系統來協調平仄的，不能以現代西洋的詩歌上支配輕重音的情形來相比。因為依據它的語言裏各個語調所具有的輕重音的變化，以支配成為輕重律，和這種有單音綴的字體上聲調的區別構成的長短律，兩者的實質意義上不能混為一談。」〔註21〕其實，平聲輕、仄聲重這是不爭之實，何必唇劍相接呢！特別是作為吟誦藝術而又披之管弦的《詩經》諸詩來說，毫無疑問具有輕重交響的節奏。從客體因素來考察，《詩經》諸詩主要是用來吟唱詠讀的，而吟誦作為一種藝術表現方法是講求輕重律的。春秋時期，五經之首《詩經》是通行各諸侯國的詩樂教典，貴胄寒儒無不以知詩而言、知詩以立、知詩為學，乃至貧民百姓亦是如此，所以，舉國上下唱詩、歌詩成為一時風尚，《詩經》不僅表現為一種靜態的語言藝術，而且表現為一種動態的聲情藝術。其次，《詩經》諸詩都是配樂的歌詞，需要吻合樂曲的音律，既然音樂節奏講求輕重變化的和諧，詩作為歌詞在用字定調上也力求輕重相隨。從主體因素考察，語言的節奏是音調的動態、是音節的流動，是傳達情緒最直接而且最有力的媒介，而音節從某種程度上又受到情緒過程的影響而時輕時重。《樂記》云：「樂者，音之所以由生也，其本在人心之感於物也。是故其哀心感者，其聲噍以殺；其樂心感者，其聲嘽以緩；其喜心感者，其聲發以散；其怒心感者，其聲粗以厲；其敬心感者，其聲直以廉；其愛心感者，其聲和以柔。六者非性也，感於物而後動。」（《樂本篇》）這就說明，樂音因情緒的起伏而表現出輕重變化，自然音節受情緒的制約而輕重有別。所以，四言輕重律的直接表現形式就是四個平仄音節相繼相生、更替演進。

當然，平仄輕重音的組合只有在表現為一種運動的反覆時才能產生節奏、產生美，劉勰《文心雕龍・聲律》云：「異聲相從謂之和。」這就是說不同聲值的字音相從流動才能產生抑揚有致的和諧美。聲音的抑揚有致，與聲音流動表現的兩種形態相關，一是流動過程中時間的延續。平仄輕重音只有組合在一定時間段落內方可產生抑揚頓挫的節奏，單獨的輕音或重音是一種靜態存在，只有音質的區別，不可能產生節奏，僅是節律構成一個要素而

〔註20〕 《朱光潛文集》，安徽教育出版社，1987 年 8 月，第一版，第 165 頁。
〔註21〕 轉引自申小龍，《中國語言的結構與人文精神——漢語詩律的語言學考察》。

已，《詩經》305 篇 90%以上是以四個輕重音節構成一個時間段落。〔註22〕
二是強弱配合上張力的大小。一般來說，平聲音節輕而張力較小，仄聲音節
重而張力較大。張力小音域的壓力也小，張力大音域的壓力也大，這樣就產
生了音質的舒促比附，節律的抑揚模進，故而「指事造形，窮情寫物，是爲
詳切。」〔註23〕

　　《詩經》四言輕重律在平仄輕重的組合上具有很大的自由性和靈活性。
漢語詩歌的輕重律主要表現爲平聲仄聲交替演進的形態，而平仄演進的基本
單位多以兩個音節爲一頓，亦稱逗，或稱音步。《詩經》以四言爲主，應爲
兩頓兩逗，當是平平仄仄或仄仄平平。然而，《詩經》諸詩，充分利用了自
然語義群的組合，平仄音步就不如格律詩那樣嚴整規範，雖多爲分步演進，
但平仄的交替模式就不限於平平仄仄、仄仄平平兩種，而是非常隨意（下文
有構成模式分析），更接近於自然聲響的輕重律，如嘩嘩流水，隱隱松濤，
風鳴雨啼，鳥語蛙聲，這就是所謂的「天籟」之聲。李重華《貞一齋詩話》
云：

> 詩有三要：曰發竅於音，微色於象，運神於意。何謂音？曰：詩本
> 空中出音，即莊生所云「天籟」是矣。籟有大有細，總各有其自然
> 之節，故作詩曰吟、曰哦，貴在叩寂寞而求之。求之宋得，則此中
> 或悲或喜或激或平，一一隨其音以出焉。

李氏認爲詩乃空中出音，天籟伴奏，多音值的組合、多音差的承繼，產生了
詩歌音律的層次感、立體美，立體美、層次感表現最爲突出的就是音律上的
輕重要素。六朝思想家、文學家嵇康也指出：「聲音有自然之和，而無繫於人
情，克諧之音，成於金石；至和之聲，德於管絃也。」（《聲無哀樂論》）意思
是說，聲音通過自然的形質表現出來，即可被於金石、合於管絃。所以，《詩
經》諸詩的平仄組合，力求表達一種自然聲響產生的輕重和諧。

二、《詩經》四言平仄的組合模式

　　《詩經》四言平仄組合模式共有 16 種，其中包括平平平平和仄仄仄仄兩
種。如下圖所推演：

〔註22〕 參見本書《構成論・詩句中和音律》。
〔註23〕 鍾嶸，《詩品序》。

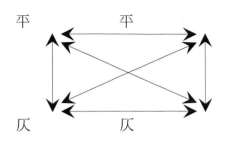

（1）平平仄仄

他人入室（《唐風‧山有樞》）　　　泉源在左（《衛風‧竹竿》）

宛然左辟（《魏風‧葛屨》）　　　　威儀棣棣（《邶風‧柏舟》）

云胡不喜（《鄭風‧東門之墠》）　　桑之未落（《衛風‧氓》）

（2）仄仄平平

父母之言（《鄭風‧將仲子》）　　　謂我何求（《王風‧黍離》）

肅肅宵徵（《召南‧小星》）　　　　尚寐無聰（《王風‧兔爰》）

有女同車（《鄭風‧女同車》）　　　佩玉將將（《秦風‧南山》）

（3）平仄仄平

哀我小心（《小雅‧正月》）　　　　靡日不思（《邶風‧泉水》）

何福不除（《小雅‧天保》）　　　　來即我謀（《衛風‧氓》）

維此仲行（《秦風‧黃鳥》）　　　　寧適不來（《小雅‧伐木》）

（4）仄平平仄

至于岐下（《大雅‧緜》）　　　　　萬邦為憲（《小雅‧六月》）

素衣朱繡（《唐風‧揚之水》）　　　豈無他士（《鄭風‧褰裳》）

不能辰夜（《鄭風‧東方未明》）　　百夫之特（《秦風‧黃鳥》）

（5）平平平平

悠悠南山（《小雅‧斯干》）　　　　其鳴喈喈（《周南‧葛覃》）

憂心忡忡（《召南‧草蟲》）　　　　德音無良（《邶風‧日月》）

行行遲遲（《邶風‧谷風》）　　　　悠悠蒼天（《王風‧黍離》）

（6）仄仄仄仄

賈作不售（《邶風‧谷風》）　　　　豈不夙夜（《召南‧行露》）

乃占我夢（《小雅‧斯干》）　　　　不宜有怒（《邶風‧谷風》）

我入自外（《邶風‧北門》）　　　縱我莫往（《鄭風‧子衿》）

（7）平仄仄仄

琴瑟在御（《鄭風‧女曰雞鳴》）　　孔武有力（《鄭風‧羔裘》）

三歲貫女（《魏風‧碩鼠》）　　　今我不樂（《唐風‧蟋蟀》）

寧不我報（《邶風‧日月》）　　　君婦莫莫（《小雅‧楚茨》）

（8）仄仄仄平

即庶即繁（《大雅‧公劉》）　　　實獲我心（《邶風‧綠衣》）

不我以歸（《邶風‧擊鼓》）　　　遠莫致之（《衛風‧竹竿》）

有紀有堂（《秦風‧終南》）　　　忘我實多（《秦風‧晨風》）

（9）仄仄平仄

邂逅相遇（《鄭風‧野有蔓草》）　　莫我肯顧（《魏風‧碩鼠》）

苟亦無信（《唐風‧采苓》）　　　遠送于野（《邶風‧燕燕》）

母氏勞苦（《邶風‧凱風》）　　　亦在車下（《豳風‧東山》）

（10）平平仄平

民靡有黎（《大雅‧桑柔》）　　　翹翹錯薪（《周南‧漢廣》）

清人在消（《鄭風‧清人》）　　　其心塞淵（《邶風‧燕燕》）

丘中有麻（《王風‧丘中有麻》）　　我束曰歸（《豳風‧東山》）

（11）仄平仄仄

辟言不信（《小雅‧雨無正》）　　　有齊季女（《臺南‧采蘋》）

謂余不信（《王風‧大車》）　　　寤言不寐（《邶風‧終南》）

不流束楚（《王風‧揚之水》）　　　我征聿至（《豳風‧東山》）

（12）平仄平平

風雨淒淒（《鄭風‧風雨》）　　　如切如磋（《衛風‧淇奧》）

匪我思存（《鄭風‧出其東門》）　　曾不容刀（《衛風‧河廣》）

山有扶蘇（《鄭風‧山有扶蘇》）　　修我戈矛（《秦風‧無衣》）

（13）仄平平平

首如飛蓬（《衛風‧伯兮》）　　　不盈頃筐（《周南‧卷耳》）

賁然來思（《小雅·白駒》）	綠衣黃裳（《邶風·綠衣》）
我思肥泉（《邶風·泉水》）	國人知之（《陳風·墓門》）

（14）平平平仄

家伯維宰（《小雅·十月之交》）	如圭如璧（《衛風·淇奧》）
將其來食（《王風·丘中有麻》）	職思其外（《唐風·蟋蟀》）
人而無禮（《鄘風·相鼠》）	麻衣如雪（《曹風·蜉蝣》）

（15）仄平仄平

墓門有梅（《陳風·墓門》）	日居月諸（《邶風·柏舟》）
式微式微（《邶風·式微》）	采苓采苓（《唐風·采苓》）
豈其食魚（《陳風·衡門》）	宜其室家（《周南·桃夭》）

（16）平仄平仄

思媚其婦（《周頌·載芟》）	於我歸悅（《曹風·蜉蝣》）
八月其獲（《豳風·七月》）	雖有兄弟（《小雅·常棣》）
伐木于阪（《小雅·伐木》）	王命南仲（《小雅·出車》）

（如上例句平仄均以漢語普通話四聲爲據）

三、模式效應分析

　　諸種輕重律的結構模式，互相組合，彼此照應，形成旋律，構成樂章，筆者試圖分析一些主要、特殊模式的整體效果。

　　例（A）《周南·關雎》

　　　　首章：關關雎鳩，在河之洲。窈窕淑女，君子好逑。
　　　　　　　平平平平　　仄平平平　　仄仄平仄　　平仄仄平

　　　　次章：參差荇菜，左右流之。窈窕淑女，寤寐求之。
　　　　　　　平平仄仄　　仄仄平平　　仄仄平仄　　仄仄平平

　　　　　　　求之不得，寤寐思服。悠哉悠哉，輾轉反側
　　　　　　　平平仄仄　　仄仄平仄　　平平平平　　仄仄仄仄

　　　　末章：參差荇菜，左右采之。窈窕淑女，琴瑟友之。
　　　　　　　平平仄仄　　仄仄仄平　　仄仄平仄　　平仄仄平

參差荇菜，左右芼之。窈窕淑女，鍾鼓樂之。
平平仄仄　仄仄仄平　仄仄平仄　平仄仄平

結論（一）　四平句的節律效應沒有明顯的輕重節奏，但它依靠內在的聲韻的迴環產生呼應節奏。一句四平，表面上看來，這就是一種失之輕重的不和諧現象，是音律建構的一大遺憾。然而，這恰恰是《詩經》言句音律的一大特色，它不依賴於輕重交響亦可生成優美的旋律。「關關雎鳩，在河之州」一仄七平，一重七輕，似不諧音律，但它充分利用了重言（「關關」雙聲疊韻）、雙聲（「雎鳩」、「之洲」）的聲韻迴環效果（參見本書《重言綿延音律》），彌補了平仄輕重的失調。而且，次句以重音「在」領聲領句，頗具視野開闊（平）、遠山羞黛（仄）之境界，律場豁然開朗，而又峰巒隱約，波浪不驚，五色相宜，八音協暢。又如「行邁靡靡，中心搖搖」（《王風·黍離》），以「搖搖」重言構成迴環節奏，「悠哉悠哉」以片語重疊構成聲韻迴環節奏，「瞻彼中林，侯薪侯蒸」（《小雅·正月》）以音節助字「侯」的前呼應後構成迴環節奏。總之，除極少數四平句如「德音無良」因受表意的制約沒有作聲韻的迴環處理外，大部分四平句都是以聲韻迴環構成節奏的。

結論（二）　上句平仄與下句平仄同位相對，使音律產生了山重水複，柳暗花明的意境，雞犬相聞、漁歌互答的效果。如「窈窕淑女，君子好逑。」、「窈窕淑女，鍾鼓樂之」。仄仄平仄，平平仄平，就單句（窈窕淑女）來說或孤平多仄，似有不協之嫌，而駢句同位相對又交映成趣。

結論（三）　平平仄仄，或仄仄平平，是《詩經》言句平仄輕重的主要演進模式。兩個輕音、長音並列組合，使音律幽長而渾厚；兩個重音、短音並列組合，使音律凝重而縝密；輕音重音對稱組合，使音律抑揚有致，中和平穩，後世詩歌的言句組合主要繼承了這種輕重模式。特別是近體詩尤其嚴格，如或犯聲，常需拗救，不敢逾越雷池一步，這大概是《詩經》中這一常見模式更符合於音律的審美要求使之然也。如「參差荇菜，左右流之」、「求之不得，寤寐思服」，又如「新臺有酒」（《邶風·新臺》）、「陟彼崔嵬，我馬虺隤」（《周南·卷耳》）、「灼灼其華」（《周南·桃夭》）、「燕燕于飛」（《邶風·燕燕》）、「靜女其姝」（《邶風·靜女》）、「宛然左辟」（《魏風·葛屨》）等。

結論（四）　四仄句在《詩經》中並不少見，但它不像四平句力求做到聲韻迴環以增強音效的和諧悅耳。像「輾轉反側」句中以「輾轉」雙聲迴環，

「杲杲日出」（《衛風‧伯兮》）、「信誓旦旦」（《衛風‧氓》）等詩句中以「杲杲」、「旦旦」重言聲韻迴環的並不多見，多見者聲韻上均無關係。如「說（悅）懌女美」（《邶風‧靜女》）、「母氏聖善」（《邶風‧凱風》）、「愾我寤歎」（《曹風‧下泉》）等，這種輕重失調的現象全靠整個樂段（詩章）來協調它。四聲連仄，讀起來相當拗口，但音律效應上有它的特色，一落到底，飛流直下，造成律場的奇峰峭壁，險中有險，旋律奇詭深邃，律境的內在意蘊深不可測，它似音樂中的不協調音候升候止，則奇境突生，音響的表現力深奧蒼古。如《邶風‧谷風》第三章：

> 涇以渭濁，湜湜其止。宴爾新昏，不我屑以。
>
> 仄仄仄仄　仄仄平仄　仄平平平　仄仄仄仄
>
> 毋逝我梁，勿發我笱。我躬不閱，遑恤我後。
>
> 仄仄仄平　平仄仄仄　仄平仄仄　平仄仄仄

綜觀全章，重音較密而輕音較稀，音律奇詭，而節奏殊拗，充滿了矛盾。然而，以四個重音領起全章，又用四個重音（不我屑以）置於中行，進而以一平三仄「遑恤我後」收尾，句之輕重律似乎失諧，而通章卻因眾多的不諧音節構成了整個旋律的和諧。特別是前四句「止」、「以」和後四句「笱」、「後」兩兩仄聲韻腳相押，使全章音律渾然一體，凝重而慘酷，悲痛而憤懣，將棄婦那種悲傷、憂憤、無可奈何的矛盾心理凸現在旋律之中。

例析（B）《召南‧羔羊》

首章：羔羊之皮，素絲五紽。退食自公，委蛇委蛇。

平平平平　仄平仄平　仄仄仄平　仄平仄平

次章：羔羊之革，素絲五緎。委蛇委蛇，自公退食。

平平平仄　仄平仄仄　仄平仄平　仄平仄仄

末章：羔羊之縫，素絲五總。委蛇委蛇，退食自公。

平平平平　仄平仄平　仄平仄平　仄仄平平

結論（五）　爲了適應音律表現的需要，可以靈活地調整輕重音節的語序句序，這又是《詩經》輕重律的又一重要特色。就例析（B）整篇結構來看，首章「委蛇委蛇」應該置之第三句位，然而，爲了與第二句位「紽」的輕音韻腳相呼應，進行了句序調整。次章將「退食自公」調整爲「自公退食」與

「絨」重音韻字相呼應。第三章為了與「總」輕音韻字相呼應又回到第一章「退食自公」的語序。這種輕重律建構方式，有助於內在旋律的多重變化，增大律場的涵量，而且，又加強了旋律的整體性。又如《周南·桃夭》首章末句為「宜其室家」與「灼灼其華」呼應，次章末句則調整語族為「宜其家室」與「有蕡其實」呼應。《詩經》中這種輕重調整方式屢見不鮮，不再贅例。

結論（六） 因為《詩經》多重章疊句的緣故，詩篇整首詩的輕重律構成方式比較統一，這樣，輕重音節相同的詩句往往成為整首詩的主旋律。如《羔羊》多為「平平平平、平平平仄、仄平仄仄」諸式，這種多平少仄的組合模式就構成了整個樂章的主旋律，紅花綠葉，物事相宜，使音律章法嚴整，既有變化，又有統一。另外，如《相鼠》、《桃夭》、《采葛》、《采蘩》、《漢廣》等等，比比皆是，尤以風詩為著。

結論（七） 樂句與樂句之間的承接具有樂音輕重的空間趨勢，亦稱之為音勢，一般是前輕後重相繼，這樣就產生了旋律的起伏，音勢的跌宕。詩句與詩句之間的輕重音勢也極少例外（除一些特殊段落，如上《谷風》第三章和一些特殊句隔），大都是如果前一句最後一個音節為仄聲重音，則下一句的第一個音節為平聲輕音，如果前一句最後一個音節為平聲輕音，則下一句的第一個音節為仄聲重音。比如例析（B）《羔羊》首章平「皮」收仄「素」承，平「紽」收仄「退」承，平「公」收仄「委」承；次章前兩個句隔例外，最後一個句隔平「蛇」收仄「自」承；末章平「縫」收仄「素」承，平「總」收仄「委」，平「蛇」收仄「退」承。

例析（C）《鄘風·鶉之奔奔》：

　　首章：鶉之奔奔，鵲之彊彊。人之無良，我以為兄。

　　　　　平平平平　　仄平平平　　平平平平　　仄仄平平

　　次章：鵲之彊彊，鶉之奔奔。人之無良，我以為君。

　　　　　仄平平平　　平平平平　　平平平平　　仄仄平平

結論（八） 該詩是和《谷風》第三章平仄輕重構成模式完全相反的一首詩，《谷風》三章是重音多而輕音少，《鶉之奔奔》是輕音多而重音少，其相似之處就是輕重音比例失調。全詩兩章八句三十二字，只有六個仄聲重音，平仄不諧，輕重失律，但因為重章疊句、重言疊字構成了整首詩的主旋律，加上句句入韻的韻律使輕重音節嚴重失調的詩篇，音律的整體效應並沒有受到影響。由此而知，言句輕重律是旋律節奏和諧的重要因素但不是唯一的因

素，這也說明了詩歌音律美的多維性。

結論（九）　在《詩經》305 首中不含重言疊字、雙聲疊韻的四平句並不多見，但這類四平句一般情況下總是由上平音節、下平音節，也就是由陰平音節、陽平音節結合而成。因陰平、陽平調值不同而使整個四言句具有了一定的音差、峰值變化，詩句也就產生了節奏，祇是節奏感沒有平仄音節合成的詩句明顯、強烈而已。如「人之無良」就是由「陽平（人）陰平（之）陽平（無）陽平（良）」組成，何況陰平、陽平的強弱、長短也有區別呢？所以，並非無特質辭彙（重言、雙聲、疊韻辭彙）組合的四平句就沒有節奏，祇是旋律上不如特質辭彙構成的四言句優美而已，這也說明詩句和平仄輕重律是在文不傷質的前提下力求完美的。

第四節　詩章複遝音律

《詩經》305 篇原來都是入樂的歌詞，所以，現傳的詩篇保留了許多歌詞的性質，最為典型的是重章複遝。在重章構成的詩歌中，各章相對應的詩句不僅字數相若，句法相同，而且用字也極少變化。所以，便於記憶、利於傳唱，促使了《詩經》在周代社會的流行普及，這和今天許多先秦古籍中《詩經》保存最為完整不無關係。重章複遝一詠三歎，抒情效果強烈，造成迴環跌宕的音律氣勢，增強了詩歌的藝術感染力。本節探討了重章複遝產生的文化背景和它的美學意義——章句的複遝美、旋律的主建美、情感的遞增美，以及重章複遝的音律性質——重複性、歌詞性、律效性，最後又討論了重章複遝在《詩經》諸詩中的表現狀態。

重章複遝是詩歌章法處理的一種手段，尤其是民歌章法表現十分突出。那麼，究竟什麼是重章複遝呢？所謂重章複遝是指一首多章節詩歌中兩章或兩章以上的詩節，結構狀態相似，部分或大部分音律建構材料相同的章法形式。結構狀態相似就是說複遝的各章每章的句數、每句的字數基本相同，重複語辭的位置相應，甚至複遝章節的句法結構也相同或相近；部分或大部分音律建構材料相同就是說複遝章節在言句的相應位置使用部分或大部分前後相同的詩句或語詞。如《魏風·十畝之間》：

> 十畝之間兮，桑者閑閑兮。行，與子還兮。
>
> 十畝之外兮，桑者泄泄兮。行，與子逝兮。

全詩兩章，第二章的音律建構材料與第一章基本章相同，全章十五字只易換了「外」、「泄泄」、「逝」四個字。全詩每章四句，第三句爲獨言句「行」，上下章重複使用。上下兩章複遝相應位置的詩句句法結構完全相同。

一、初級文明的詩歌章法

詩歌作爲最古老的一種藝術形式，可以說隨著人類語言的產生就萌芽了，不過，始初詩歌在語言上非常粗糙，音律上非常簡單，表現方法上或直陳其事或直抒其情（參見本書第一章「本因論」）。究其原因主要是上古人類大腦尚處在進化的初級階段，思維落後，比較簡單直接，複雜的藝術表現方式還不是當時的智力所能達到的。所以，無論是述事還是抒情，都帶有極強的即興性和隨意性，並非爲藝術而藝術，僅僅是爲了勞作和生存把那些想說就說的話順口說出來罷了。今天的研究者就把那些即興道出的、具有一定社會意義和概括性的、反映人類生存發展和思想感情的簡單語言稱之爲「詩」了。如「候人兮猗」，實際上這僅僅是詩歌的雛形而已。隨著人類的進步，隨著這些樸素語言的樂化，「詩」和「樂」開始聯姻，「詩」、「樂」就開始走上了藝術化的道路，這才有了真正意義上的詩和真正意義上的樂。然而，比樂萌芽更早的詩，反而退居其次了，主要爲樂服務，也就是說在詩、樂的表現中以樂爲主，以詩輔之，一直獨立生存的詩成爲音樂塑造藝術形象的附庸材料，失去了原有的地位而理所當然地變成了配樂詞，這些詞隨著音樂情感的加強、音樂樂章的推進不斷重複，生成了文學藝術中詩歌獨有的複遝章法。

漢民族詩歌如此，其他民族的詩歌也不例外，這是人類始初藝術發生的共同特性。「原始民族用以詠歎他們的悲傷和喜悅的歌謠，通常也不過是用節奏的規律和重複等等最簡單的審美形式作這種簡單的表現而已」。〔註24〕格塞羅在《藝術的起源》中認爲菩托庫多人歌唱是世界上最粗陋的，雖然描述的是菩托庫多人唱歌的粗陋情形，實際上也生動說明了菩托庫多詩歌的複遝性。他說：「男子的歌聲好像是一種發音不清楚的叫號，連續交互用著三個或四個音，忽而高忽而低，從胸中深深地呼出氣來，同時他們把左臂抱著頭，把手指塞在每隻耳朵裏，在他們想使聽眾聽到的時候，便把口張得很大，那唇栓就是使他們的口成爲怪相，婦女們沒有唱得這樣高的聲音，或這樣愉快，

〔註24〕格塞羅，《藝術的起源》，商務印書館，1984 年 10 月，第二版，第 176 頁。

然而聽眾也是只能聽到少數聲音反覆吟唱。」〔註25〕在該書中他還以其他學者研究的成果論證了低級文明的抒情詩是反覆碓砌而成的科學結論。他說：「埃爾說『許多澳洲人，不能解釋他自己家鄉所唱的許多歌謠的意義，而且我們相信所作的解釋，也是非常不完全的，因為他們對於詩歌的節拍和音段比歌的意義還看得重要些。』還有一位著作家:『在一切科羅薄利舞的歌曲中，為了要變更和維持節奏，他們甚至將辭句重複轉變到毫無意義。』在明科彼人中對於形式的興起也很偏重。曼恩說:『他們主要的努力就是嚴格地遵循節拍，在他們的詩歌中，一切東西甚至無意義都要遷就節奏，……在他們的詩歌中，不但對辭句形式，甚至對於文法上章句的結構，都可以運用自如。』……這些詩歌的本身衹是一種完全沒有意義的感歎詞之節奏的反覆堆砌而已。這樣我們不得不下一個結論，就是最低級文明的抒情詩其主要的性質是音樂，詩的意義不過占次要地位而已。」〔註26〕這就說明整個人類最初級文明的詩歌都具有重章複遝的音律性質。

二、章節複遝的音律性質

在章法複遝的藝術表現中，漢民族詩歌最有代表性的是公元前六世紀成書的《詩經》。《詩經》不是始初詩歌，是藝術相當成熟的作品了，雖然它的藝術性相當高、文學性相當強，但它仍然沒有擺脫始初詩歌重章複遝、樂重於詞的格局。所以，重章複遝的特點非常明顯，這種章法在音律上具有三個方面的性質。

（一）重複性

重複性是《詩經》重章複遝最突出的性質，主要表現在語辭的重複、章意的重複和詩境的重複三個方面。語辭的重複，是指一首詩的各章在每章的相應位置出現相同的詩句、在每章每句的相應位置出現語法職能相同的詞或片語。如《豳風・東山》全詩四章每章開頭四句完全相同，《周南・漢廣》卻是每章的後半部分完全相同（見後文舉例）。實際上，《詩經》諸詩的重章完全句的相應重複並不普遍，而最為普遍的是語法職能相同的、大量的詞和片語的相應重複，使一首詩的每章產生複遝效果。如《鄭風・出其東門》：

〔註25〕格塞羅，《藝術的起源》，商務印書館，1984年10月，第二版，第217頁。
〔註26〕格塞羅，《藝術的起源》，商務印書館，1984年10月，第二版，第189頁。

　　　　出其東門，有女如雲。雖則如雲，匪我思存。縞衣綦巾，聊樂我員。

　　　　出其闉闍，有女如荼。雖則如荼，匪我思且。縞衣茹藘，聊可與娛。

全詩基本上由重複語構成。章意的重複，是指一首詩各章節所表達的意義完全相同，即首章之後各章或幾章為適應樂段推進的需求而毫無新意的重複。雖然各章相應位置的語辭稍有變化，但並沒有新的意義產生，僅僅是同義詞在相應位置的反覆更替。如《齊風・東方未明》前兩章：

　　　　東方未明，顛倒衣裳。顛之倒之，自公召之。

　　　　東方未晞，顛倒裳衣。倒之顛之，自公令之。

這兩章意義完全重複，都是說統治者緊急召喚，天不亮就慌慌張張地爬起來，把衣服褲子都穿倒了。首句「明」與「晞」都是天亮之意，同義易詞，次句「衣裳」與「裳衣」和第三句「顛之倒之」與「倒之顛之」是同義倒置，第四句「召」與「令」均是召喚的意思，同義易換。上下兩章雖語意重複，但在藝術表現上有獨到之處。鄧荃《詩經國風譯注》云：「上節『顛倒衣裳』，下節『顛倒裳衣』，上節『顛之倒之』，下節『倒之顛之』，看來似乎是文字遊戲，卻大大提高了藝術效果。」

　　就詩歌的創作而言，一個詩歌章節往往描繪出詩歌的一種境界，諸章節之諸境界的融合則構成詩歌的意境，生成詩歌意境的層次感、立體感，或稱塔式效應。重章複遝的詩歌既然各詩章的語辭意義完全重複，那麼也就表現為各章詩歌境界的重複，即被複遝章的境界就是該詩的意境，當然，在意境的多維衍構上多少有些影響。如《衛風・木瓜》：

　　　　投之以木瓜，報之以瓊琚。匪報也，永以為好也。

　　　　投之以木桃，報之以瓊瑤。匪報也，永以為好也。

　　　　投之以木李，報之以瓊玖。匪報也，永以為好也。

全詩三章，只換了幾個字，意思完全一樣。每章所描繪的境界都是男子接到情人投過來的果子，馬上解下自己所佩戴的美玉回贈給女子，並向女子解釋並不是為了報答她，而是表示永久相愛。周錫䪖《詩經選》說：「這首詩在結構上和《苤苢》有相似之處，都是在大致固定的句型中，變換一些字眼，做成迴環往復、一唱三歎的效果。」

（二）歌詞性

　　在今天看來，章法複遝的特點尤其明顯的文學體裁就是聲樂中的歌詞了。歌曲的樂套有兩種，一種是由一個樂段反覆（或作簡單地變化反覆）而

成的，稱之爲單一樂套，一種是由幾個不同樂段聯接而成的，稱爲聯合樂套。單一樂套在樂理上起首樂段具有引發、提示、推進、展開的性質，首章以次就具有對答、應和、承受、收束的性質，所以，它要求調式、節拍特徵的統一，音樂材料、旋律類型、音樂風格等共同特點的遞承發展以及結構篇幅的相對平衡、勻稱等。因此，章法複遝的歌詞往往所適應的就是單一樂套。在單一樂套中詞輕而樂重，樂曲的旋法是塑造形象的主體，是主建材料，而歌詞只起一個輔助作用，幫助完成樂曲形象的建構，所以，語辭的重複、語義的重複、語境的重複也就在所難免。重章複遝的《詩經》諸詩，特別是風詩，這些特徵上表現非常鮮明，因而，它們具有歌詞的性質。

實際上，《詩經》諸詩就是歌詞，瞭解這一點，《詩經》諸詩具有歌詞性就不足爲奇了。從藝術發生史上考察，萌芽最早的藝術形式是詩歌，隨後是音樂中的聲樂（至於器樂就比較晚了），即唱歌，所唱的詞就是當時的所謂詩。這樣，詩、詞趨於一體了，詩也就具有了兩重性，即文學性和音樂性。趨合時期的詩並不發達，甚至到了文學性相當強的《詩經》時代也是如此。而聲樂的發達卻後來居上，迅速複雜起來，加上樂器的使用於聲樂，更是勢不可擋，所以，歌唱時只能重複那些簡單的詩詞來服務於複雜的樂套。理所當然，樂曲逐漸上升爲主導地位，歌詞（詩）只好屈居爲次，直到《詩經》晚期以次，文人詩風日盛，詩歌才慢慢地脫離了長期附庸的地位，作爲一種獨立的藝術形式面向社會。由此可知，詩和樂的關係經歷了先合後分的演變過程。

《詩經》時代詩樂關係尚處在曲重詞輕時期，所以，詩章複遝非常普遍，保存了上古歌詞的原貌，至爲可惜的是曲譜不傳，爲今天研究《詩經》音樂和《詩經》音律帶來了諸多不便，即使如此《詩經》諸詩的歌詞性是顯而易見的。如《召南·江有汜》：

江有汜，之子歸。不我以，不我以，其後也悔。

江有渚，之子歸。不我與，不我與，其後也處。

江有沱，之子歸。不我過，不我過，其嘯也歌。

裴溥言《先民的歌唱——詩經》說：「《詩》多疊字，……；多疊詞，……；多疊韻，……；多疊句，則如本篇第一章的『不我以，不我以』，第二章的『不我與，不我與』，『不我過，不我過。』又疊字疊詞疊韻，都使詩有音韻上的美妙，而疊句則有感情重複和轉折的作用。」清鄧翔《詩經繹參》云：「第四句連疊三字句成章調始於此。此《陽關三疊》第四聲也。」《陽關三疊》又名

《陽關曲》，是一種琴曲。此曲各派琴譜均以王維《送元二使安西》為歌詞，全曲分三段，原詩反覆三次，故稱「三疊」。

（三）律效性

律效性是指重章複遝具有音律效應強烈的特性。重章時就詩義、詩境來說審美價值可能不如音律的審美價值高，因為一首詩的語義、語境前後重複、上下遞疊往往是詩作之大弊，為詩之大忌，所以，其美學價值就受到影響。但就一首詩的音律而言，重章複遝的整體效果因律效性強，其美學價值就相當高了。相同語辭音律的對位反覆、前後呼應，使律場的整合性增強，形象的內趨力集中，觀其文一詠三唱，聞其聲蕩氣迴腸。如《鄭風·風雨》：

> 風雨淒淒，雞鳴喈喈。既見君子，云胡不夷？
>
> 風雨瀟瀟，雞鳴膠膠。既見君子，去胡不瘳？
>
> 風雨如晦，雞鳴不已。既見君子，云胡不喜？

全詩三章，都是表達的同一個意思：在一個風雨交加的夜晚，雞鳴叫不停，丈夫遠歸回家，妻子非常高興。就詩意、詩境來說，只需一章足以說得明白，無需二、三章的重複，但就夫妻久別重逢的幸福心情而言，一章詩是遠遠不足以描述的，因此有了二、三章的複遝，借助於音律的反覆、呼應，渲染氣氛、醇厚律場，喜悅之情濃烈而厚重，全詩音律的整體效果非常好，可以說這些音律材料的重複使用彌補了語義表達的侷限性。陳震《讀詩小識錄》云：「『淒淒』第動於氣，『瀟瀟』則傳於聲矣；『喈喈』如清音乍引，『膠膠』則長吭送賡矣；『夷』則愜懷人之素願，『瘳』則愈憂世之深衷矣。妙！」姚際恒《詩經通論》亦云：「『喈喈』為眾聲和，初鳴聲尚微，但覺其眾和耳。再鳴則聲漸高，『膠膠』同聲高大也。三號以後，天將曉，相續不已矣。『如晦』，正寫其明也。惟其明，故曰『如晦』。惟其為『如晦』，則『淒淒』、『瀟瀟』時尚晦可知。詩意之妙如此，無人領會，可與語而心賞者，如何如何。」

三、章節複遝的美學意義

重章複遝作為詩歌音律建構的重要手段，在其音律特性產生的同時，也產生特殊的美學意義。考察《詩經》重章複遝的具體情況，主要表現在三個方面：

（一）章句的複遝美

事實上，詩歌要達到審美的目的，就必須選擇審美的形式，章句的複遝

就是審美形式的一種表現。它其所以能夠產生美，是因爲章句的複遝產生了音律的迴環效應，兩章或數章重複的律句在每章的相同位置前有呼後有應，它就像一根節律相同的鎖鏈貫串整個詩章，將各章相同的或相異的音律材料緊緊地束繫到一起。語辭——雖然是重複的語辭，其整體性、層次感因複遝而加強了，整體效果也逐漸展示出來，純粹感情的、資訊的言辭就深化爲藝術的、審美的形式。格塞羅說：「要將感情的言辭表現轉成抒情詩，只需要採取一種審美的有效形式，如節奏反覆等。一個五歲的兒童看見一隻漂亮的蝴蝶，就會喊出：『啊，美麗的蝴蝶！』（O' the pretty butterfly!）來表達他發現的喜悅。這個呼聲表現一種感情，祇是爲表現感情，所以，這個呼聲不是實用的，也不是用一種藝術的形式來表現的，所以也不是抒情詩。但是，尚若這只蝴蝶非常美麗動人，引得那個小孩子反覆地作出喜悅呼聲，而且有合規則的間節，同時使得一個個的字吐出有節奏的音調，唱著『美麗的蝴蝶呀！』（O' the pretty butterfly!）這呼聲就變成歌謠了。」〔註27〕格塞羅的理論明確地指出了因外物的激活產生的感情的言辭是非藝術的，祇是藝術生成的一種基因，只有在這種言辭重複時產生複遝的音律才能昇華爲一種藝術形式——詩歌，否則，言辭祇是傳遞非藝術資訊的工具罷了。所以，章句的複遝是詩歌生成的重要條件，也是詩歌藝術美生成不可缺少的形式要素。如《周南·芣苢》：

> 采采芣苢，薄言采之；采采芣苢，薄言有之。
> 采采芣苢，薄言掇之；采采芣苢，薄言捋之。
> 采采芣苢，薄言袺之；采采芣苢，薄言襭之。

這首詩三章，每章四句十二字，前後只更換了六個字，這在《詩經》的重章詩中是相當有代表性的，自古至今沒有人因爲它的語意重複認爲它是一首拙劣的詩歌，而正是因爲它言辭的複遝，產生了優美的旋律、塑造了生動的音律形象被世人稱道。清代學者方玉潤在《詩經原始》中解說此詩時說：

> 殊知此詩之妙，正在其無所指實而愈佳也。夫佳詩不必盡徵實，自鳴天籟，一片好音，尤足令人低回無限。若實而按之，興會索然矣。讀者試平心靜氣，涵詠其詩，恍聽田家婦女，三三五五，於平原曠野，風和日麗中群歌互答，餘音嫋嫋，若遠若近，忽斷忽續，不知其情之何以移，而神之何以曠。則此詩可不必細繹而自得其妙矣。

〔註27〕格塞羅，《藝術的起源》，商務印書館，1984 年 10 月，第二版，第 176 頁。

當然，複遝的規則性是音律美感產生的前提，也就是說言句的複遝只有在一首詩的內在情感的調控下於每一章的相應位置複遝才合乎規則性，才會產生美感，如果雜亂無章就不會產生複遝的美學意義了。

　　其規則性（一）主要是指各章複遝以小變應大變，即以語辭的小變應音律形象之大變。如《曹風·蜉蝣》：

　　　　蜉蝣之羽，衣裳楚楚。心之憂矣，於我歸處。
　　　　蜉蝣之翼，采采衣服。心之憂矣，於我歸息。
　　　　蜉蝣掘閱，麻衣如雪。心之憂矣，於我歸說。

全詩三章，每章以次句的義同言異、一四句的同義易辭來增加整個律場的音律變化，使詩篇音律既具有複遝迴環之美，同時也不失變化流動之美。清陳震《讀詩小識錄》云：「『蜉蝣』字取喻警切。『楚楚』、『采采』、『如雪』，其人得意在此，旁人讚歎正在此，蓋一念為朝生暮死，則其得意處，正可悼可畏處也，故曰心憂。『於我歸』者，歎其失其所歸也。失所歸而玩細娛，於我歸庶可以知遠慮矣。此詩人生死肉骨之心也。」

　　其規則性（二）是指各章章首複遝以章首音律為基調制約全篇，如《豳風·東山》：

　　第一章：<u>我徂東山</u>，<u>慆慆不歸</u>。<u>我來自東</u>，<u>零雨其濛</u>。
　　　　　　我東曰歸，我心西悲。制彼裳衣，勿士行枚。
　　　　　　蜎蜎者蠋，烝在桑野。敦彼獨宿，亦在車下。
　　第二章：<u>我徂東山</u>，<u>慆慆不歸</u>。<u>我來自東</u>，<u>零雨其濛</u>。
　　　　　　果臝之實，亦施于宇。伊威在室，蠨蛸在戶。
　　　　　　町畽鹿場，熠燿宵行。亦可畏也，伊可懷也。

　　第三章：<u>我徂東山</u>，<u>慆慆不歸</u>。<u>我來自東</u>，<u>零雨其濛</u>。
　　　　　　鸛鳴于垤，婦歎于室。灑掃穹窒，我征聿至。
　　　　　　有敦瓜苦，烝在栗薪。自我不見，于今三年。
　　第四章：<u>我徂東山</u>，<u>慆慆不歸</u>。<u>我來自東</u>，<u>零雨其濛</u>。
　　　　　　倉庚于飛，熠燿其羽。之子于歸，皇駁其馬。
　　　　　　親結其縭，九十其儀。其新孔嘉，其舊如之何？

全詩四章，每章前半部分四句複遝以制約詩篇旋律的輕重緩急，清代牛運震《詩志》云：「前四句一連說了四遍，不換一字，妙。」

其規則性（三）是指各章章末複遝以章末音律爲尾聲融合全篇，如《周南·漢廣》：

第一章：南有喬木，不可休思。漢有游女，不可求思。

　　　　漢之廣矣，不可泳思。江之永矣，不可方思。

第二章：翹翹錯薪，言刈其楚。之子于歸，言秣其馬。

　　　　漢之廣矣，不可泳思。江之永矣，不可方思。

第三章：翹翹錯薪，言刈其蔞。之子于歸，言秣其駒。

　　　　漢之廣矣，不可泳思。江之永矣，不可方思。

全詩三章，每章後半部分四句複遝，前呼後應，使詩篇旋律的整體效果更加強烈。裴溥言《先民的歌唱——詩經》說：「這詩的特點是每章的後四句完全一樣，所謂一唱三歎，餘音嫋嫋。如果每章前四句獨唱，後四句合唱，更是饒有情趣。」這類詩在《詩經》中非常常見，如《王風·黍離》、《鄘風·桑中》等。

（二）旋律的主建美

兩章或兩章以上的詩歌重章複遝因爲章法相同、句式相同、用語相同或相似，所以，各章複遝的音節對整個詩篇的音律有重要的組織、規範作用，支配和制約作用，具有很強的獨立性，成爲整個詩篇的主旋律，體現了重章複遝在旋律中作爲主體建造之美。

組織、規範作用是指複遝的首章建立一種與內容相適應的音律模式，以後各章根據其模式進行章法安排、句式處理。換言之就是將與首章相同或相異的表現內容在言句上略作變易套入首章所打造的模式中。如《陳風·月出》：

月出皎兮，佼人僚兮。舒窈糾兮，勞心悄兮。

月出皓兮，佼人懰兮。舒憂受兮，勞心慅兮。

月出照兮，佼人燎兮。舒夭紹兮，勞心慘兮。

這首詩是爲讚美月下少女而作，全詩三章，內容重複，每章首句都是言月光之美，次句言少女容貌之美，第三句言少女姿態之美，第四句是言詩人的愛慕之情。首章建立起全詩模式，二、三章一、二、四句各易一同義字，第三句易一同義詞將相同的內容裝入其模式之中，營造了強烈的情感氛圍，將詩人對少女的愛慕之情表現得淋漓盡致。清姚際恒《詩經通論》云：「似方言之聱牙，又似亂章之急促，尤妙在三章一韻，此眞風之變體，愈出愈奇者。每

章四句，又全在第三句使前後句法不排。蓋前後三句皆上二字雙，下一字單；第三句上一字單，下二字雙也。後世作律詩欲求精妙，全講此法。」

　　支配、制約作用是指複遝的首章建立一種與內容相適應的音律模式對以後各章有限的非複遝音節的輕重、位置有支配作用，也就是說有限的非複遝音節必須按照首章所設定的音律模式以及模式中的音律要求諸如韻位、音位等對號入位。如《秦風・無衣》：

　　　　豈曰無衣，與子同袍。王于興師，修我戈矛，與子同仇。
　　　　仄仄平平　仄仄平平　平平平平　平仄平平　仄仄平平

　　　　豈曰無衣，與子同澤。王于興師，修我矛戟，與子偕作。
　　　　仄仄平平　仄仄平仄　平平平平　平仄平仄　仄仄平仄

　　　　豈曰無衣，與子同裳。王于興師，修我甲兵，與子偕行。
　　　　仄仄平平　仄仄平平　平平平平　平仄平平　仄仄平平

全詩三章，首章建立的音律模式是四言五句二十字，前四句是「衣」、「袍」、「師」、「矛」交錯押韻，（「衣」、「師」微脂合韻，「袍」、「矛」幽部韻）第五句則承第四韻連押，二、三章非複遝同義音節「澤」、「裳」和「矛戟」、「甲兵」只能定植在首章音律模式的相應位置，並且韻法不變，第二章「衣」、「師」微脂合韻，「澤」、「戟」、「作」同押鐸部韻，第三章「衣」、「師」微脂合韻，「裳」、「兵」、「行」同押陽部韻。

　　藝術離不開形象，詩歌是藝術，當然也不例和外。《詩經》諸詩的形象主要有畫面形象，如《關雎》描寫婚嫁的場面、《芣苢》描寫採摘車前草的場面；其次是情感形象，如《月出》表達詩人對月下少女的愛慕之情；第三是人物形象，如《公劉》、《縣》刻畫了公劉、古公亶父這些民族英雄的形象；第四是象徵形象，如《碩鼠》中的碩鼠象徵統治者、《鶴鳴》中的鶴象徵有才能的人。而重章複遝音律的主建美主要體現在對詩歌藝術形象的塑造上，無論何種形象類型都不例外，《關雎》、《芣苢》的形象離不開重複材料的建構，《月出》、《黍離》的形象同樣離不開重複材料的建構。換句話說，因為一首詩的形象構成具有雙重性，即語辭建構和音律建構，那麼，複遝的音律往往成為各類形象塑造的主要材料。如上例《無衣》中三次重用的「豈曰無衣」、「王于興師」、「修我」和六次重複的「與子」等複遝言句的音律就成為詩人表達團結友愛、與你同征的願望（情感形象）的重要音律材料。

（三）情感的遞增美

詩歌創作離不開情感活動，它是詩歌發生的動因。《文心雕龍》云：「人稟七情，應物斯感；感物吟志，莫非自然。」這就說明了社會生活（自然），以及由這種社會生活所激發的情感是詩歌生成的必備條件。所以，徐禎卿在《詩藝錄》中亦云：「情者心之精也。情無定位，觸感而興，既動於中，必形於聲。故喜則爲笑啞，憂則爲籲戲，怒則爲叱吒。然引而成音，氣實爲佐；引音成詞，文寔與功。蓋因情以發氣，因氣以成聲，因聲而繪辭，因辭而定韻，此詩之源也。」情因物動，物則情化，然後生乎辭，故而說詩歌創作自始至終是一種情感流程。

值得注意的是，創作主體的情感一旦被外物啓動，並非一發即止，亦非一發就達到情感的峰巔，而是一旦身心激蕩，坐臥不寧，就會浮想聯翩，精鶩八極，心遊萬仞，觀古今於須臾，撫四海於一瞬，這樣感情就有了一個隨時間的延續而逐漸遞增的過程，也就是昇華過程。在語言尙不發達的上古詩歌中，要表現情感的遞增和體現情感的遞增美，一般採用重章複遝的形式反覆詠唱來渲泄奔騰不息的情感激流，體現了一種情感的遞增美。如《唐風·綢繆》：

> 綢繆束薪，三星在天。今夕何夕？見此良人。
>
> 子兮子兮，如此良人何！
>
> 綢繆束芻，三星在隅。今夕何夕？見此邂逅。
>
> 子兮子兮，如此邂逅何！
>
> 綢繆束楚，三星在戶。今夕何夕？見此粲者。
>
> 子兮子兮，如此粲者何！

這首詩前後三章，雖然首句有「薪」、「芻」、「楚」、之易，次句有「天」、「隅」、「戶」之易，第四、第六句有「良人」、「邂逅」（邂逅之人的省略）、「粲者」之易，但三章所表達的意思完全相同，這是新婚之夜新郎對新娘、或新娘對新郎的讚美之辭。詩中那種遇到良人的喜悅之情隨時間的延續（以星在當空、星在天角、星入窗戶表示時間的變化）而越來越強烈，喜不自禁，因一章之詩不足以言說，故複遝三章以唱之。朱守亮《詩經解釋》說：「三章前兩句都如此起筆，並寫夜色之變化，由淺而深，極有層次。三四兩句，寫欣喜慶幸之詞，溢於言表，與老杜詩『今夕復何夕，共此燈燭光。夜闌更秉燭，相對如夢寐』四語合參，尤知此詩之妙。」不過，這一類重章複遝的詩歌每章總

有一句相應的詩對位易換某一表示時間延續的語辭，這樣，感情的逐層加深就有了時間概念。又如《秦風‧蒹葭》：

> 蒹葭蒼蒼，白露爲霜。所謂伊人，在水一方。
>
> 溯洄從之，道阻且長；溯游從之，宛在水中央。
>
> 蒹葭淒淒，白露未晞。所謂伊人，在水之湄。
>
> 溯洄從之，道阻且躋；溯游從之，宛在水中坻。
>
> 蒹葭采采，白露未已。所謂伊人，在水之涘。
>
> 溯洄從之，道阻且右；溯游從之，宛在水中沚。

這是一首表現懷人者惆悵心情的詩歌。詩歌的大意是一個深秋的早晨，霜花遍地，相思的人站在蘆葦灘上眺望對岸所思念的人，然而可望不可即。想逆流而上吧，道路崎嶇而遙遠，想順流下吧，她彷彿又在水中央，還是不能相見。隨著晨霜成露、露水將乾、露水將淨惆悵之心愈來愈甚，失望之情愈生愈烈，到底沒能見到自己的心上人，感情的逐層深化就是通過每章的第二句最後一個詞「爲霜」、「未晞」、「未已」（「白露爲霜」、「白露未晞」、「白露未已」）的變易來實現的。王啓興《說秦風蒹葭》一文說：「在藝術表現上，這位無名的詩人描繪在一定時間和空間的客觀景物，來烘託自己的思想感情，達到情景相生，渾然一體的藝術境界。這種藝術境界，是那樣自然質樸，那樣眞切感人，有著歷久常新的藝術魅力。」

四、《詩經》章節複遝的基本格局

《詩經》305 篇，共 1141 章，各詩體制長短不一。《國風》是民間歌謠，一般較短，多爲二三章，且多用疊詠體。《大雅》體制較長，平均 7.1 章，《小雅》參半，平均 5.2 章。《周頌》體制最短，均爲獨章詩，《魯頌》與《商頌》中的《長發》、《殷武》、兩篇，體制略同《大雅》，《商頌》其餘三篇則與《周頌》相同。

完全重章體		不完全重章體	
章　數	篇　數	章　數	篇　數
兩章複遝	38	三章中兩章複遝	23
三章複遝	78	四章中三章複遝	9
四章複遝	5	四章中兩章複遝	7
五章複遝	4	章數不等篇不等章複遝	11
六章複遝	1	各章部分複遝部分獨立	2

　　兩章疊詠的詩歌，除《小雅・鶴鳴》以外，全爲風詩。因爲風詩來自民間流行的歌謠，所以歌詞性非常明顯，複遝性表現得尤其突出。從上表的統計中瞭解到，這類詩在《詩經》諸詩中佔有重要比例，僅次於三章複遝的詩歌居於第二位。如《魏風・園有桃》：

①園有桃，其實之殽。心之憂矣，我歌且謠。不我知者，謂我士也驕。彼人是哉？子曰何其。心之憂矣，其誰知之？其誰知之，蓋亦勿思。

②園有棘，其實之食。心之憂矣，聊以行國。不我知者，謂我士也罔極。彼人是哉？子曰何其。心之憂矣，其誰知之？其誰知之，蓋亦勿思。

三章疊詠的詩歌，仍然以風詩爲主，只有小部分三章疊詠體保留在《小雅》中，它是《詩經》諸詩疊詠體最多的一種，超過其他所有疊詠體的總和還多。如《小雅・彤弓》：

①彤弓弨兮，受言藏之。我有嘉賓，中心貺之。
　鐘鼓既設，一朝饗之。

②彤弓弨兮，受言載之。我有嘉賓，中心喜之。
　鐘鼓既設，一朝右之。

③彤弓弨兮，受言櫜之。我有嘉賓，中心好之。
　鐘鼓既設，一朝醻之。

四章以次的詩歌文學性較強了，疊詠體也相對遞減，數量並不多，並且大都保留在雅詩中。因爲《雅》大部分是文人詩，是文人摹仿風詩疊詠體所作，在形式上更爲嚴整，在詩歌表達的內涵上就要豐富得多，一般一旦對位語辭易換，其意義也相應改變。所以，語義重複、語境重複的現象相對減少了，只有極少部分多章疊意。如《小雅・匏葉》，全詩四章，語辭、語意、語境都是重複的，這類詩在雅詩中是比較少見的。

①幡幡匏葉，采之亨之。君子有酒，酌言嘗之。
②有兔斯首，炮之燔之。君子有酒，酌言獻之。
③有兔斯首，燔之炙之。君子有酒，酌言酢之。
④有兔斯首，燔之炮之。君子有酒，酌言醻之。

五章完全疊詠體詩歌只有四篇，雖然疊體形式上和國風毫無二致，但五章意義上完全重複的已經不存在了。如《小雅・南山有臺》首章讚美君子是國家

的基石，祝他萬壽無疆；次章讚美君子是國家的榮耀，祝他萬壽無疆；第三章讚美君子是人民的父母，聲名永垂；第四章讚美他年壽越高，名聲越顯赫；第五章祝願他永遠年輕，多子多孫。

①南山有臺，北山有萊。樂只君子，邦家之基。

樂只君子，萬壽無期。

②南山有桑，北山有楊。樂只君子，邦家之光。

樂只君子，萬壽無疆。

③南山有杞，北山有李。樂只君子，民之父母。

樂只君子，德音不已。

④南山有栲，北山有杻。樂只君子，遐不眉壽。

樂只君子，德音是茂。

⑤南山有枸，北山有楰。樂只君子，遐不黃耇。

樂只君子，保艾爾後。

《詩經》中六章以上的詩歌，純文學性已經相當強，基本上擺脫了對音樂的附庸地位，這也是詩樂逐漸分化的標誌，也是文人詩逐漸成熟的標誌。所以，六章疊詠體更不多見，《詩經》305 篇中只有《小雅・魚麗》一篇，而且疊體構成上比較特殊，它是前三章疊體和後三章疊體組合起來的。

①魚麗于罶，鱨鯊。君子有酒，旨且多。

②魚麗于罶，魴鱧。君子有酒，多且旨。

③魚麗于罶，鰋鯉。君子有酒，旨且有。

④物其多矣，維其嘉矣。

⑤物其旨矣，維其偕矣。

⑥物其有矣，維其時矣。

上表中章數不等篇不等章複遝，是將詩篇章數不等，複遝章句不統一的 11 章歸為一類。具體有《小雅・皇皇者華》五章首章獨立，後四章複遝。《都人士》五章前四章複遝，末章獨立。《四牡》五章，一二章複遝，三四章易詞複遝，末章獨立。《小明》五章首章前八句獨立，後四句與二三章複遝，四五章獨成一體複遝。《黍苗》五章，一四五章獨立，二三章複遝。《周南・關雎》五章一三章獨立，二四五章複遝。《小雅・巷伯》七章，一二章複遝，三四章易詞複遝，後三章獨立。《蓼莪》六章，一二章複遝，三四章獨立，五六章易詞複遝。《大雅・既醉》八章，一二章複遝，其餘六章交尾複遝。（也可稱之

頂眞複遝，即上章末尾與下章開頭重疊。）《卷阿》十章，首章和末尾兩章獨立，二三四章複遝，五六章末兩句複遝，七八章易詞複遝。上表中各章部分複遝部分獨立是指《詩經》三章詩《小雅·鹿鳴》各章前四句複遝，後四句獨立和四章詩《豳風·東山》每章前四句複遝，後八句獨立。

附錄：《詩經》中所包含的各種曲式

本文見楊蔭瀏《中國古代音樂史稿》，人民音樂出版社 1980 年版，第 57～61 頁。這是音樂家從樂章構成的角度對《詩經》章法進行分析的，錄於本節之末以供讀者參考。

從《詩經》第一類《國風》的歌詞中間，最容易看出民歌曲調的重複和變化情形。從第二類《雅》——包括《小雅》和《大雅》，——的歌詞中間，也可以看出，在貴族文人的寫作後面，有著民間的歌曲爲基礎；它們的結構形式，大體與民歌相同，是出於民歌的體系。只有第三類統治者所特別重視的《頌》，顯得是比較雜亂、不規則，很少與民歌有共同之處。除了《頌》可不予注意以外，在《國風》和《雅》兩類歌曲中間，我們可以看到十種不同的曲式。

（一）一個曲調的重複——例如《國風·周南》中的《桃夭》：

（1）桃之夭夭，灼灼其華。之子于歸，宜其室家。

（2）桃之夭夭，有蕡其實。之子于歸，宜其家室。

（3）桃之夭夭，其葉蓁蓁。之子于歸，宜其家人。

（二）一個曲調的後面用副歌——例如《國風·召南》中的《殷其靁》：

（1）殷其靁，在南山之陽。何斯違斯，莫敢或遑。

（副歌）振振君子，歸哉歸哉。

（2）殷其靁，在南山之側。何斯違斯，莫敢遑息。（副歌同）

（3）殷其靁，在南山之下。何斯違斯，莫或遑處。（副歌同）

（三）一個曲調的前面用副歌——如《國風·豳風》中的《東山》：

（1）（副　歌）我徂東山，慆慆不歸。我來自東，零雨其濛。

我東曰歸，我心西悲。制彼裳衣，勿士行枚。

蜎蜎者蠋，烝在桑野。敦彼獨宿，亦在車下。

（2）（副歌同）果臝之實，亦施于宇。伊威在室，蟏蛸在戶。

　　　　　　　　　　町畽鹿場，熠燿宵行。不可畏也，伊可懷也。

（3）（副歌同）鶴鳴于垤，婦歎于室。灑埽穹窒，我征聿至。

　　　　　　　　　　有敦瓜苦，烝在栗薪。自我不見。于今三年。

（4）（副歌同）倉庚于飛，熠燿其羽。之子于歸，皇駁其馬。

　　　　　　　　　　親結其縭，九十其儀。其新孔嘉，其舊如之何？

　　（四）在一個曲調的重複中間，對某幾節音樂的開始部分，作一些局部的變化；這種手法，在後來的發展中間，稱為「換頭」——例如《小雅》中的《苕之華》是在第三節上用換頭：

（1）苕之華，芸其黃矣。心之憂矣，維其傷矣。

（2）苕之華，其葉青青。知我如此，不如無生。

（3）牂羊墳首，三星在罶。人可以食，鮮可以飽。

又如《國風‧秦風》中的《車鄰》，在第二、第三節上用了更加發展的換頭手法：

（1）有車鄰鄰，有馬白顛。未見君子，寺人之令。

（2）阪有漆，隰有栗。既見君子，并坐鼓瑟。今者不樂，逝者其耋。

（3）阪有桑，隰有楊。既見君子，并坐鼓簧。今者不樂，逝者其亡。

　　（五）在一個曲調的幾次重複之前，用一個總的引子——例如《國風‧召南》中的《行露》：

（引子）厭浥行露，豈不夙夜？謂行多露。

（1）誰謂雀無角？何以穿我屋？誰謂女無家？何以速我獄？雖速我
　　　獄，室家不足。

（2）誰謂鼠無牙？何以穿我墉？誰謂女無家？何以速我訟？雖速我
　　　訟，亦不女從。

　　（六）在一個曲調的幾次重複之後，用一個總的尾聲——例如《國風‧召南》中的《野有死麕》：

（1）野有死麕，白茅包之。有女懷春，吉士誘之。

（2）林有樸樕，野有死鹿。白茅純束，有女如玉。

（尾聲）舒而脫脫兮，無感我帨兮，無使尨也吠。

　　（七）兩個曲調各自重複，聯接起來，構成一個歌曲——例如《國風‧鄭風》中的《豐》：

（第一調）（1）子之豐兮，俟我乎巷兮，悔予不送兮。

（2）子之昌兮，俟我乎堂兮，悔予不將兮。

（第二調）（3）衣錦褧衣，裳錦褧裳。叔兮伯兮，駕予與行。

（4）裳錦褧裳，衣錦褧衣。叔兮伯兮，駕予與歸。

《小雅》中的《魚麗》也是用同樣的形式。

（八）兩個曲調有規則地交互輪流，聯成一個歌曲──例如《大雅》中的《大明》：

（第一調）（1）明明在下，赫赫在上。天難忱斯，不易維王。天位殷適，使不挾四方。

（第二調）（2）摯仲氏任，自彼殷商。來嫁于周，曰嬪于京。乃及王季，維德之行。大任有身，生此文王。

（第一調）（3）維此文王，小心翼翼。昭事上帝，聿懷多福。厥德不回，以受方國。

（第二調）（4）天監在下，有命既集。文王初載，天作之合。在洽之陽，在渭之涘。文王嘉止，大邦有子。

（第一調）（5）大邦有子，俔天之妹。文定厥祥，親迎于渭。造舟為梁，不顯其光。

（第二調）（6）有命自天，命此文王。于周于京，纘女維莘，長子維行，篤生武王。保右命爾，燮伐大商

（第一調）（7）殷商之旅，其會如林。矢于牧野，維予侯興。上帝臨女，無貳爾心。

（第二調）（8）牧野洋洋，檀車煌煌，駟騵彭彭。維師尚父，時維鷹揚，涼彼武王，肆伐大商，會朝清明。

（九）兩個曲調不規則地交互輪流，聯成一個歌曲──例如《小雅》中的《斯干》：

（第一調）（1）秩秩斯干，幽幽南山，如竹苞矣，如松茂矣。兄及弟矣，式相好矣，無相猶矣。

（第二調）（2）似續妣祖，築室百堵，西南其戶。爰居爰處，爰笑爰語。

（第二調）（3）約之閣閣，椓之橐橐。風雨攸除，鳥鼠攸去，君子攸芋。

（第二調）（4）如跂斯翼，如矢斯棘。如鳥斯革，如翬斯飛，君子
　　　　　　　攸躋。

（第二調）（5）殖殖其庭，有覺其楹。噲噲其正，噦噦其冥，君子
　　　　　　　攸寧。

（第一調）（6）下莞上簟，乃安斯寢。乃寢乃興，乃占我夢。吉夢
　　　　　　　維何？維熊維羆，維虺維蛇。

（第二調）（7）大人占之，維熊維羆，男子之祥。維虺維蛇，女子
　　　　　　　之祥。

（第一調）（8）乃生男子，載寢之牀，載衣之裳，載弄之璋。其泣
　　　　　　　喤喤，朱芾斯皇，室家君王。

（第一調）（9）乃生女子，載寢之地，載衣之裼，載弄之瓦。無非
　　　　　　　無儀，唯酒食是議，無父母詒罹。

（十）在一個曲調的幾次重複之前，用一個總的引子；在其後，又用一個總尾聲——例如《國風·豳風》中的《九罭》：

（引子）九罭之魚，鱒魴。我覯之子，袞衣繡裳。

（1）鴻飛遵渚，公歸無所。於女信處！

（2）鴻飛遵陸，公歸不復。於女信宿！

（尾聲）是以有袞衣兮，無以我公歸兮，無使我心悲兮。

從這些可以看出，遠在公元前第六世紀之前，我們的祖先，為了表達他們豐富的思想和感情，已經如何運用了重複的規律、整齊和變化的規律，掌握了有助於音樂邏輯思維的重要因素，創造了許多樂曲的變異形式。

第五節　詩韻迴環音律

韻，是詩歌區別於其他文學體裁的重要標誌，對始初詩歌的確定和上古文學體裁的歸類都以此作為依據，所以學界論證了人類最早的文學形式是詩歌，漢民族第一部詩歌集是《詩經》。《詩經》韻式靈活自由，不拘一格。陳第說：「毛詩之韻，不可一律齊也。蓋觸物以擒抷，本情以敷辭。從容音節之中，宛轉宮商之外，如清漢浮雲，隨風聚散；蒙山流水，依坎推移。斯其所以妙也。……毛詩之韻，動於天機，不費雕刻，難與後世同日而論矣。」（《毛詩古音考》）不同的韻式有不同的存在狀態，不同的存在狀態有不同的韻律效

應。本節從詩歌其所以有韻律迴環的哲學基礎出發，分析了《詩經》五種主要韻式——富韻式、密韻式、中韻式、疏韻式、易韻式的存在狀態，和韻律效應所揭示的美學意義。

詩爲什麼要押韻，這個問題就很複雜了。從詩韻迴環往復這一特點來看，似乎與中國始初哲學中圓道觀關係緊密。圓道觀認爲宇宙和萬物永恆地循著周而復始的圓周運動，一切自然現象和社會人事的發生、發展、消亡都在環周運動中進行的。最早體現圓道這一系統思維的是《周易》，顧名思義，周易者，環周易變也。《繫辭傳》云：「易之爲書也不遠，爲道也屢遷，變動不居，周流六虛，上下無常，剛柔相推，不可爲典要，唯變所適。」宇宙萬物無時無刻不在變，星移斗轉、冬去春來、生老病死、盛衰枯榮、……但這種變，並非雜亂無章、茫然無序，而是周而復始的變。在天地之橋被溝通、天人之應被感召，天、地、人三位成爲宇宙主宰以後，人類在改造自然、改造社會的實踐活動中自覺和不自覺地遵循這種觀念去進行各種創造。劉長林先生說「從哲學玄想到文藝創作，從科學研究到宗教信仰，從時空意識到社會歷史、人生價值，從宇宙理論到農業、手工業技術……幾乎凡是有中國文化的地方，就可以發現循環的蹤跡和影響。」〔註28〕圓道觀在詩韻中的表現有這樣幾個方面：

（一）圓道觀對詩歌章句的整合作用

詩歌是由一些短句組合而成的文學體裁，它依靠有規律的韻腳前後呼應、多次迴環，把一首詩或一章詩融合爲不可分割的整體。韻腳的規律就是說一首詩或一章詩所有律句的律動單位（一首詩中從上一個韻腳到下一個韻腳的距離）相同或相近，非雜亂無序。《唐音癸籤》說：「夫韻，如詩之輪也，失之一輪，則全輿不行。」無韻就是拼湊無法，雜駁無章，胡亂堆砌，一盤散沙，遇水而流，順風而走。所以，詩因爲押韻而具有了一種相對穩定的體態結構，這種結構在循環運動中產生了動態平衡美，詩的韻律也因此稱之爲整合律。如《小雅·谷風》：

> 習習谷風，維風及雨。將恐將懼，維予與女。
>
> 將安將樂，女轉棄予。
>
> 習習谷風，維風及頹。將恐將懼，置予于懷。

〔註28〕劉長林，《中國系統思維》，中國社會科學出版社，1990 年版，第 21 頁。

　　將安將樂，棄予如遺。

　　習習谷風，維山崔嵬。無草不死，無木不萎。

　　忘我大德，思我小怨。

《谷風》首章「雨」、「懼」、「女」、「予」同押魚部韻，以律動單位八音節、四音節、四音節、八音節構成迴環呼應，節律雖有八四之變，但變中有序。次章「頹」、「懷」、「遺」同押微部韻，以律動單位八音節構成迴環呼應。第三章「嵬」、「萎」、「怨」微寒合韻，也以律動單位八音節構成迴環呼應。後兩章節律恆定，韻律沈穩端正。

（二）圓道觀對詩歌音律的制約作用

　　正因爲詩是一個相對穩定而循環運動的整體，有規律的迴環呼應本身就具有相對的制約性。律動單位的長短、密度和律動音效的趨勢，乃至整首詩的旋律均爲其所制。當然，缺少了韻的制約，則言不成句、聲不成體、韻不成律，詩就不成其爲詩了。如《鄭風·子衿》：

　　青青子衿，悠悠我心。縱我不往，子寧不嗣音？

　　青青子佩，悠悠我思。縱我不往，子寧不來？

　　挑兮達兮，在城闕兮。一日不見，如三月兮。

韻律的制約性首先是首韻腳制約詩章或詩篇以後各韻必須同屬一個韻部。《子衿》首章以「衿」起韻，該韻以次「心」、「音」同屬侵部韻。次章以「佩」起韻，該韻以次「思」、「來」同屬之部韻。第三章以「達」起韻，該韻以次「闕」、「月」同屬月部韻。其次，首章或首起的韻勢，即律動趨勢對次章或次韻的韻勢有制約作用，也就是說，首章以後的各章或首韻以次的各韻完全或基本上遵循已經確立的韻勢。《子衿》首章韻勢是前兩句押韻，躍過第三句到第四句呼應，第二章、第三章嚴守其法。其三，一首詩或一章詩起韻字的韻式往往制約其後各韻字的韻式。《子衿》第三章首韻字「達」是句中落韻，所以，「達」以後的「闕」、「月」均在句中，和首韻一樣韻字後帶富韻尾助詞「兮」。

（三）圓道觀對詩歌場效的圓變作用

　　詩韻的迴環呼應、上通下達而生成一個無形的「場」，我們稱之爲律場，它是詩歌情感、情緒的載體。孫武在《孫子·勢篇》中對有形戰場場效的論述可以借之說明詩歌律場的場效。他說：「故善出奇者，無窮如天地，不竭如

江河。終而復始，日月是也。死而復生，四時是也。聲不過五，五聲之變，不可勝聽也。色不過五，五色之變，不可勝觀也。味不過五，五味之變，不可勝嘗也。戰勢不過奇正，奇正之變，不可勝窮也。」戰場圓變則會奇勝，律場圓變生奇美。所以，詩歌的場效具有相對穩定的整體美，循環流轉的平衡美，豐富多姿的變化美。下面用一首具體的詩來討論一下所謂場效。如《邶風・北風》：

> 北風其涼，雨雪其雱。惠而好我，攜手同行。
>
> 其虛其邪？既亟只且！
>
> 北風其喈，雨雪其霏。惠而好我，攜手同歸。
>
> 其虛其邪？既亟只且！
>
> 莫赤匪狐，莫黑匪烏。惠而好我，攜手同車。
>
> 其虛其邪？既亟只且！

《北風》在《詩經》諸詩中比較能體現韻律的圓變場效——圓變之美。首章押陽部、魚部韻，次章押脂微合部、魚部韻，第三章押魚部韻形成律場，因魚部韻的前後一貫而渾然一體。三章詩有陽部、脂微合部變化之美，又有魚部統一之美，真可謂韻部圓變，「不可勝聽也」。

《詩經》代表了中華民族上古文學的最高成就，全集 305 篇除《周頌》中的《清廟》、《昊天有成命》、《時邁》、《噫嘻》、《武》、《酌》、《桓》、《般》等八首詩無韻之外，〔註29〕其他都遵循一定的押韻原則以韻字整合全篇，具

〔註29〕 《清廟》：於穆清廟，肅雝顯相。濟濟多士，秉文之德。對越在天，駿奔走在廟。不顯不承，無射於人斯。

《昊天有成命》：昊天有成命，二后受之。成王不敢康，夙夜基命宥密。於緝熙，單厥心，肆其靖之。

《時邁》：時邁其邦，昊天其子之，實右序有周。薄言震之，莫不震疊。懷柔百神，及河喬嶽，允王維后。明昭有周，式序在位，載戢干戈，載櫜弓矢。我求懿德，肆于時夏，允王保之。

《噫嘻》：噫嘻成王，既昭假爾，率時農夫，播厥百穀。駿發爾私，終三十里；亦服爾耕，十千維耦。

《武》：於皇武王，無競維烈。允文文王，克開厥後；嗣武受之，勝殷遏劉，耆定爾功。

《酌》：於鑠王師，遵養時晦。時純熙矣，是用大介。我龍受之。蹻蹻王之造，載用有嗣，實維爾公，允師。

《桓》：綏萬邦，婁豐年，天命匪解。桓桓武王，保有厥士，于以四方，克定厥家。於昭于天，皇以間之。

《般》：於皇時周，陟其高山。嶞山喬嶽，允猶翕河。敷天之下，裒時之對，

有優美的韻律，其建構模式奠定了後世詩歌韻律的基本格局。《詩經》諸詩整個韻式的最大特點是形式多樣、風格多變、自然樸素，不失天籟神韻。所以，在《詩》韻研究史上，韻位有所謂「停頭」、「停身」、「停尾」諸說；韻式有所謂「富韻」、「句句韻」、「隔句韻」、「轉韻」、「抱韻」、「遙韻」諸類。本節試圖在兩千多年來許多專家學者對韻式、韻字研究的基礎上，就音律特點比較明顯的富韻格、密韻格、中韻格、易韻格、疏韻格五種韵式分析《詩經》韻律的審美效應。

一、富韻格和它的音律效應

　　富韻格全稱爲「句尾音節富韻格」。王力先生謂之「富韻」，向熹先生謂之「準句韻尾」，意思是說四言詩的韻腳落在第三字（非四言例外，如「坎坎伐檀兮，置之河之干兮，」韻落四字位而富韻音節在第五字位）上而借一個音節助詞或代詞續於韻尾。這種韻格形式特殊，韻律獨特，《詩經》中運用非常廣泛。這大概與《詩經》詩歌作爲配樂的歌詞（歌詞往往爲合樂律而音節繁富），以及與《詩經》四言的建構（富韻句韻字多在第三字，需增加一個音節湊足四言）和作爲民歌的特點有關，〔註30〕而先秦楚辭以後的詩歌富韻尾就逐漸消失了（兩漢以降仿騷之作例外）。

　　富韻者，使韻富也，也就是使韻境更寬更廣，更加圓潤醇美。韻色富饒，韻質纖軟，旋律繁縟。所謂詩味，往往出在韻中（此處指音律之味，非語意之味），韻腳前承後續、娓娓相依將全章揉爲一個藝術的整體，而富韻音節更使諸韻字五味調和、生色生香。本來言止於韻，但韻尾又續上一個輕靡而婉約的虛詞音節，似斷非斷、似連非連、韻味更加醇和幽遠，韻律更加虛幻綿渺。詩歌的韻腳大都是韻（母）同聲（母）不同，而富韻音節使所有韻腳走向同一。一般說來，富韻音節與韻腳的聲母、韻母均沒有什麼聯繫，即既非雙聲亦非疊韻、更非重言、故富韻音節並非韻字本身的延續，而是用一個相同音節把所有不同的韻字定型，既追求一種韻腳變化的美，又追求一種韻腳統一的美。如果說詩章不同韻字的音律軌跡是一條波浪線的話，那麼相同富韻音節的音律則是一條橫貫波峰的水準線，既具有韻腳延續的陰柔之美（曲

　　　　時周之命。
〔註30〕《詩經》中的富韻詩大都爲風詩，雅、頌諸詩富韻者要比風詩少得多，而民
　　　　歌歌詞以帶音助詞爲常。

線），又具有韻尾比附的陽剛之美（直線），所以，富韻格的韻律是一種柔美與壯美的統一。另外，韻腳和富韻尾的變化、統一是詩章的主旋律，四個音節構成一個樂句〔註31〕、兩個詞拍，諸樂句第一個詞拍音異，第二詞拍音同，前呼邪許，後亦隨之，穿行於整個樂章。如天姥洞天、鳳輦鸞車，從從容容、舒舒緩緩，動靜互照、光色交輝，主宰和裁定整個節奏的內在張力，即使具有音律主建優勢的重章疊句亦受其音律節制，可見富韻對一首詩音律建構的影響，因而它最能體現韻律的情感衝力。

《詩經》305篇計富韻260餘處。不言260餘「篇」，而言260餘「處」，是因為有的詩歌只有部分章節帶有韻尾，如《周南‧卷耳》前一二三章均不帶富韻音節，只有第四章才韻腳綴「矣」，故言260餘處。常用於富韻的音節助詞有「矣」、「止」、「哉」、「忌」、「思」、「且」、「兮」、「只」、「斯」、「也」、「焉」、「乎而」十二個；用於富韻韻式了的代詞有「之」、「我」、「女」三個。

（一）「矣」用於韻尾稱當富韻音節，如：

陟彼砠矣，我馬瘏矣。我僕痡矣，云何吁矣。（《周南‧卷耳》）

漸漸之石，維其高矣。山川悠遠，維其勞矣。

武人東征，不遑朝矣。

漸漸之石，維其卒矣。山川悠遠，曷其沒矣。

武人東征，不遑出矣。

有豕白蹢，烝涉波矣。月離于畢，俾滂沱矣。

武人東征，不遑他矣。（《小雅‧漸漸之石》）

我出我車，於彼牧矣。自天子所，謂我來矣。

召彼僕夫，謂之載矣。王事多難，維其棘矣。（《小雅‧出車》）

「矣」音節音質細帖而幽怨，故常用作感事傷懷詩的富韻尾。首例「矣」緊掛在「砠」、「瘏」、「痡」、「吁」等「魚」部韻字之後形成該詩章的律場，加上魚部韻幽咽的韻質，對採擷卷耳女子的思夫之情進行了充分渲染。第二例《漸漸之石》全詩三章，是非常嚴整的隔句韻詩歌，首章富韻尾「矣」緊掛在「高」、「勞」、「朝」等「宵」部韻字之後，次章富韻尾「矣」緊掛在「卒」、「沒」、「出」等「物」韻部之後，第三章富韻尾「矣」緊掛在「波」、「沱」、

〔註31〕 《詩經》以四言為主，四言之外少見。

「他」等「歌」部韻字之後，加之宵部韻的灑脫，物部韻的落拓，歌部韻的端莊導生了律場鮮明的層次感，將出征將士神聖的使命感、嚴肅的人生態度和征途跋涉的勞頓揉合爲一體。《小雅・出車》章也是隔句押韻，富韻尾「矣」緊掛在「牧」、「來」、「載」、「棘」等「職」部韻之後用來描述戰士以服從天職爲使命、血灑疆場的悲壯人生，職部韻韻質哀遠也。

（二）「止」用於韻尾稱當富韻音節，如：

念茲皇祖，陟降庭止。維予小子，夙夜敬止。（《周頌・閔予小子》）

葛屨五兩，冠緌雙止，魯道有蕩。齊子庸止，

既曰庸止，曷又從止。（《齊風・南山》）

「止」音節音質婉曲，似乎多吞聲咽氣。首例是《閔予小子》中四句帶韻尾的詩，「止」緊掛在「庭」、「敬」兩個「耕」部韻字之後，耕部韻的沈實輔之以止韻尾的宛曲表達了周成王年幼即位外有諸侯力政、內有強臣把權的苦衷。《齊風・南山》章前三句詩押陽部韻，只有「雙」加掛了韻尾「止」，後三句「庸」、「庸」、「從」押東部韻，均加掛了「止」韻尾，東、陽韻的響亮和止韻尾的隱咽形成強烈的對比，說明文姜兄妹淫亂的肆無忌憚和詩人欲刺卻難以啓齒的心態。

（三）「哉」用於韻尾稱當富韻音節，如：

懷哉，懷哉，曷月予還歸哉。（《王風・揚之水》）

「哉」音節稱當富韻尾在《詩》中並不普遍，全篇韻後掛「哉」的《詩》中沒有，整章韻後掛「哉」的也比較鮮見，一般僅用在詩章某些詩句的韻後。如《揚之水》每章的前四句均是韻在句末，只有最後兩句才易爲句中韻。「哉」音節音質和軟，表情深沈，用於懷離傷別，且富於每章之末更顯得離情悱惻。

（四）「忌」用於韻尾稱當富韻音節，如：

叔善射忌，又良御忌。抑磬控忌，抑縱送忌。

叔馬慢忌，叔發罕忌。抑釋掤忌，抑鬯弓忌。（《鄭風・大叔于田》）

「忌」音節音質穩健，而且重短有力，上四句詩是《大叔于田》次章的後半部，與「射」、「御」、「控」、「送」四個仄聲韻字搭配更顯示了大叔田獵的銳利風采，下四句詩是《大叔于田》末章的後半部，與「慢」、「罕」、「掤」、「弓」四個平聲韻字搭配又描摹了大叔田獵輕鬆沈穩的神情。

（五）「思」用於韻尾稱當富韻音節，如：

神之格思，不可度思，矧可射思。（《大雅‧抑》）

南有喬木，不可休思。漢有游女，不可求思。

漢之廣矣，不可泳思。江之永矣，不可方思。（《周南‧漢廣》）

「思」音節音質纏綿而細膩，多用作傷情感懷詩、詩章、詩句的韻尾。例選《抑》是第七章的最後三句，自憂於諸神能否降臨，來了能否保祐這些不願敬神明的人。「格」、「度」、「射」等韻字壓抑的韻質與「思」的輕綿音質形成律場的波峰波谷，以表現詩人懷憂疑懼。例詩《漢廣》是描寫一個男子追求漢水游女終於失敗的詩歌，例句是以漢水之寬、漢水之長隱喻追求漢水游女的不易，望江興歎，水不可遏，情不可止，「思」隔句而來，「矣」穿插而過，更是動人心弦、傷人肺腑。

（六）「且」用於韻尾稱當富韻音節，如：

椒聊且，遠條且。（《唐風‧椒聊》）

「且」音節稱當富韻尾極為少見。「且」者，迁也，音質迂宛委頓，切意撩人。《椒聊》是以花椒多籽味香讚頌婦人的多子香美，例句的意思是一串串山椒，幽香飄逸。

（七）「兮」用於韻尾稱當富韻音節，如：

於嗟闊兮，不我活兮。於嗟洵兮，不我信兮。（《邶風‧擊鼓》）

彼采葛兮，一日不見，如三月兮。

彼采蕭兮，一日不見，如三秋兮。

彼采艾兮，一日不見，如三歲兮。（《王風‧采葛》）

十畝之間兮，桑者閑閑兮，行，與子還兮。

十畝之外兮，桑者泄泄兮，行，與子逝兮。（《魏風‧十畝之間》）

「兮」音節稱當富韻音節在詩中尤為常見。「兮」音節音質綿軟纖幽，表情雲纏夢繞，有如暗香浮動，隱秀襲人。《擊鼓》是反映戍卒久役思歸的詩歌，末章（例章）句句飾「兮」仰天長歎：服役無期，相思如割，生不如死。《采葛》是寫戀人相思的詩歌，全詩三章一律採用首句韻後飾「兮」而後越過次句末句韻後飾「兮」呼應的韻式構成律場，情人對戀人的相思隨著「三月兮」、「三秋兮」、「三歲兮」而逐層深入，逐律固化，韻律形象悲慟感人。《十畝之間》是歸農思想者的詠歎，全詩多用五言，句幅增長，旋律相對四言較慢，而且句句韻後飾「兮」，歸農者的農桑之樂、與世無爭的怡然自得隨著「兮」音節

的比肩而至洋溢出來。

（八）「只」用於韻尾稱當富韻音節，如：

母也天只，不諒人只。（《鄘風・柏舟》）

「只」音節稱當富韻尾與「止」音質相同，宛曲鬱怨，吞聲咽氣，有說不完的委屈。例句就是叫母爲天，天的博大和神明爲什麼不理解女兒的苦衷呢？

（九）「斯」用於韻尾稱當富韻音節，如：

恩斯勤斯，鬻子之閔斯。（《豳風・鴟鴞》）

「斯」音節稱當富韻尾與「思」音質差別無多，纏綿細膩，潤物輕聲，傷情怨事，如剝繭抽絲。例句是有感於自己辛辛苦苦一輩子，哺養孩子成人自己卻因此病倒，聲、辭之間雖無大怨之痛，卻有淒宛之傷。

（十）「也」用於韻尾稱當富韻音節，如：

何其處也，必有與也。何其久也，必有以也。（《邶風・旄丘》）

牆有茨，不可掃也。中冓之言，不可道也。

所可道也，言之醜也。

牆有茨，不可襄也，中冓之言，不可詳也。

所可詳也，言之長也。

牆有茨，不可束也。中冓之言，不可讀也。

所可讀也，言之辱也。（《鄘風・牆有茨》）

「也」作爲富韻音節，《詩》中比較常見，這大概是因爲「也」的音節適應面最寬、作爲句末語氣助詞使用最普遍的緣故。「也」的音質隨和謙遜，平易近人，在所附韻的聲調上平上去入都能配合，在表情上喜怒哀樂都能適應，故所用廣也。《旄丘》章「也」與仄聲韻字「處」、「與」、「久」、「以」窘促的韻質表現離人的流離之苦，用「也」韻尾顯得神情荒急。《牆有茨》刺統治者的荒淫無恥，「也」韻尾意味深長，首章、尾章與仄聲韻結合，中章與平聲韻結合都顯得安然綽裕。

（十一）「焉」用於韻尾稱當富韻音節，如：

有菀者柳，不尚息焉。上帝甚蹈，無自昵焉。

俾予靖之，後予極焉。

有菀者柳，不尚愒焉。上帝甚蹈，無自瘵焉。

俾予靖之，後予邁焉。（《小雅・菀柳》）

「焉」音節音質純樸自然，有如古柏蒼林之靈秀，深谷幽泉之甘甜，無塵世

煙火之色，無巧手裁雲之痕。《菀柳》雖然是怨刺暴君反覆無常、喜怒無定的詩歌，但因「焉」韻尾的平淡質樸，大大沖淡了刺詩嗆人的火藥味，和風細雨，飲恨歡顏。雖言辭甚為犀利，且仄聲韻腳咄咄逼人，但因「焉」韻尾的約束，全詩聲律柔和，委婉含蓄，不致於震怒暴君，招致家破人亡之禍，又達到可以諷刺的目的。

（十二）「乎而」用於韻尾稱當富韻音節，如：

　　俟我于著乎而，充耳以素乎而，尚之以瓊華乎而。

　　俟我于庭乎而，充耳以青乎而，尚之以瓊瑩乎而。

　　俟我于堂乎而，充耳以黃乎而，尚之以瓊英乎而。（《齊風‧著》）

「乎而」用作富韻尾在音律上有兩個重要作用，一是將四言變成六言，將五言變為七言，緩和了詩章的旋律；二是延長了韻後的拖音，增強了詩歌的音樂性。「乎而」的音質熱烈歡愉，洋溢著幸福期盼之情，《著》全詩三章句句不離富韻尾，「呼而」唱出了出嫁女子見到新郎後的濃情蜜意。

　　「之」、「我」、「女」是有實義的人稱代詞，在富韻中具有兩項職能：一是完成樂句四言建構（足句）；其次是承擔句成份，一般用作主語和賓語，但作主語時一定是主語倒置（後置），它們的音律意義與美學意義與前而提到的純粹富韻音節沒有什麼區別。

（十三）「之」用於韻尾稱當富韻音節，如：

　　誰謂何廣？一葦杭之。誰謂宋遠？跂予望之。（《衛風‧河廣》）

　　就其深矣，方之舟之。就其淺矣，泳之遊之。

　　何有何亡？黽勉求之。凡民有喪，匍匐救之。（《邶風‧谷風》）

在《詩經》諸詩中代詞「之」用在句末主要稱當動詞賓語。而凡以代詞「之」兼當富韻音節的詩歌，以隔句飾韻居多，如上所舉之例。「之」音節的音質隱逸清朗，聲情淡雅宜人，無大喜之忘形，無大悲之輕命，恰似平湖風起，微波疊興。《河廣》是宋人僑居衛國而懷念故國家園的詩歌，例章是詩的首章，雖然兩個反問句增強了緊迫的的語氣，但因「杭之」、「望之」音質淡遠，加上隔句鉗制，使得語不傷人，情不妨意。《谷風》是棄婦離家後對自己不幸的傾訴。例詩節選的第四章，代詞「之」加附在迴旋的「尤」部韻後，揭示了棄婦的外柔內剛，不因為一時的不幸而喪失生存信心，而是鼓起勇氣，幫助危難的他人，律場的音效與語辭的表意結合得非常恰當。

（十四）「我」用於韻尾稱當富韻音節，如：

有酒湑我，無酒酤我。坎坎鼓我，蹲蹲舞我。(《小雅·伐木》)

父兮生我，母兮鞠我。拊我畜我，長我育我。

顧我復我，出入腹我。(《小雅·蓼莪》)

王事敦我，政事一埤遺我。

我入自外，室人交遍摧我。(《邶風·北門》)

凡代詞「我」在詩中兼當富韻音節，以句句飾之居多，像第三例《北門》隔句相約是極少見的。頻率高節奏快，旋律強勁，加之「我」的音質強硬堅決，更是氣勢逼人，聲勢難擋，以至不可理喻。《伐木》例選的四句詩中「我」都用作主語：有酒我去濾清，沒酒我去購買。我擊鼓坎坎，我跳舞蹲蹲。語意和音律上都顯得肆意奔放，無所顧忌，為所欲為。《蓼莪》代詞「我」用作動詞賓語。第一二句每句用「兮」和「我」對應，在音律上傳達了兒女對父母的深情厚意，從第三句開始直至最後一句既用「我」的重疊加快節奏，又用「我」的富韻縱貫所有詩句，情緒尤其激動、情感尤其真切，表達了父母對「我」的親切關懷。《北門》是一首怨刺詩，用「我」強硬的音調，用四、六長短句急徐無定的語氣訴說小官吏的位卑任重、窮困潦倒。

（十五）「女」用於韻尾稱當富韻音節，如：

籜兮籜兮，風其吹女。叔兮伯兮，倡予和女。

籜兮籜兮，風其漂女。叔兮伯兮，倡予要女。(《鄭風·籜兮》)

「女」在該詩中「風其吹女」、「風其飄女」用作動詞賓語，在「在倡予和女」、「倡予要女」兩句中作主語，即「女和」、「女要」。「女」音節的音質昵媚親近，女者，與也，可遇而不可求也。《籜兮》用代詞稱當富韻音節隔句約現，刻畫了多情女子了繞纏年少郎君一起唱歌的親昵之態。

二、密韻格和它的音律效應

在瞭解韻格的疏密之前我們必須瞭解韻的律動性和律動效應。韻字按相同的或相近的時間間隔周期出現，產生律動，這種特性稱之為詩韻的律動性，律性形成的周期就是律動單位，一個又一個律動單位，不斷地往返，推動旋律的發展。其律動頻率的大小往往直接影響樂章節奏速度，律動頻率小則速度相對快一些，律動頻率大則速度相對慢一些，也就是說韻腳密落（律動單位小）則急，韻腳疏落（律動單位大）則緩，這就是律動效應。

韻腳的疏密是相對的，筆者所謂密韻格是相對於《詩經》中有的詩章三

句落韻而言的句句押韻式。

　　句句押韻是《詩經》最基本的韻式，而以《頌》詩尤為突出。全《頌》詩有韻詩篇 32 首共 718 句（8 首無韻詩除外），其中只有 127 句不入韻。關於《詩經》句句押韻這一韻式在詩中的具體情況，向熹先生有詳細的考證，考證認為：一章之內句句入韻的詩句，少則兩句兩韻，多則十二句十二韻，其中以四句四韻者居多，三句以下、九句以上僅見而已。〔註32〕《詩經》本來句幅短，加上韻腳密，律動頻率很高，強烈的氣息間隔使呼吸急促，節奏的衝力增強。而節奏的衝力又是情感衝力的體現。情感衝力大則節奏強，情感衝力弱則節奏慢。甜蜜的愛情所具有的興奮感；失敗的婚姻所具有的悲憤感；宮廷宴享所具有的熱烈感；讚美列祖列宗所具有的自豪感；……都表現出強烈的情感衝力。節奏本身如果不依附於速度，它只不過是節奏拉力的消失，只有與感情融合時，即注入情感的血液時，才具有衝力。興奮的、悲憤的、熱烈的、自豪的……都展示為爆發性情感思維，作為諸感情的載體──詩歌，在音律上常常以增設律動的頻率用密韻式構成的律場來描述。如《魯頌・閟宮》：

　　　　閟宮有侐，實實枚枚。赫赫姜嫄，其德不回。
　　　　上帝是依，無災無害。彌月不遲，（微脂合韻）
　　　　是生后稷。降之百福；黍稷重穋，稙穉菽麥。
　　　　奄有下國，俾民稼穡。（職覺合韻）
　　　　有稷有黍，有稻有秬。奄有下土，纘禹之緒。（魚部）
　　　　后稷之孫，實維大王。居岐之陽，實始翦商。（陽部）
　　　　至于文武，纘大王之緒。致天之屆，于牧之野。
　　　　無貳無虞，上帝臨女。敦商之旅，克咸厥功。王曰叔父，
　　　　建爾元子。俾侯于魯。大啓爾宇。為周室輔。（魚部）
　　　　乃命魯公，俾侯于東。錫之山川，土田附庸。（東部）
　　　　周公之孫，莊公之子。龍旂承祀，六轡耳耳。（之部）
　　　　春秋匪解，（與「帝」協）享祀不忒。（與「稷」協）
　　　　皇皇后帝，（支錫通韻）皇祖后稷。（職部）
　　　　享以騂犧，是饗是宜，降福孔多。（歌部）

〔註32〕向熹，《詩經語法研究》，四川人民出版社，1998 年版。

周公皇祖，亦其福**女**。（魚部）

秋而載嘗，夏而楅衡。白牡騂剛，犧尊將將。

毛炰胾羹，籩豆大**房**。萬舞洋洋，孝孫有慶。

俾爾熾而昌，俾爾壽而臧。保彼東方，魯邦是常。（陽部）

不虧不崩，不震不騰。三壽作朋，如岡如陵。（蒸部）

公車千乘，朱英綠縢。二矛重弓。公徒三萬，貝胄朱綬。

烝徒增增，戎狄是膺，荊舒是懲。則莫我敢承。（蒸侵合部）

俾爾昌而熾，俾爾壽而富。黃髮台背，壽胥與試。（職部）

俾爾昌而大，俾爾耆而艾。萬有千歲，眉壽無有**害**。（月部）

泰山巖巖，魯邦所**詹**。（談部）

奄有龜蒙，遂荒大東。至于海邦，淮夷來同，

莫不率從，魯侯之功。（東部）

保有鳧繹，遂荒徐宅。至于海邦。（與「從」協）

淮夷蠻貊，及彼南夷，莫不率從。（東部）

莫敢不諾，魯侯是**若**。（鐸部）

天錫公純嘏，眉壽保魯。居常與許，復周公之**宇**。（魚部）

魯侯燕喜，令妻壽母。宜大夫庶**士**，邦國是有。

既多受祉，黃髮兒**齒**。（之部）

徂來之松，新甫之柏。是斷是**度**，是尋是尺。

松桷有**舄**，路寢孔碩，新廟奕奕，奚斯所作。

孔曼且碩，萬民是**若**。（鐸部）

（該詩和以下所舉韻例均據王力《詩經韻讀》）

《閟宮》是魯大夫公子奚斯讚美僖公恢復疆土、修建宮宇的光輝業績。《詩序》云：「頌僖公能復周公之宇也。」朱子《辨說》云：「此詩言莊公之子，又言新廟奕奕，則爲僖公修廟之詩明矣。」陳子展《詩經直解》認爲兩者各說對了一半。他說：「此頌美僖公保衛疆土、修建寢廟之詩。」是說更符詩旨。孫礦云：「《詩》長篇，鮮有逾此者。其詞瑰瑋，其色蒼古，其思沈密。首尾作室，中間祖德、侯封、祭祀、武功，次第輔述。而讚頌輔祉，作三項分插，整然不法。細玩，宛似後世一篇紀功碑，與四言詩格調又稍別。」〔註33〕孫氏之論甚爲精

〔註33〕轉引陳子展，《詩經直解》，復旦大學出版社，1983 年版，第 1177～1178 頁。

確，從詩的結構、風格上對該詩進行了高度評價，其中涉及了該詩的音律效應和特點，「其格宏壯……其色蒼古。」恰好道出了四言詩句句押韻對該詩的音律影響。其次，「與四言格調又稍別」是說詩120句以四言為主，又有12組（兩句為組）隔句押韻。詩人懷著無比敬愛的心情，用輕鬆而不局促、樸實而不輕靡、隱逸而不招搖的韻律，勾勒出了僖公保疆衛士、修廟建宇的恢宏畫面。有的章節句句押韻，仄韻到底，旋律效果更是鮮明強烈，有如大河東下、奔騰不息，又如走石流沙，氣勢磅礴，真是「無力落木蕭蕭下，不盡長江滾滾來」，隨著詩人感情的昇華，長氣貫出，滔滔不絕；有的章節句句押韻，平韻連綿，韻律則如春滿平湖、輕帆點點，碧水共長天一色，白雲與乳燕齊飛，水載舟舸、風推帆椳，力動於無形，情湧則不息。又如《商頌·長發》：

濬哲維商，長發其祥。洪水芒芒，禹敷下土方。

外大國是疆，幅隕既長。有娀方將，帝立子生商。

（句句陽部韻）

玄王桓撥，受小國是達，受大國是達。率履不越，

遂視既發。相土烈烈，海外有截。（句句月部韻）

帝命不違，至於湯齊。湯降不遲，聖敬日躋。

昭假遲遲，上帝是祗。帝命式於九圍。（全章微旨合韻）

受小球大球，為下國綴旒，何天之休。不競不絿，

不剛不柔，敷政優優。百祿是遒。（句句幽部韻）

受小共大共，為下國駿厖，何天之龍。敷奏其勇，

不震不動，不戁不竦，百祿是總。（句句東部韻）

武王載旆，有虔秉鉞。如火烈烈，則莫我敢曷。

苞有三蘖，莫遂莫達。九有有截。韋顧既伐，昆吾夏桀。

（句句月部韻）

昔在中葉，有震且業。（兩句均盍部韻）

允也天子，降于卿士。（兩句均之部韻）

實維阿衡，實左右商王。（兩句均陽部韻）

《詩序》云：「大禘也。」《鄭箋》曰：「大禘，郊祭天也。《禮記》曰：『王者禘其祖之所自出，以其祖配之。是謂也。』」從整個詩的內容上看似乎與祭祀

無關，所以另一說認爲是敘述湯武伐桀平天下的史詩。暫置存議。這是《詩經》諸詩中最具代表性的句句入韻詩，非常嚴整，前六章每章一韻，一韻到底，這在《詩經》中極爲鮮見，只有第七章略變，每兩句換一韻。其次，平聲韻與入聲韻（月部、盍部）在詩篇中的穿插互用，使音律形象伸屈得體、悲喜到位，這是因爲平聲的雄奇壯烈、入聲的勢窘氣迫造就的韻律效果。總之，詩人懷著無比激動的心情，用氣壯勢強、顯附勁健的韻律追憶了湯武點戰火、伐暴桀，九州風從，勢如破竹，最後君臨天下的輝煌歷史。

三、中韻格和它的音律效應

中韻格即隔句用韻，是《詩經》最常見的韻式，通常是偶句落韻，極少例外，廣爲後世詩歌所繼承。隔句韻無論是用平聲還是仄聲，因句幅增長了一倍，律動頻率縮小了一倍，所以其韻律顯得中和平穩、不疾不徐、不驕不怠，感情的衝力沒有大起也沒有大落，詩人平靜的思流變爲一種中速的、包含著相互影響的旋律和節奏拉力的詩歌的能量形式。喃喃細語，輕輕訴說；隔山相約、互吐幽情，無論是有意識控制的中速衝力，還是潛意識湧動的中速衝力，都具有了完美的傳情效果，如平湖秋色，落月搖情，「玉戶簾中卷不去，擣衣砧上拂還來」（張若虛《春江花月夜》）。其節奏的力度就像恬靜的小溪緩緩穿行在平坦而肥綠的草地間，輕盈俊俏、流轉自如。或摹寫少男少女的羞怯（如《衛風·芄蘭》、《鄭風·褰裳》、《周南·漢廣》等）、或表現生活生存的艱辛勞頓（如《邶風·擊鼓》、《王風·揚之水》、《小雅·何草不黃》等）、或對政治制度的諷刺（《邶風·新臺》、《鄘風·牆有茨》、《陳風·墓門》等）、或對農牧生活歡樂愉悅的描繪（《魏風·十畝之交》、《小雅·大田》、《小雅·無羊》等），句幅、氣息比較長，旋律起伏比較大，相對而言韻律發揮的天地也比較寬。所以，表達的內容更豐富、形象更豐滿。

自春秋以來「中」而到「和」的審美理想一直是藝術審美中的一個根本原則，只有「中」才能達到「和」的境界。「和」的本質意義就是適度、適中，所謂的「樂而不淫，哀而不傷」就是從表現形式到情感衝力對這一審美標準的高度概括。韻律的中和表現爲韻腳疏密的適度、韻字的律動單位長短適中，《詩經》的隔句押韻正好實現了「中和」的審美理想。從「中」的張力考察，大凡中性之物，可左可右、可深可淺，容量更大、內涵更深、生命力更強。《詩經》中的這種隔句韻式，節奏的衝力適中，反覆時有較大的變化空間，表現

性功用較強。所以韻味愈顯悠長，感情愈見深沈，因而具有更寬的適應面，除作爲廟堂樂歌的三頌少見外，〔註34〕風詩、雅詩無不廣爲用之，尤以大、小雅諸詩使用更爲普遍。這可能與大小雅作爲宮廷樂歌或宴享之樂而體現君侯將相、公卿大夫雍容典雅有關，謙謙君子，衣冠儼然，進退有禮，故多用中和之韻。如《大雅・民勞》：

> 民亦勞止，汔可小康。惠此中國，以綏四方。無縱詭隨，以謹無良。
> 式遏寇虐，憯不畏明。柔遠能邇，以定我王。（隔句陽部韻）
>
> 民亦勞止，汔可小休。惠此中國，以爲民逑。無縱詭隨，以謹惛怓。
> 式遏寇虐，無俾民憂。無棄爾勞，以爲王休。（隔句幽宵合韻）
>
> 民亦勞止，汔可小息。惠此京師，以綏四國。無縱詭隨，以謹罔極。
> 式遏寇虐，無俾作慝。敬慎威儀，以近有德。（隔句質部韻）
>
> 民亦勞止，汔可小愒。惠此中國，俾民憂泄。無縱詭隨，以謹醜厲。
> 式遏寇虐，無俾正敗。戎雖小子，而式弘大。（隔句月部韻）
>
> 民亦勞止，汔可小安。惠此中國，國無有殘。無縱詭隨，以謹繾綣。
> 式遏寇虐，無俾正反。王欲玉女，是用大諫。（隔句元部韻）

《民勞》是周大夫規勸暴君厲王勿聽奸宄、身遠小人、放棄暴虐以免勞民禍國的詩歌。陳子展《詩經直解》云：「五章一意，每章言愈切而意愈深。要之，大諫主旨不外恤民、保京、防奸、止亂，如是而已，蓋詩人已預見厲王潰滅，故不能自覺其言之於丁寧而沈痛也。」言情沈重，聲情眞摯。全詩五章四十句，全是以八個音節、四個詞拍爲律動單位，以延長詩章韻字反覆的時值，使韻律柔和舒緩、樂質委婉懇切，言之柔婉，聽之順耳，而達到諫勸上納的目的。特別是由首章洪亮的「陽」部韻逐漸過渡到次章疏朗的「幽宵」韻、嚴肅的「質」部韻、清厲的「月」部韻、舒婉的「元」部韻，韻質由洪到細，由緩到促，由輕到重，律場層次分明，感情逐章深入。特別是中間用了「質」、「月」兩部入聲韻，入聲韻音質有勢無聲，似言又止，諫者動容，聽者驚悚。之後，又用「元」部韻舒緩一下沈悶的律場氣氛，以悅暴戾的厲公採納諫言。又如《邶風・日月》：

> 日居月諸，照臨下土。乃如之人兮，逝不古處。

〔註34〕廟堂樂歌有更爲獨特的旋律特點。參見本書第二章《形成論・音律形成的本體因素・辨樂分輯》。

> 胡能有定，寧不我顧。（隔句魚部韻）
>
> 日居月諸，下土是冒。乃如之人兮，逝不相好。
>
> 胡能有定，寧不我報。（隔句幽部韻）
>
> 日居月諸，出自東方。乃如之人兮，德音無良。
>
> 胡能有定，俾也可忘。（隔句陽部韻）
>
> 日居月諸，東方自出。父兮母兮，畜我不卒。
>
> 胡能有定，報我不述。（隔句物部韻）

《日月》是衛莊姜因失寵於莊公而作的一首詩，每章以「胡能有定」強調詩旨。《鄭箋》曰：「君之行如是，何能有所定乎！是其所以不能定也。」故陳源《西瀅閒話》云：「作詩本章在此一語。」而全詩四章章章重現的「乃如之人兮」正好道出了中韻律場的情調。丈夫胡作非爲，妻子恨不成聲。全詩四章二十四句，均以雙句爲律動單位，一呼一吸之間，舒促相得、遊刃有餘，留下了蓄情的空白，比密韻歇斯底里的吶喊更顯得深沈悲切，令人同情，而其恨之深、悔之切、苦之難言表現得更爲突出。方玉潤《詩經原始》云：「訴不已，乃再訴之；再訴不已，更三訴之；三訴不聽，則唯有呼父母而歎其生我之不辰。蓋情急則呼天，疾痛則呼父母，如舜之號泣於昊天、於父母耳，此怨極也。」

四、疏韻格和它的音律效應

疏韻格是一種特殊的韻式，《詩經》中並不多見。《詩經》的所謂疏韻，一般是指三句詩只有一個韻腳，有所謂疏頭韻和疏章韻兩種（參見王力《詩經韻讀》）。

疏頭韻 疏頭韻是指詩章的開始前一二句都不入韻，直到第三句才有韻腳的韻式。如：

①王命仲山甫，式是百辟，纘戎祖考，王躬是保。（《大雅·烝民》）

②民之未戾，職盜爲寇，涼曰不可，覆背善詈。（《大雅·桑柔》）

③賓之初筵，左右秩秩。籩豆有楚，肴核維旅。（《小雅·賓之初筵》）

④昔先王受命，有如召公。日辟國百里，今也日蹙國百里。（《大雅·召旻》）

⑤無易由言，無曰苟矣。莫捫朕舌，言不可逝矣。（《大雅·抑》）

例①「考」起韻，「保」應之。例②「可」起韻，「詈」應之。例③「楚」起

韻，「旅」應之。例④「里」起韻，「里」應之。例⑤「舌」起韻，「逝」應之。值得注意的是疏頭韻的韻腳一般都是由疏到密的，律動單位也因此由長到短，節奏也由慢到快，表現出較爲強烈的張力變化，較爲複雜的情感思流。

　　疏章韻　疏章韻是指詩章已經起韻，中間隔兩句不入韻，直到兩句沒有入韻之後的第三句詩才有韻字與前面的韻腳呼應或兩句無韻詩之前的詩句已經收韻而兩句無韻詩之後重起一韻的押韻方式。如：

　　　①爾牧來思，何蓑何笠，或負其餱。三十維物，爾牲則具。（《小雅・無羊》）

　　　②駕彼四駱，載驟載駸。豈不懷歸，是用作歌，將母來諗。（《小雅・四牡》）

　　　③穹窒熏鼠，塞向墐戶。嗟我婦子，曰爲改歲，入此室處。（《豳風・七月》）

　　　④四牡奕奕，孔修且張。韓侯入覲，以其介圭，入覲于王。（《大雅・韓奕》）

　　　⑤周邦且喜，戎有良翰。不顯申伯，王之元舅，文武是憲。（《大雅・崧高》）

　　　⑥如彼歲旱，草不潰茂。如彼棲苴，我相此邦，無不潰止。（《大雅・召旻》）

例①是《無羊》的第三章，例句之前還有三句詩，它們是「或降于阿，或飲于池，或寢或訛。」三句均押「歌」部韻，隔「爾牧來思，何蓑何笠」之後才重新由「餱」起韻，這就是指疏章韻的第二種情況。例②「駸」前韻，「諗」應之。例③「鼠」、「戶」前韻，「處」應之。例④「張」前韻，「王」應之。例⑤「翰」前韻，「憲」應之。例⑥「茂」前韻，「止」應之。疏章韻的韻律特點與疏頭韻相似，其區別在於疏章韻表現的情感張力更爲複雜多變。本來韻腳平穩，有序遞進，突然韻腳該應未應，啞然失聲，產生韻律的黑洞，此所謂此時無聲勝有聲也。因爲整個節奏的平衡和秩序被打破，情感張力嘎然消失，而奇幻的韻律效果隨著無韻之後的重新落韻誕生了。失韻的瞬間就像詩意的跳躍、寫意畫的留白，虛實相生、動靜互照、羚羊掛角、無跡可求，音情的張力更顯變化難測。

　　不過《詩經》中整章完全疏韻的很少，多爲疏密兼施。這樣既體現了詩章韻式的多樣化，又增強了律動效應不是十分強烈、對比不是十分明顯的疏

韻的整體效果。疏韻的律動單位長到十二個音節的生存狀態若有若無、若隱若現，搖擺不定，只有在諸旋律要素相互影響，形成韻律的整體結構時，韻字才產生了獨特的韻味和重要的音律意義。韻腳疏落、遙遙呼應、悠悠渺渺，恰似空谷餘音，隨翠微而縈繞。節奏的衝力，就像暗流虛渡、柔剛隱匿，讀者只有在屏聲靜氣、胸境空明時才能體會到作者那種低迴婉轉、欲作又止、含而不露的情感潛流。如《小雅・賓之初筵》第三章：

賓之初筵，溫溫其恭，其未醉止，威儀反反。

曰既醉止，威儀幡幡。舍其坐遷，屢舞僛僛。（元部韻）

其未醉止，威儀抑抑，曰醉既止，威儀怭怭。

是曰既醉，不知其秩。（質部韻）

該章詩的韻律很有特點，眞正做到了疏密相間，舒促自如。疏韻、中韻、密韻天然相得，平韻、仄韻流轉渾成，整個律場開闔有度，氣氛輕鬆愉快。首先以舒婉的疏韻描述了賓客的溫文爾雅、威儀有禮，接著以清新的密韻描寫了酒會載歌載舞、行杯舉盞的盛況，再後，又以嚴肅的質部韻和溫和的中韻式誡告了賓客酒、舞不要過分，行樂要適度，否則就會胡言亂語，無秩無序，有失彬彬君子的風度。又如《周頌・載見》：

載見辟王，曰求厥章。龍旂陽陽，和鈴央央。

鞗革有鶬，休有烈光。率見昭考，（與「壽」、「保」協韻）

以孝以享，（以上爲陽部韻）以介眉壽。永言保之，（幽部韻）

思皇多祜，烈文辟公，綏以多福，俾緝熙于純嘏。（魚部韻）

《載見》是歌頌周成王即政，率諸侯祭祀武王的詩歌。《詩序》云：「諸侯始見乎武王廟也。」平韻三轉其章，中、密、疏韻互換其場。首先以洪亮的陽聲韻部、中和的隔句韻式描寫了成王率領諸侯祭祀武王去宗廟途中龍旗鮮豔、和鈴共鳴、彎首飾金、車服壯盛的隆重場面，緊接著承「休有烈光」到「以孝以享」三韻連押來造就諸侯們進武王廟謹愼而又緊張的氣氛，密韻之後又以疏朗的「幽」部中韻相承，其後突然採用疏章韻式，並以幽咽的「魚」部疏韻收尾結束全章。莊重而深情，悠然而沈穩，以祈求武王保祐周王朝天命長久、福澤悠洪。

五、易韻格和它的音律效應

在詩歌的押韻中最能體現韻質審美效果的是易韻格。所謂易韻格，就是

《詩經》諸詩有部分詩章的韻腳由甲韻部的韻字轉到乙韻部的韻字或更多韻部的韻字的押韻模式，少則一轉，多則十易。這種韻格爲後世詩歌所沿襲，如漢樂府、詞、曲、今自由詩等。因此，它並非是詩人用韻的失誤或某韻部韻窄的緣故，而是詩人有意識的藝術處理，這就涉及到韻質的問題。從大量易韻的詩章中可以瞭解到，《詩經》是非常講究韻字聲情的。因爲，不同韻部的韻字具有不同的感情張力，也就具有不同的聲情。平聲韻輕揚超邁，上聲韻清屬曲轉，去聲韻凝重乾脆，入聲韻含蓄蘊藉。如果將四聲按詩律陳法劃分爲平聲韻與仄聲韻的話，韻質區別就更爲明顯了。平聲的韻質輕靡，抒詠性強，精神狀態較輕鬆，個性溫和，常常用來表現深沈、哀痛、隱晦、靦腆、委婉、猶豫等情緒；仄聲韻質凝重朗誦性強，精神狀態較緊張，個性冷峻，常常用來表現高昂、奔放、激動、興奮、強調、突出等情緒。韻分平仄，不僅僅是表現情緒不同，而且平仄之韻，各有音效。平聲韻平起平收、柔和悠遠、餘音嬝娜；仄聲韻高低曲轉、乾脆沈滯、堅定有力。所以，《詩經》中易韻詩章大部分表現爲平仄韻的承轉。

韻之易，則情之轉，韻易情移。詩歌依靠語義和語音兩相統一來反映社會生活。生活有酸甜苦辣、悲歡離合，人有七情六欲、喜怒哀樂。除應在語義上傳達外，還必須在音律上明確表現。雖然語義對音律有決定作用，但音律能使語義的傳達更完美。而詩歌音律中最有表現力的就是韻語，韻的質地色彩，可以直抒胸臆。剛強與柔弱、開朗與內向、風趣與嚴肅等因表現爲不同的情感衝力，所以也表現爲不同的聲色，所謂情與物遊、韻隨情轉，就充分說明了情與物、韻與情的辯證統一關係。易韻詩往往隨著情感流的湧動而更換韻質不同的韻腳，創造一個個山重水複、柳暗花明的韻境。如《衛風·氓》：

> 桑之未落，其葉沃若。（仄聲鐸部韻）
> 于嗟鳩兮，無食桑葚。于嗟女兮，無與士耽。（平聲侵部韻）
> 士之耽兮，猶可說也。女之耽兮，不可說也。（仄聲月部韻）

《氓》是一首棄婦之詩。例章首句、次句仄聲連押，「興」語因入聲韻腳而去勢無聲，是所謂恨不成聲也，接下來隔句平韻，韻律單位增長一倍，以「侵」韻的消沈而落寂勾畫棄婦的心如死灰、情如死水，哪來些許生機？最後歸于聲堅而韻毅的仄聲「月」部韻，以戒所有美貌女子不可迷戀於情愛，一旦陷入則不可自拔，後果不堪設想。全章三轉其韻，棄婦的懊悔之情、淒迷之態

盡在韻律之中。

　　當然，韻腳頻轉，甚至一章十易之，如《周頌·載芟》，在韻律的整體效
應上多少有些影響。韻的作用是通過整合性——韻字有規律的反覆——構成
旋律，韻腳不斷更新，意味著節奏內力的孳乳，但韻變信馬由疆、過於放縱，
就會使節奏內力失之均衡，影響韻的整合性。因此，易韻式應把握一定的
「度」，將其內力控制在一定範圍內，使之適度，這樣既使韻律的涵蓋面豐實
遠奧，又不會破壞韻律的整體美。不過，從一個韻部的音節轉向另外一個韻
部的音節可以留下迂迴的空間，使音律形象因為有了韻腳性格的變化而靈肉
活現。試比較《大雅·公劉》首章、末章；

　　篤劉公，匪居匪康。迺場迺疆，迺積迺倉。迺裹餱糧，

　　于橐于囊。思輯用光，弓矢斯張。干戈戚揚，爰方啓行。（陽部韻）

　　篤劉公，于豳斯館。涉渭爲亂，取厲取鍛（元部韻）。

　　止基迺理，爰眾爰有。（之部韻）

　　夾其皇澗，遡其過澗。（元培韻）

　　止旅迺密，芮鞫之即。（質部韻）

首章展開了公劉陳糧善兵、挺進中原、開疆闢土的歷史畫卷，為強調韻律的
氣勢，採用了句句「陽」韻，一押到底的韻法。「陽」者，揚也，洪亮雄健，
傾性傾度傾色傾聲，如大河直下，勢不可擋，其整體效果非常強烈，讀之使
人心曠神怡。末章十句四轉其韻，以「元」韻的舒婉、「之」韻的隱逸清朗、
「質」韻的嚴肅構成韻律內質，描寫公劉創業的艱辛、興旺的苦樂，韻律的
色彩要比首章豐富得多，內涵比首章要深刻得多，但韻律的整體效果就不如
首章嚴謹統一了。

　　《詩經》易韻格有兩種特殊形式，交韻和抱韻。所謂交韻是指詩章中兩
韻部的韻字交叉相押，即奇句與奇句相押、偶句與偶句相押，是詩人在追求
韻律變化的同時又力求其整體效果優美的手段。這種韻式的美感原理，是以
奇句和偶句各自的韻腳爲基礎，發展爲進退有致、顯隱相隨的旋律節奏，詩
人感情的宣敘性只有在兩韻的交錯整合時才能透徹理解，受眾只有在透徹理
解之後才能感知韻律美。如《大雅·桑柔》第四章：

　　憂心慇慇，念我土宇。我生不辰，逢天僤怒。

　　自西徂東，靡所定處。多我覯痻，孔棘我圉。

奇句「慇」、「辰」、「西」、「痻」押「文」部韻，偶句「宇」、「怒」、「處」、「圉」

押「魚」部韻。詩人描寫自己生不逢時,適皇天大怒、國無寧土,而自己已盡忠無力、報國無門,卻怎能不愁腸輾轉呢?作為旋律的主音——韻,就必須集中反映詩人這種矛盾心理,恰當把握感情衝力。所以,詩人用了誠實的「文」部韻和精約的「魚」部交錯相押,組合韻境。既氣韻生動,又幽渺深遠,一進一退,肇於自然、終於造化,打破了無陂無陵、無變無化的句句押韻的呆板格局,又彌補了易韻常式長縱不約的不足。讀者反覆涵詠,就能正確把握韻律的情感流動,就能體味到萬物莫不適性的深刻含意。又如:

　　野有死麕,白茅包之;有女懷春,起士誘之。

　　(《召南‧野有死麕》,「文」、「幽」交押)

　　方茂爾惡,相爾矛矣;既夷既懌,如相酬矣。

　　(《小雅‧節南山》,「鐸」、「幽」交押)

　　皇皇者華,于彼原隰。駪駪征夫,每懷靡及。

　　(《小雅‧皇皇者華》,「魚」、「輯」交押)

　　抱韻也是轉韻格的一種特殊形式,一章之內首尾韻字同部,中間別屬一部,《詩經》中標準的抱韻是以四句詩章與六句詩章平仄互抱見多。

　　大凡「抱」韻之境界,往往綺麗清幽,情趣盎然。仄韻抱平韻,因仄聲音高,平聲音低,則如群山抱水,丘坎分明,風來雨去,波浪不驚,輕槎薄酒,水月生詩。平韻抱仄韻,則如碧水摟山,水色山光各有妙趣,煙波浩淼、遠岫輕妝、翠微冉冉、帝子臨風,山青青兮欲語,水淡淡兮生情。如:

　　思文后稷,克配彼天,立我烝民,莫匪爾極。

　　(《周頌‧思文》)

　　伐木丁丁,鳥鳴嚶嚶,出自幽谷,遷于喬木。

　　嚶其鳴矣,求其友聲。(《小雅‧伐木》)

《思文》(首尾仄聲質部,中間平聲真部。)首句韻落荎「稷」,入聲「職」部。其質雅正而高古,描摹祭祀先祖后稷莊重凝肅的氣氛,次轉平聲「真」部韻,韻質圓實飽滿,親而不昵、慕而不驕,德昭無極,止於無聲。《伐木》(前兩句、後兩句押平聲耕部韻,中間兩句押仄聲屋部韻)以嚶嚶鳥鳴,求其友聲喻示人生在世不可沒有至愛親朋,用曠達而雅致的「耕」部韻長臂相抱,言交朋結友要心胸豁達,至情至意,不能有絲毫霸氣。「出自幽谷,遷于喬木」乃鳴鳥自謙之詞,用「屋」部虛委的韻質來描述鳴鳥謙遜的情懷,以示交友的誠意。

　　《詩經》中的諸韻式用自己的不同功能傾向推動旋律的發展，並以不同結構的音列、音程關係和不同的韻質來體現音律的虛實明暗與絢麗多姿的風格。《自由韻式律》從韻格的五個方面分析了《詩經》韻律的審美效應，這僅僅只對諸詩的常式進行了分析。《詩經》用韻靈活自如，常式之外還有不少變異的韻式，不再一一論述了。概而言之，不同的韻式具有不同的韻律效果，從而具有不同的審美效應，只要我們仔細玩味之則能窺其堂奧。

附錄：韻與非韻

　　附錄王力先生《詩經韻讀》中《韻與非韻》一節，以備讀者瞭解《詩經》押韻之原則，更充分地理解《詩經》韻律的美學意義。

　　韻與非韻的斷定，問題相當複雜，但又非常重要，因為它關係到詩歌的聲律問題，同時也關係到遠韻能否同用的問題。現在歸納《詩經》幾個押韻原則，提出來談一談。

　　1. 大頓處不能無韻

　　所謂大頓處，就是一個語法句的終了。舊說所謂「句」往往不是語法上所謂「句」，而祇是半句（我們用逗號表示）；只有大頓處才是語法上的一句（我們用句號表示）。一個語法句終結處，除了罕見的例外，總是要押韻的。大頓處的韻字，即使不同韻部，一般也應該認為韻腳。例如：

　　　　閔予小子，遭家不造，嬛嬛在疚。於乎皇考，永世克孝。
　　　　（《周頌・閔予小子》）

「造」、「考」、「孝」都是幽部字，「疚」是之部字。如果「疚」不算韻腳，不是純粹用幽部了嗎？但是，「疚」不能不認為是韻腳，因為它落在大頓處。段玉裁、江有誥認為「疚」字入韻，他們是對的。又如：

　　　　毋叫猱升木，如塗塗附。君子有徽猷，小人與屬。
　　　　（《小雅・角弓》）

段玉裁、江有誥都認為「附」字入韻，他們是對的，因為它落在大頓處。「猷」字段玉裁認為入韻，江有誥認為不入韻，段氏是錯的，江氏是對的，因為它落在小停頓處，不一定要押韻。

　　2. 小頓處可以無韻

　　小頓處常常出現在單句的末尾。單句本來可韻可不韻，不韻是正常的。

根據這個原則去看《詩經》用韻，可以避免誤認諧韻為合韻。例如：

> 雨雪浮浮，見晛曰**流**。如蠻如髦，我是用**憂**。(《小雅·角弓》)

「浮」、「流」、「憂」屬幽部，「髦」屬宵部。段玉裁認為「髦」入韻，江有誥認為不入韻，段氏是錯的，江氏是對的。上文所引《角弓》第七章也是第三句不入韻，與此（第八章）正同。又如：

> 是類是禡，是致是**附**。四方以無**侮**。(《大雅·皇矣》)

「附」、「侮」屬侯部，「禡」屬魚部。段、江都認為「禡」入韻，他們都是錯誤的。又如：

> 國步蔑資，天不我**將**。靡所止疑，云徂何**往**？
>
> 君子實維，秉心無**競**。誰生厲階，至今為**梗**。

「將」「往」「競」「梗」都屬陽部，自相為韻，不成問題。「階」屬脂韻，「維」屬微韻，脂微合韻。「疑」屬之部，母音相差太遠，不應算是韻腳。段氏以「疑」入韻是錯誤的，江氏認為不入韻是對的。段氏支脂之三部分立，是大發現，惟獨在這裡弄錯了。「資」字與「惟」、「階」的位置相隔太遠了也不必算是韻腳，段、江都以「資」字入韻，也是錯誤的。又如：

> 設業設虡，崇牙樹**羽**。應田縣**鼓**，鞉磬柷**圉**。既備乃奏，簫管備**舉**。
>
> (《周頌·有瞽》)

「虡」「羽」「鼓」「圉」「舉」屬魚部，「奏」屬屋部，段氏認為「奏」字入韻，那是錯誤的（魚屋相差太遠），江氏認為不入韻，他是對的。

有些句子雖不是單句，只要落在小停頓處，就可以不入韻。例如：

> 載穫濟濟，有實其積，萬億及**秭**。為酒為醴，
>
> 烝畀祖**妣**，以洽百**禮**。(《周頌·載芟》)

「濟」「秭」「醴」「妣」「禮」都屬脂部，「積」屬錫部，母音相差很遠。段氏認為「積」歸入支部，而又認為它與脂部合韻，也不合支脂之三部嚴格分立的原則。又如：

> 絲衣其紑，載弁俅**俅**。自堂徂**基**，自羊徂**牛**，鼐鼎及**鼒**。兕觥其**觩**，
>
> 旨酒思**柔**。不吳不敖，胡考之**休**。(《周頌·絲衣》)

「紑」「基」「牛」「鼒」屬之部，「俅」「觩」「柔」「休」屬幽部，之幽合韻。「敖」屬宵部，不入韻。段玉裁認為章中換了韻：「紑」「基」「牛」是之部，中間雜幽部「俅」部；「觩」「柔」「休」是幽部，中間雜宵部「敖」字。似乎言之成理，但不如認為全章之幽合韻更為合理。江有誥認為「敖」不入韻，

他是對的；但認為「基」「鼐」都不入韻，那又錯了。

3. 韻母差別大的一般不押韻

韻母差別大，從聲律上來說，根本不可能押韻。段玉裁在某些地方認錯了韻腳。例如：

綿綿瓜瓞。民之初生，自土沮漆。古公亶父，陶復陶穴，未有家室。

（《大雅·綿》）

「瓞」「漆」「穴」「室」同屬質部，韻腳很明顯。段玉裁偏要認為「瓞」與「生」韻，「穴」與「室」韻，「漆」不入韻，太不合理了。他的錯誤大約在於，他既把質部看成真部入聲，又認為真耕往往合韻，於是把耕部的「生」也看成和真部入聲的「瓞」押韻。他這裡是大錯特錯！江有誥在他的《詩經韻讀》中糾正了他的錯誤。又如：

民之未戾，職盜為寇。涼曰不可，覆背善詈。

雖曰匪予，既作爾歌。（《大雅·桑柔》）

「可」「詈」「歌」都屬歌部，互相押韻；「寇」是侯部，不入韻。段氏以「寇」入韻是錯誤的。江氏未以「寇」入韻，他做對了；但他連「詈」字也認為非韻，則又錯了。又如：

肆戎疾不殄，烈假不瑕。不聞亦式，不諫亦入。

（《大雅·思齊》）

「式」與「入」都是職緝合韻。「瑕」字在語法句的末尾，本該有韻。現存不用韻，是罕見的例外。段玉裁以「瑕」「入」為韻，非常不合理，因為韻母差別太大了。江氏以「式」「入」為韻，於下注明「韻未詳」，那是比較謹慎的。又如：

賓之初筵，溫溫其恭。其未醉止，威儀反反。

曰既醉止，威儀幡幡。舍其坐遷，屢舞僊僊。

（《小雅·賓之初筵》）

「筵」「反」「幡」「遷」「僊」都是屬元部，互相押韻。「恭」字雖在語法句的末尾，不能認為韻腳，因為韻母差別太大了。段玉裁以「恭」入韻是錯誤的。江有誥未以「恭」入韻是對的，但他連「筵」字也不算入韻，則又錯了。又如：

無易由言，無曰苟矣，莫捫朕舌，言不可逝矣。

無言不讎，無德不報。（《大雅·抑》）

「舌」「逝」屬月部，互相為韻；「讎」「報」屬幽部，互相為韻。這些都沒有

問題；問題在於「茍」字是否入韻。「茍」字侯部字，幽侯合韻在《詩經》裏是有的，這裡似可認爲幽侯合韻，段玉裁就是這樣處理的。但是江有誥未以「茍」字入韻，我們認爲他處理得更合理。因爲侯部與幽部的韻母差別雖不大（O：u），究竟不是最鄰近的韻部，「茍」與「雠」之韻又隔了「舌」「逝」，還是不認爲合韻較妥。顧炎武也認爲「茍」字非韻。

4. 位置不同不押韻，句尾的字一般不和別句倒數第二字押韻

上文說過，如果句尾是一個虛字，韻就常常落在倒數第二字上。如果相連的兩句，一句沒有虛字腳，一句有虛字腳，這兩句一般不押韻。例如：

> 參差荇菜，左右采之。窈窕淑女，琴瑟友之。（《周南·關雎》）

「采」「友」同屬之部，互相押韻。「菜」雖也是之部字，不算韻腳，因爲位置不同。關於這個例子，諸家無異說。又如：

> 何以舟之？維玉及瑤，鞞琫容刀。（《大雅·公劉》）

「瑤」「刀」民屬宵部，互相押韻。「舟」屬幽部，位置不同，不入韻。段玉裁以「舟」入韻是錯誤的，江有誥不以「舟」入韻是對的。又如：

> 烈文辟公，錫茲祉福，惠我無疆，子孫保之。

> 無封靡于爾邦，維王其崇之。念茲戎功，繼序其皇之。

> （《周頌·烈文》）

「公」「邦」「功」屬東部，「疆」「皇」屬陽部，東陽合韻。「崇」屬侵部。在倒數第二字，不入韻。江有誥以「崇」入韻是錯誤的。段玉裁的錯誤更大。他以「福」「保」爲韻，「邦崇功皇」爲韻。他以「崇」入韻的錯誤與江有誥同；他以「福」「保」爲韻，則是極端荒謬。他大概是認爲「福」屬之部，「保」屬幽部，之幽可以合韻，他沒有考慮到，「福」是入聲字，「保」是上聲字，又不同部，差別很大（K：U），不可能合韻。「保」在倒數第二字，照例也不能和「福」押韻。

5. 一般不隔兩句才用韻

中國詩歌最常見的韻例是隔句用韻，一般不隔兩句才用韻（有些例外，見下文論疏韻一節）。例如：

> 誕我祀如何？或舂或揄，或簸或蹂。釋之叟叟，烝之浮浮。

> （《大雅·生民》）

「蹂」「叟」「浮」屬幽部，「揄」屬侯部，幽侯合韻。段玉裁、江有誥皆同。他們是對的。如果以「揄」爲不入韻，隔了兩句，就嫌韻太疏了。這是《生

民》第七章，參看同詩第六章和第八章，都是第二句用韻，則此章也不該是例外，又如：

赫赫明明，王命卿士，南仲大祖，大師皇父。（《大雅‧常武》）

「祖」「父」屬魚部，「士」屬之部。西周時代，之鍾合韻是常見的現象，因此這裡以之魚合韻是合理的。

韻與非韻的辨別，可以減少合韻的解釋，特別是可以避免誤認不合聲律的合韻。在這一點上，江有誥比段玉裁高明。我們在古音擬測的基礎上考慮韻部的系統，應該在韻與非韻的問題上得到正確的判斷。

主要參考文獻

（一）

1. 《詩集傳》，朱熹，中華書局。
2. 《毛詩傳箋疏》，馬瑞辰，中華書局。
3. 《詩經通論》，姚際恒，中華書局。
4. 《詩經原始》，方玉潤，中華書局。
5. 《詩經新義》，聞一多，古籍出版社。
6. 《詩經句法研究》，楊合鳴，武漢大學出版社。
7. 《詩經與西周社會研究》，孫作雲，中華書局。
8. 《詩三百精義述要》，盛廣智，東北師範大學出版社。
9. 《詩經語法研究》，向熹，四川人民出版社。
10. 《詩疏平議》，黃卓，上海古籍出版社。
11. 《詩本音》，顧炎武，中華書局。
12. 《叶音辨》，王夫之，中華書局。
13. 《毛詩重言》，王筠，中華書局。
14. 《詩經注析》，程俊英、蔣見元，中華書局。
15. 《詩經正韻》，丁以此，商務印書館。
16. 《毛詩詞例舉要》，劉師培，中華書局。
17. 《詩騷聯綿字考》，姜亮夫，上海古籍出版社。
18. 《詩說》，黃卓，湖北人民出版社。
19. 《詩經今注今譯》，馬持盈，臺灣商務印書館。
20. 《詩經全譯》，金啓華，江蘇古籍出版社。
21. 《詩經今注》，高亨，上海古籍出版社。

22. 《詩經直解》，陳子展，復旦大學出版社。

23. 《詩經韻讀》，王力，上海古籍出版社。

24. 《詩經六論》，張西堂，商務印書館。

25. 《詩經研究》，謝无量，商務印書館。

26. 《詩經音釋》，林之棠，商務印書館。

27. 《詩經研究史概要》，夏傳才，中州書畫社。

28. 《詩經辭典》，向熹，四川人民出版社。

29. 《詩經的文化精神》，李山，東方出版社。

30. 《國風集說》，張樹波，河北人民出版社。

31. 《詩經》，金開誠，中華書局。

32. 《詩經漫話》，程俊英，上海文藝出版社。

33. 《詩經新解與古史新論》，駱賓基，山西人民出版社。

34. 《詩經雙音詞論稿》，朱廣祁，河南人民出版社。

35. 《詩經平注讀本》，裴普賢，臺灣三民書局。

36. 《詩經研究》，黃振民，臺灣正中書局。

37. 《詩三百篇探故》，朱東潤，上海古籍出版社。

38. 《風詩名篇新解》，鮑昌，中州書畫社。

39. 《中國詩詞曲之輕重律》，王光祈，中華書局。

40. 《中國詩學體系論》，陳良運，中國社會科學出版社。

41. 《中西比較詩學體系》，黃藥眠、童慶炳，人民出版社。

42. 《管錐篇》，錢鍾書，中華書局。

43. 《論詩詞曲雜著》，俞平伯，上海古籍出版社。

44. 《中國詩歌史》，張松如，吉林大學出版社。

45. 《中國詩律史》，徐青，青海人民出版社。

46. 《漢語詩律學》，王力，上海教育出版社。

47. 《唐宋詞通論》，吳熊和，浙江古籍出版社。

48. 《中國歷代文論》，郭紹虞，上海古籍出版社。

49. 《易經探微》，巫靈叟，中國氣象出版社。

50. 《周易講座》，金景芳，吉林出版社。

51. 《語言學引論》，戚雨林，上海外語教育出版社。

52. 《中國美學史》，李澤厚，中國社會科學出版社。

53. 《中國文化史》，陰法魯，許樹安，北京大學出版社。

54. 《中國文化史》,柳詒徵,中國大百科全書出版社。

55. 《藝術特徵論》,汪流等,文化藝術出版社。

56. 《旋律史》,薩波奇·本采,人民音樂出版社。

57. 《古史辨》,顧頡剛,上海古籍出版社。

58. 《神話與詩》,聞一多,人民出版社。

59. 《觀堂集林》,王國維,中國文史出版社。

60. 《中外民間詩律》,段寶林,北京大學出版社。

61. 《漢族民歌概論》,江明惇,上海文藝出版社。

62. 《語言與音樂》,楊蔭瀏等,人民音樂出版社。

63. 《興的起源》,趙沛霖,中國社會科學出版社。

64. 《朱光潛全集》,朱光潛,安徽教育出版社。

65. 《詞與音樂關係研究》,施議對,中國社會科學出版社。

66. 《漢語語音史》,王力,中國社會科學出版社。

67. 《中國音樂美學資料注釋》,蔡仲德,人民音樂出版社。

68. 《音樂語言》,戴里克·柯克,人民音樂出版社。

69. 《和——中國古典審美理想》,袁濟才,人民大學出版社。

70. 《藝術的起源》,格塞羅,商務印書館。

71. 《原始思維》,列維希留爾,商務印書館。

72. 《中國古代社會研究》,郭沫若,人民出版社。

73. 《文化模式》,露絲·本尼迪特克,三聯書店。

74. 《藝術的社會根源》,哈拉普,商務印書館。

75. 《基督教的起源》,羅伯遜,三聯書店。

76. 《原始文化史》,柯文斯,人民出版社。

77. 《論詩歌源流》,湯母森,作家出版社。

78. 《拉奧孔》,萊辛,人民文學出版社。

79. 《美學》,黑格爾,商務印書館。

80. 《史記與詩經》,陳桐生,人民文學出版社。

81. 《詩經三頌與先秦禮樂文化》,姚小鷗,北京廣播學院出版社。

82. 《朱熹《詩經》學論稿》,張祝平,吉林人民出版社。

83. 《先秦漢魏南北朝詩》,逯欽立,中華書局。

(二)

1. 〈從賦、比、興產生的時代背景看其本義〉,魯洪生,中國社會科學。

2. 〈孔子《詩》「無邪」說及其文化意義〉，王志功，蘭州大學學報。

3. 〈《詩經》與音樂關係研究的歷史和現狀〉，趙沛霖，音樂研究。

4. 〈讀《詩》說樂舞〉，姚效先，河南大學學報。

5. 〈論《詩經》的疊字運用〉，劉竹，雲南師範大學學報。

6. 〈《詩經》感傷詩的美學價值〉，蕭建華，江漢論壇。

7. 〈孔子「刪詩說」管見〉，徐醒生，淮北煤炭師院學報。

8. 〈賦比興與意境〉，林衡勳，湛江師範學院學報。

9. 〈儒家「樂教」與孔子「詩教」〉，王尊，湖南師範大學學報。

10. 〈論儒家詩教的思想性質〉，張國慶，思想戰線。

11. 〈春秋戰國時期音樂思想淺談〉，李笑梅，山東大學學報。

12. 〈外交藝術的奇葩：賦詩言志〉，裴默農，外交學院學報。

13. 〈論孔子的中和美文藝觀〉，寇養厚，石油大學學報。

14. 〈「鄭聲淫」與孔子說《詩》〉，孫伯涵，齊魯學刊。

15. 〈重章見義，韻味無窮〉，徐惠豹、李守奎，張家口師專學報。

16. 〈孟子的詩學——兼論「說詩」與「賦詩」的區別〉，王守華，雲南民族學院學報。

17. 〈「興於《詩》立於禮，成於樂」本義發微〉，魯洪生，學術交流。

18. 〈季札論樂評議：兼論先秦儒家文藝思想的成熟〉，張慶利，牡丹江師範學院學報。

19. 〈蠟祭與儺禮：《詩經》民俗文化論之二〉，馮宇、周蒙，北方論叢。

20. 〈《詩經》中的圖騰崇拜〉，郭丹，福建師範大學學報。

21. 〈《詩經》所見周代祭祖情況初探〉，莊志齡，徐州師範學院學報。

22. 〈原始社會的收穫祭禮與《詩經》中的有關篇章〉，張岩，文藝研究。

23. 〈從《詩經》看我國民族文化的心理結構與審美觀念〉，祝振玉，上海師範大學學報。

24. 〈試論漢民歌對周民歌倫理思想的繼承與發展〉，蕭月賢，鄭州大學學報。

25. 〈音樂性：把握《詩經》結構作品的鑰匙〉，張永鑫，無錫教育學院學報。

26. 〈淺論先秦古樂之「和」〉，趙惠生，古籍整理研究學刊。

27. 〈論《頌》詩不是原始宗教頌辭——《（頌）詩新說》商榷〉，修曉波，遼寧大學學報。

28. 〈《詩經》戀歌與原始宗教信仰〉，郭丹，江淮論壇。

29. 〈《詩經》與漢語辭彙〉，向熹，河北師院學報。

30. 〈《詩經》韻系的時代分野〉，金穎若，古漢語研究。

31. 〈《詩經》中「他物」與「所詠之辭」的原始關聯〉，周心健，上海大學學報。

32. 〈《詩經》與孔子詩教〉，殷光熹，楚雄師專學報。

33. 〈「賦、比、興」與文化思維〉，田子馥，松遼學刊。

34. 〈論毛詩派對比興的重新整合〉，梁道禮，陝西師大學報。

35. 〈《詩》興與正義管見〉，譚興戎，河南師範大學學報。

36. 〈「六義」出自巫史考：兼論孔子與《六經》之關係〉，孔祥驊，學術月刊。

37. 〈論興〉，周金聲，文藝理論與批評。

38. 〈《詩經》的「風雨」比興類釋〉，翟相君，許昌師專學報。

39. 〈詩言志新解——兼論文學的起源與語言〉，方漢文，人文雜誌。

40. 〈賓祭之詩與絃歌之詩考釋〉，劉操南，杭州大學學報。

41. 〈簡論《易》之詩化與《詩》之哲理化〉，陳元鋒，山東大學學報。

42. 〈「詩無達詁」論〉，孫立，文學遺產。

43. 〈「鄭」、「衛」情詩之比較〉，宋力，廣西師院學報。

44. 〈禮樂制度中的《詩經》文化本質〉，姚小歐，中州學刊。

浣石軒跋

　　中學時有一個很老的石夫子講授「關關雎鳩」、「碩鼠碩鼠」，我開始知道了有一部叫《詩經》的書；他講得聲情並茂、韻味悠然，我也跟他搖頭晃腦，肇產生了對《詩經》優美旋律的興趣。其後，在湖南師範大學文學院又被饒東原師的「蒹葭蒼蒼，白露為霜」搞得如醉如癡，其後，又在武漢大學文學院被楊合鳴師的「昔我往矣，楊柳依依。今我來思，雨雪霏霏」勾出許多想法來。於是，開始搜羅《詩經》的有關資料，案頭架上，堆積如山，茫然不知通途何處。窮髮之際，覺得《詩經》音律藝術研究或是可入之道，因而，做出一些所謂論文來。隨著「李荀華」三個漢字在《古漢語研究》、《中國文學研究》、《中國韻文學刊》、《學術論壇》等學術刊物上陸陸續續、端端正正的出現，對《詩經》音律的情意越來越濃了。而且，還有了些入道的感覺，知道了把文章做大、做長，做得讓同行注意，然後做成書，這就是《詩經音律研究》。

　　所謂學問，對於我們這些才疏識淺、又忙於教學、缺少科研環境的人來說是一個相當陌生的的概念。所以，搞來搞去總是搞不好，寫來寫去總是不成樣子，看來看去總是不舒服。於是，做了一稿又一稿，改了一遍又一遍，過了一年又一年，反反覆覆，修修補補，才開始編排這些用心血換來的文字。列印出來，祈誠地擺在案頭，整整齊齊一大疊，心中十分快慰。

　　謝謝關心和支援該書稿成形的的老師、同事和親人；謝謝出版該書稿的花木蘭文化出版社。當然，這本小書肯定還存在許多不足，乞請方家批評指正，在此一併致謝。

　　　　　　　　　　　浣石軒主人：李荀華　　2012·廣東·梅州